METAMORPH'OSE

Couverture
Illustration et mise en page : Coraline Rivière
Photographie : Sarah Dusart
Texte : Carine Dumez

Mise en page des textes
Chloé Jacquart
May-Fly.fr

Web & Design
Constantin Van Craeynest
MadeInTakos.com

Imprimé par l'*Imprimerie Calingaert*
59155 Faches-Thumesnil, France
Novembre 2017

Edition O.S.E, Décembre 2017
ISBN 978-2-9562571-0-3

Emmeline Sion

METAMORPH'OSE

Transformer les épreuves de la vie en cadeaux

Préface

Le chemin d'Emmeline a croisé le mien il y a presque 8 ans et depuis ce moment, j'ai la chance de la voir cheminer non loin de moi… En prenant parfois des caps lointains qui la mènent à l'autre bout du monde, tout en la sentant tout proche de moi, sur un chemin parallèle au mien. Quand je l'ai rencontrée, Emmeline courait après le temps, les dossiers à boucler, les plans à terminer pour les entreprises, les exigences du patron à combler, les robes de mariée à terminer en temps et en heure, les collections de prêt-à-porter à créer, les RDV chez la psychothérapeute et l'ostéopathe à honorer... Elle renvoyait au monde l'image d'une femme originale, entreprenante, organisée, structurée, la tête bien sur les épaules, qui a de la suite dans les idées, débordant d'imagination, dirigeant les projets d'une main de maître, toujours alerte et le cœur vaillant… Une femme grande et forte… Qui gère et qui assume!

Au fur et à mesure que j'apprenais à la connaître, je découvrais en fait une personne fragile, délicate, en souffrance, couverte de bleus à l'âme, esclave des rôles qu'elle avait endossés par loyauté familiale. Très vite les liens d'amitié qui nous unissaient sont devenus très forts et, dans cette connexion d'âme à âme, j'ai vu et reconnu en elle les pépites d'une personne merveilleuse, débordant d'amour, qui ne trouvait pas encore la voie pour pouvoir l'exprimer, l'offrir au monde et à elle-même.

Avec volonté, détermination, acharnement parfois, courage et persévérance, Emmeline s'est mise en chemin, à la conquête de qui elle est... Pas après pas, j'ai pu, en partageant son quotidien sur notre lieu de travail, et en devenant sa confidente, sa fidèle complice sur la route, assister à des naissances et renaissances successives... Ensemble, nous avons re-parcouru la ligne du temps, s'amusant comme des enfants, faisant des bêtises avec innocence, explorant les joies de la liberté de vivre. J'ai vu cette magnifique fleur reprendre goût à la vie, trouver confiance en ce qu'elle a à apporter de plus beau au monde.

Peu à peu, je l'ai vue se délester de ses boucliers, se libérer de sa carapace et de ses carcans, délaisser ses masques, se détacher de ses vieilles blessures auxquelles elle restait accrochée jadis, pour pouvoir OSER devenir enfin qui elle est vraiment, au risque de déplaire, de déranger, de secouer les normes ... Au risque d'être jugée et incomprise.

Elle s'est courageusement confrontée à son père, elle a fait face à sa mère, elle s'est avancée vers sa sœur, elle a peu à peu remis de l'ordre et de la justesse dans ce schéma familial en prenant enfin la place qui était la sienne. Elle s'est donné le droit d'aller vers de nouvelles personnes, de dépasser ses peurs et ses croyances, d'aller au-delà de ses préjugés et de ses limites, pour se donner la chance de vibrer toujours plus. Emmeline a su écouter de plus en plus son cœur, pour la mener sur les pistes et les voies qui lui correspondent, pour l'amener à rencontrer les personnes dont elle avait besoin pour pouvoir avancer dans son cheminement personnel.

De là où j'étais, au fil des années qui se sont écoulées, j'ai été témoin de la métamorphose de cette fille qui a osé brûler ses oripeaux bien trop usés pour avoir le courage de se montrer en temps que la femme qu'elle est aujourd'hui, qui assume son chemin, sa mission et ses choix... Une femme au cœur ouvert et aimant, débordant d'amour, de créativité, d'inventivité, de vie… Une femme fragile et forte, ancrée et aérienne, au service de ses intuitions et de cette vie qui circule en elle.

Outre le fait d'avoir été spectatrice du changement, j'ai profité des enseignements de ses prises de conscience pour cheminer. La voir avancer sur les questions de la dépendance affective, par exemple, sur les pistes de l'intuition, m'ont ouvert des portes vers de nouveaux horizons de la connaissance de qui je suis.

J'ai également pu m'enrichir de ses talents d'accompagnatrice en thérapie créative. En participant à certains ateliers qu'elle animait, guidée par son accompagnement et ses questions ciblées et pertinentes, j'ai pu lever des voiles importants sur ce qui m'empêchait d'avancer et mettre en lumière, par exemple, le fait que je ne mettais plus de joie dans ma vie. Cet état de fait, apparu au détour d'un atelier et de quelques questions simples autour de ma création, s'est révélé être une clé importante qui a changé ma vie et lui a donné d'autres teintes.

Le témoignage qu'elle nous livre au fil de ces pages est le récit poignant d'une personne qui a osé se faire face et mettre tout en œuvre pour voir sa vie sous un autre angle, y voir les cadeaux, les tremplins, les signes et les pistes pour dépasser ses freins et jouer enfin le rôle de sa vie.

Parce que la vie est un cadeau précieux offert à chacun et qu'il est de la responsabilité de chaque personne d'en prendre soin, parce que même les épreuves les plus difficiles peuvent cacher des trésors, parce qu'Emmeline savoure aujourd'hui une vie pleine de sens pour elle, qui est en adéquation avec qui elle est, parce qu'elle est intimement persuadée que si elle a pu le faire, vous pouvez aussi transformer vos épreuves en cadeaux, elle nous partage, de cœur à cœur, les clés, ses clés pour Oser la Métamorphose de Soi.

Avec tout mon cœur et toute mon âme,

Oassa Windels

Coach et Kinésiologue

Avant-propos

Avril 2016, ma sœur me dit : « Quel gros paquet nous avons vécu ». J'entends surtout une plainte. En ce sens je ne peux acquiescer. Je rétorque, en disant que les choses sont parfaites telles qu'elles sont. C'est ce que je pensais depuis longtemps. Mais j'ai compris ce jour là, qu'en fait oui, il y avait beaucoup d'événements difficiles dans cette famille et dans ma vie. Je pouvais regarder tout ce que j'avais traversé sans être dans la victimisation. Ce sont des faits. Les accepter, c'est aussi accepter qu'ils ont été difficiles. C'est même dans cette vérité et authenticité que s'ancre mon travail d'accompagnement des autres. Raconter mon histoire et raconter comment j'en suis arrivée là où j'en suis.... cela serait sans doute la meilleure manière de prendre soin de ce que j'ai à transmettre. Mais comment transmettre ?

En tous cas, jamais j'écrirai !

Moi et l'écriture ça fait 1000. Oui, l'expression « ça fait deux » est bien trop légère !

J'ai toujours détesté écrire. Une rédaction, mon mémoire de fin d'étude, une déclaration de permis de construire (j'ai été architecte)... En fait, je m'en suis toujours bien sortie, car j'avais de très gentils collègues qui maîtrisaient bien les mots, alors j'étais bien aidée. Rien que de savoir qu'il fallait écrire, même sur un sujet que je connaissais par cœur, quelle galère !

Mon diplôme d'architecture a été un calvaire jusqu'au moment où l'association avec une amie m'a permis d'alléger ma tâche. J'étais plutôt celle qui expérimente, bricole, coud... mais l'écriture, je déléguais volontiers. Lorsque j'essayais, les mots sur ma feuille s'entrechoquaient durement, sans intérêt. Impossible de donner du sens à une phrase même basique. Jamais le bon mot, jamais à la bonne place.

En fait, je m'en sentais incapable. Je me sentais incapable de beaucoup de choses en fait. Parler en public, écrire une rédaction, aller vers les autres… Mais l'écriture, est quelque chose que je n'avais jamais remis en question ! Entre les mots et moi, j'avais construit un mur très haut, que j'avais bien camouflé façon militaire dans la forêt de ma vie.

Et pourtant vous tenez ce livre entre les mains preuve que tout est possible.*

Ma vie s'écoulait, terne et insipide : j'avais 22 ans, 23 ans, 24 ans, entre vie de couple, travaux d'un appartement, sorties à des concerts dont je rentrais à la fois heureuse et triste. J'aurai tellement rêvé être à la place de ces artistes, sur scène. Mais la vie est ainsi, et cette vie-là n'était pas pour moi.

Je me préparais à une vie normale peut-être comme la vôtre. Sans remous, sans surprise, sans engagement et donc libre, mais aussi sans joie profonde. Peu importe les états d'âme, qui parfois me faisaient voir tout noir, et les événements difficiles. Tel était simplement mon destin. Une vie incolore et inodore.

L'évidence

Un jour tout est devenu limpide. Je me suis vue mettre au service des autres les outils que j'ai découverts et expérimentés sur ma route, avec la bienveillance et l'énergie d'amour qui sont miennes. Transmettre les outils de transformation de soi grâce à la créativité et l'imaginaire me fait vibrer. Voir les autres s'épanouir me gonfle le cœur de joie.

Je ne suis pas quelqu'un d'autre, je suis juste moi. Et dans cette humilité-là, je sais que ce livre parlera à certaines personnes et pas du tout à d'autres. Je sais que chaque être est unique et que c'est justement là que réside la richesse du monde dans lequel nous vivons. Je suis dans la gratitude d'être au monde, en même temps que vous, cher lecteur. Si ce livre peut ne serait-ce qu'allumer une lueur en votre cœur, cela serait le plus beau cadeau que vous vous ferez, et me ferez par la même occasion, car nous sommes tous reliés.

Comment est construit ce livre ?

Je vous propose ce livre comme une malle aux trésors où vous trouverez mon témoignage, mais aussi des sources d'inspiration, des ateliers et exercices concrets, un glossaire des méthodes de transformation personnelle ainsi que les contacts des praticiens que j'ai testé, près de chez vous.

J'ai choisi de vous montrer que tout est possible. Si j'étais cette femme à l'avenir terne et à l'existence passive, et que je suis devenue un guide pour moi-même et d'autres, c'est que vous pouvez le faire. J'ai une confiance infinie en vous !

J'ai choisi de vous raconter ma vie, en toute intimité. Ce qui m'a construit et qui a forgé cette épaisse coquille entre moi et le monde. Entre moi et mes rêves. Entre moi et mon être profond.

Puis j'ai découvert l'univers des possibles. Il est infini lorsque l'on entame un chemin de croissance. J'ose penser que vous le comprendrez en lisant mon histoire.

Je suis la preuve vivante que tout cela peut devenir du passé. Un passé qui existe mais ne guide plus mes pas et mes relations. Alléger mon histoire, mon corps, mon esprit pour devenir enfin la femme pleine d'avenir, de futurs, aux projets et rêves sans limites.

Toute ressemblance n'est pas le fruit du hasard

Je raconte *mon* histoire. Peut-être y verrez-vous des similitudes, des parallèles avec la vôtre. Peut-être même serez-vous bousculé(e) par des émotions et événements de mon vécu. Je suis là, avec vous, et je vous propose d'accueillir tout ce qui se passe à l'intérieur de vous. Prenez le temps d'accueillir et pourquoi pas de noter ce qui vous touche particulièrement.

J'ai appris que tout a du sens dans la vie. Je ne me souviens pas des mêmes films, dessins animés ou séries que les autres de mon âge. Pourquoi ? On pourrait dire que c'est parce que je ne regardais pas la télé aux mêmes heures ou que j'étais très différente des autres. Je ne crois pas.

Nous sommes tous différents. Ce qui fait que moi, j'ai été touchée aux larmes par *Le 5ème élément* ou par l'opéra extrait du livre de Kafka *La métamorphose*, n'est pas le fruit du hasard. Ces œuvres ont trouvé un écho particulier en moi, elles sont un miroir émotionnel, ou factuel, ou littéraire... tout est possible. Parce que je suis unique, ce que cela suscite en moi, m'est propre. Peut-être était ce parce que Liloo (héroïne du 5eme Élément), incarne à mes yeux la pureté de l'Amour inconditionnel, ce qui est le sens même de ma vie. Peut-être était-ce déjà l'intuition qu'un jour j'accompagnerais des milliers de personnes dans leur métamorphose ! Qui sait ? Peu m'importe en fait, prenez juste conscience ici que votre chemin est unique. Et que rien n'est dû au hasard.

Je peux trouver des ressemblances et similitudes dans les histoires de vie d'autres personnes, mais à tout moment mon chemin est unique.

Prendre conscience qu'un mot vous fait rire ou qu'une histoire vous met la larme à l'œil, fait partie du chemin. Les émotions ne nous trahissent pas. Elles sont vraies. Elles sont sincères, authentiques et honnêtes. Laisser cette part de nous, exister, c'est accueillir l'être profond que nous sommes. Je ne saurai trop vous dire l'importance de cela.

Laissez cette émotion vivre, elle n'est pas vous, elle est juste stockée quelque part en vous. Elle ne demande qu'à être libérée. De la même manière qu'un rêve peut nous éclairer sur la manière de vivre ou voir un événement de notre vie, les émotions et ressentis sont des guides pour notre croissance intérieure vers le bonheur ! Si cela est trop inconfortable pour vous de laisser sortir cette émotion, accueillez simplement. Ce n'est peut-être pas le moment. Tout est possible, encore une fois. Et ce n'est pas en demandant à son voisin ou une amie comment elle réagirait ou comment elle a compris ce passage, que vous trouverez la clef . Chaque personne selon son histoire personnelle, sa date de naissance, son signe astrologique, son humeur, son travail, ses blessures, verra en un mot un sens que vous n'avez pas imaginé.

Je me souviens d'une discussion avec un compagnon il y a quelques années. Il me parlait de cadeaux, surprises, et j'adorais ça, alors j'étais très positive et joyeuse. Et la conversation a dévié sur le « don ». Mon énergie a changé, et nous ne nous sommes plus du tout compris. J'entendais qu'il voulait que je fasse don de quelque chose et pour moi c'était impossible. En me rendant compte de l'énergie de colère qui était là, j'ai donné ma définition du mot don. Pour moi c'était un terme lié au sacrifice. Faire don de soi, c'était s'oublier, et faire passer l'autre avant tout. Cela réveillait une émotion vive.

Pour lui, le don était une chose douce, belle, dans l'amour. Il n'avait pas perdu son énergie liée au sujet de la conversation : cadeau, surprise, don. Tout cela était du même registre pour lui.

Ce qui importe, c'est de s'être rendu compte qu'il y avait derrière un mot, deux sens très différents. Le pourquoi ne m'intéresse pas ici. Simplement parce que c'était lui, simplement parce que c'était moi, il était nécessaire de clarifier un mot pour pouvoir communiquer vraiment.

AVANT-PROPOS

Surprise ! Ecoutez une chouette histoire de point de vue !

Le film de ma vie

Afin de partager comment la METAMORPH'OSE a eu lieu, je vous raconte ma vie telle que je l'ai vécue. Le point de vue choisi est entièrement subjectif * car évidemment en écrivant mon histoire depuis ma naissance, aujourd'hui, à 33 ans, j'ai replongé dans ma réalité de l'époque d'après mes souvenirs. La transformation qui a eu lieu et la personne que je suis devenue sont parfois à des années lumières de ces états d'âme, émotions vécues à l'époque. Cela m'a parfois demandé un effort important de replonger dans l'histoire et me remettre au plus près de ce que je vivais en mon for intérieur. J'ai souvent à l'époque eu tendance à minimiser ma douleur et ma souffrance, ayant peur de sombrer dans la folie et la maladie. Alors, accepter aujourd'hui des émotions et ressentis qu'à l'époque j'ai refusés a été un grand voyage dans le temps.

Vous y trouverez des imperfections, des redites, et aussi des moments magiques, inspirants... tout cela est la nature même de l'humain et donc de toute œuvre personnelle. Accueillez ce livre comme je vous accueille dans mon intimité, avec amour. Prenez un carnet dès maintenant ou des feuilles volantes ou encore écrivez, soulignez, dessinez dessus tout ce qui vous viendra à la lecture de certains passages. Faites de ce livre un ami, authentique et sincère.

Le point de vue de cet ouvrage est tellement personnel que je tiens à souligner que les personnages de mon environnement ont des prénoms inventés pour le livre et qu'à aucun moment il ne s'agit de juger des personnes ou des comportements.

J'accueille et j'accepte que chaque personne rencontrée sur mon chemin a fait à chaque instant du mieux qu'elle pouvait. Je n'ai aucune rancœur, aucun regret. J'ai pardonné, je me suis pardonnée.

Je remercie de tout mon cœur les personnes au contact de qui j'ai vécu le pire. Car elles ne sont pas responsables de comment j'ai vécu les choses. Elles ont agi selon leur histoire, leur point de vue et en cela tout est parfait. Sans ces traumatismes, événements difficiles, je n'aurai pas, appris à me connaître, pris confiance en moi, avancé en me libérant des blessures, réalisé mes rêves...

Sans ce pire, je ne vivrais pas le meilleur.

Le fil conducteur et la *NON* chronologie

J'ai voulu ce récit autobiographique. Afin d'en extraire les thèmes importants et difficultés rencontrées, la chronologie n'est pas du tout respectée. En effet, j'ai choisi de vous raconter, les événements importants de cette vie, regroupés par étapes, ceux qui m'ont permis de me métamorphoser.

Les différents chapitres révèlent ce qui aurait pu mener au désastre tant affectif que professionnel, tout comme les clefs trouvées sur mon chemin. Ce sont l'expérience et les enseignements qui ont donné vie à la création de METAMORPH'OSE.

Je vous confie ces événements par le biais de mes ressentis plus que par la narration des faits. Je remercie chacune des personnes qui ont traversé ma vie et j'ai un profond respect pour elles. Sans elles, je ne serais pas ce que je suis, aujourd'hui.

Les chapitres démarrent souvent avec un extrait de texte ou citation. Il s'agit souvent des chansons qui ont accompagné mon chemin de transformation. Je vous propose de retrouver ces chansons sur METAMORPH'OSE_la BO*, et ainsi vous pourrez vous plonger dans l'ambiance de la lecture car si ces textes sont intervenus sur mon chemin à des moments précis, ce n'est pas pour rien. Au-delà des mots,

* Accédez à la playlist en scannant le code ci-dessus avec votre application mobile ou tapez le lien suivant dans la fenêtre de votre navigateur internet : https://www.youtube.com/playlist?list=PLR3qTNXln8A9nWT6ClOjpAb2CDji9e_aa

la musique diffuse à merveille les émotions qui m'habitaient au cours de ce parcours de vie. Lorsque je ne pouvais pas encore parler, j'utilisais les mots des autres pour exprimer la douleur ou l'espoir. Je vous offre cette écoute de cœur à cœur.

METAMORPH'OSE

La transformation je n'y croyais pas, pas plus qu'au changement. Les autres ne changeaient pas et ne changeraient jamais, donc le changement ce n'était pas pour moi. Et pourtant...

Je vous ouvre mon cœur avec toute mon authenticité, mon chemin parcouru et à parcourir.

Puisse cette METAMORPH'OSE laisser place à l'Amour pour vous et vous guider sur le chemin vers vous-même.

Emmeline

METAMORPH'OSE

La transformation

A toi, Mamie
A toi qui a cru en moi et ma créativité
Et à ce livre que tu n'auras finalement jamais écrit
Grâce à toi j'ai compris que l'amour était tout puissant

Chapitre 1

Engourdie

Qui suis-je vraiment ?

« Je ne suis pas ce que je suis, car si j'étais ce que je suis, je ne serais pas ce que je suis. »

Comprenez : « Nous ne sommes pas ce que nous suivons car si nous étions ce que nous suivons, nous ne serions pas ce que nous sommes. »

Mon professeur de français,
collège du Pévèle, Orchies

Le cercueil à ciel ouvert

Elle s'appelait Chloé. Elle était ma sœur, ou plutôt un cercueil à ciel ouvert.

Cette petite fille née 2 ans avant moi est morte avant ma naissance et pourtant je la connais bien. Ces premiers mots sur mon histoire peuvent paraître noirs tout à coup.

Et puis, me direz vous, quel rapport entre ma sœur et mon histoire ? En quoi est-ce important de parler de cet enfant dont le destin s'est arrêté net à 6 mois de vie ?

C'est exactement là que réside toute mon histoire. L'histoire de qui je croyais être et de qui je suis vraiment.

Tout commence deux années avant moi, suite à ce qu'on appelle communément la mort subite du nourrisson. Communément ? oui c'est commun. Peut-être en connaissez vous, des familles qui perdent un nourrisson par accident... Pour autant, je ne peux dire que la douleur soit commune, elle est unique. Face à la vie d'un enfant qui est reprise trop tôt, comment peut-il en être autrement ?

Ma mère ne s'est jamais remise du décès de Chloé. Elle traîne ce fardeau, appelons-le comme il est vécu, depuis 1981. Soit 35 ans d'une vie à refuser l'inéluctable, à faire vivre une petite fille, un fantôme, comme si elle était toujours en vie.

Ma mère traîne ce fardeau, tel un boulet au cœur et celui-ci engendre des coups violents pour l'entourage. Ce poids pèse sur une famille entière.

Ma mère, à l'époque, sous le choc de la perte de son enfant, ne pouvait plus être enceinte. Terrible sort pour une maman . L'aînée, Agnès, sa « grande fille » de 3 ans, bel et bien née, elle, n'a pas un sort enviable. Quelle présence peut lui apporter cette mère dont le cœur est enfermé dans une boîte noire sous terre, avec son bébé ?

Suite au traumatisme que représente la perte de Chloé, le couple de mes parents bat de l'aile. L'absence de ce bébé le rend plus que jamais présent. Il est dans toutes les pensées, sur tous les gestes, dans chaque regard. Chloé existe à travers sa maman meurtrie par un inconsolable chagrin. Tel était le destin, Chloé ne reviendrait pas. Elle était aux mains des anges, elle était cette perfection incarnée, une petite blonde aux yeux clairs, en robe blanche, figée par le temps.

A cette même période, la sœur de ma mère, vivant en Allemagne, met au monde mon cousin. Mes parents vont leur rendre visite pour la naissance en 1982. J'imagine à quel point la blessure de la perte de leur propre enfant dut être ravivée.

Mais oh surprise, est-ce le fait de le prendre dans ses bras ? De sentir la chaleur d'un bébé ? Ou encore ces mains si fines enlacées autour de son doigt ? Nul ne le saura jamais, mais l'impossible arriva, ma mère tomba enceinte de moi. Elle ne le saura que plusieurs mois plus tard. Dans ce cas le verbe «tomber» est, je trouve, très bien adapté ! Comme un cadeau du ciel, je suis donc venue me blottir dans le ventre de ma mère. Sous le choc et enfermée dans le deuil de sa fille, elle ne s'est aperçue de rien. Les règles avaient cessé depuis la mort de Chloé. Rien d'anormal donc.

La joie de ma présence intra-utérine ne fut révélée qu'à 4 mois, lors d'une visite gynécologique.

Incroyable. Ma mère, centrée sur sa douleur, avait fait un déni de grossesse pendant ces 4 longs mois.

Dès lors, je fus attendue, symbole de l'enfant qui renaît à la vie, je devais donc arriver dans un havre d'amour. En apparence seulement.

La douleur avait rendu les relations de couple très amères.

Pour ma mère, refusant l'évidence, il y avait forcément un coupable à ce décès. Chloé ne pouvait pas s'être ainsi retournée dans son lit et étouffée. Impossible. Elle faisait peser des soupçons sur tout le monde et sans doute accusait franchement mon père, de n'avoir rien fait pour sauver leur fille. Ne pouvant comprendre l'incompréhensible, elle avait choisi de refuser encore et encore la réalité accablante. C'est impressionnant comme la réalité nous semble parfois tellement dure à accepter que nous pouvons partir en guerre contre tous les êtres humains, pour nous prouver que ce n'est pas la réalité. Bien sûr, la guerre est surtout déclarée auprès de ceux qui nous entourent, les proches, ceux qui pourtant nous aiment et font ce qu'ils peuvent pour nous soutenir.

Grâce à ma mère, j'ai compris, adulte, à quoi servent les différentes étapes du deuil. Du refus à l'acceptation en passant par l'idéalisation, toutes les étapes sont importantes. Elles servent à nous défaire de ce fardeau petit à petit, pas à pas, à un rythme qui nous est propre, et qui, un jour ou l'autre, est de moins en moins présent. Lorsque la mort d'un être cher n'est pas acceptée, réalisée par le conscient, c'est là que nous commençons à créer notre propre fardeau. C'est autour du sien que ma mère a construit sa vie après 1981.

En mars 1983 donc, dans un contexte d'extrême tension conjugale, je suis venue au monde. Un enfant de la fin d'hiver. Mais serait-ce pour autant la fin de l'hiver pour le couple et la famille ?

Ma mère, comblée de joie, s'est concentrée sur ma venue. J'étais devenue une obsession, à tel point que la relation est devenue fusionnelle entre elle et moi, mettant année après année, ma sœur et mon père à l'écart de cette relation .

Bébé, je vivais avec bonheur et délectation la présence de ma mère. Plus âgée, je ne pouvais me défaire de cette présence continuelle qui m'avait rendue peureuse du monde qui m'entourait et des autres. C'est ainsi que cet amour avait pris la forme d'une surprotection, voire d'un enfermement. En effet, après des années, j'ai compris que cela était une cage pleine d'amour, à l'apparence dorée certes, mais une cage avant tout. Ma mère, qui n'avait pas pris le temps de poser les souffrances, les mots, les émotions du deuil, fuyait, dans la relation à moi, la perte de Chloé. Elle voyait en moi l'enfant perdue, ramenée à la vie.

Elle me protégeait. Comme disait mon père en colère :

« Arrête de la couver ! » , sous-entendant ouvertement que j'allais devenir une jeune fille molle, timide et bonne à rien.

Moi, évidemment je n'en pensais rien. Ou plutôt, j'en voulais même à mon père de vouloir mettre de la distance entre elle et moi. Souvent je pleurais en entendant ses mots. Moi, je me sentais en sécurité, ou plutôt, je cherchais la sécurité où je pouvais, et ma mère était la seule à m'en donner l'illusion.

Vous êtes vous déjà demandé si l'amour peut être une prison ?

L'amour de ma mère pouvait-il devenir un ennemi mortel ?

J'ai grandi. Petit à petit, sans savoir pourquoi, je me suis renfermée sur moi-même, encore et encore. Je n'avais que peu d'amis à l'école et me sentais très vite exclue du « trio de copines ». J'étais souvent la risée des autres dans la cour, à cause d'un accoutrement ridiculement ajusté par ma mère, ou parce que je faisais une tête de plus que mes camarades de classe, ou encore parce que j'avais les dents en avant. Moi qui cherchais la discrétion, la sécurité, je me retrouvais au premier plan des rires et des photos de classe.

Aujourd'hui, j'ai bien compris, que je vivais à l'école le même rejet qu'à la maison. Comment ça, me direz-vous ? Avec tout l'amour que ma mère me donnait, comment pouvais-je ressentir du rejet ?

Eh bien, ce qui ne se voyait pas de l'extérieur dans notre relation, c'est que ce n'est pas moi qu'elle regardait et admirait. Je n'étais que l'enfant de remplacement à ses yeux.

Un bébé a besoin du regard de sa mère pour se construire, exister. Lorsque ce regard est vide, absent, ailleurs, l'enfant ne peut trouver ses repères et la sécurité dont il a besoin pour évoluer dans le monde.

Ainsi je voyais, dans ses yeux, un regard vide. Je sentais des caresses qui n'étaient pas pour moi. J'entendais Chloé, lorsque mon prénom était prononcé. Je n'existais pas pour qui j'étais vraiment. Un enfant est sensible aux intentions, énergies et tout ce qui est subtil. Au-delà des mots venant de son entourage, il est prêt à faire ce qui lui est inconsciemment demandé, pourvu qu'il reçoive de l'amour. Cet amour inconditionnel, besoin vital, devient la quête de chaque nouveau-né. Cette recherche est souvent biaisée. Elle se transforme en chantage affectif lorsque les parents ne sont pas conscients de ce qu'ils font peser sur la relation à leur descendance. L'enfant comprend, par exemple, que pour recevoir de l'amour, il ne doit plus pleurer, ne doit pas se faire remarquer, doit être gentil...

Ma mère attendait de moi que je sois une Chloé réincarnée, la vie retrouvée, un miracle. Malheureusement pour elle, j'étais Emmeline, petite fille sensible, réceptive et intelligente. Si je voulais être aimée, il me faudrait donc faire semblant, d'être ce que ma mère souhaitait intimement.

Ce qui suit est un bel exemple de ce que je veux dire quand je parle de « ces choses subtiles » que comprennent et ressentent les enfants. Mes parents parlaient de divorce. J'avais 8 ans et je n'allais pas très bien. J'avais volé de l'argent à mon père et semblait sans doute perdue car mes parents m'emmenèrent chez un psychologue.

Celui-ci me demande de faire un dessin.

De tout mon cœur, en confiance, je dessine ma famille. Au complet.

« Mon père, ma mère, Chloé, Agnès et moi. » expliquai-je une fois fini. J'avais dessiné Chloé sous la forme d'un cercueil, debout, comme les 4 autres membres vivants de la famille.

Comment expliquer que, n'ayant jamais connu Chloé, je lui donnais une place importante, en plein milieu de la photo de famille ? L'inconscient est bien clairvoyant, lui. Le nom de Chloé n'était, dans mon souvenir, jamais prononcé à la maison. Alors comment était-ce possible d'avoir conscience de son existence et de la place qu'elle prenait du haut de mes huit ans ?

A 18 ans, pourtant sortie du cocon familial depuis des années, je souffrais encore de cette absence. L'invisible avait le goût d'un poignard, car depuis le divorce peu de temps après ma visite chez le psy, ma mère utilisait Chloé comme moyen de me piquer à vif. Par exemple, lorsque ma mère s'exclamait « Chloé, elle, n'aurait pas fait ceci ! », « Chloé n'aurait pas fait cela ! », « Chloé, elle serait restée avec moi ! »... Je voyais très peu ma mère. Très épisodiques, mes visites s'arrêtaient net dès lors qu'elle recommençait à me comparer à Chloé, comme si elle était vivante.

Pour ma mère, elle était bien là, en chair et en os. Visible pour son cœur de maman blessée. Elle était mieux que moi, à tous niveaux. Elle faisait les bons choix, avait les bonnes fréquentations, et attitudes. Cette Chloé était parfaite.

Et moi, je ne serais jamais à la hauteur.

J'aurais pu faire tout ce que je voulais, abattre des montagnes, devenir mère Thérésa, je ne serai jamais à la hauteur de cette fille idéalisée. A entendre les mots de ma propre mère, je ne comprenais pas pourquoi moi, j'étais en vie.

Si Chloé était mieux que moi, pourquoi était-elle partie et moi, pourquoi étais-je restée vivante ? Pour être aussi malheureuse que je l'étais, à quoi cela servait-il ?

Depuis ce dessin chez le psy, je ressentais clairement une culpabilité immense. Mes pensées allaient bon train.

Pourquoi moi je vis et elle non ? Pourquoi ai-je volé *sa place* ? Ce n'était pas juste.

Je ne mérite pas de vivre. Elle oui, puisqu'elle était super.

Après tout, je n'étais qu'Emmeline, et *Elle*, était une déesse, une fille géniale.

J'ai grandi avec ces pensées. Ma conclusion de petite fille, devenue une croyance d'ado, puis en tant que jeune adulte, une certitude : je lui devais la vie.

Si Chloé n'était pas morte, je ne serais pas née. C'est mathématique puisque mes parents ne voulaient que deux enfants. Après l'aînée, un seul autre enfant avait sa place.

Chloé s'était sacrifiée pour me laisser la place ? Je grandis avec cette culpabilité de vivre, enfouie dans mon être et toutes les cellules de mon corps.

Vous vous direz peut-être « Mais ça n'a aucun sens ! », « Ce n'est pas vrai, ce n'est pas comme cela que ça marche la vie ! ». Bien sûr que cela n'a pas de sens. Mais pouvons-nous vraiment savoir ce qui se passe dans la tête d'un enfant ?

Comment peut-on se monter des idées pareilles ?

Eh bien, lorsqu'il n'y a pas de communication claire, dans une famille ou dans une relation, c'est le risque. L'interprétation est permise dès lors que personne ne met de mot. J'imagine bien que mes parents ne se sont jamais représentés la culpabilité que je ressentais d'être en vie. Néanmoins, c'était Ma réalité. Et j'ai grandi avec. J'ai tenté de devenir une femme, avec ce sentiment caché en moi.

Pas simple de devenir une femme, qui ne sera jamais à la hauteur de ce qu'attendent les autres, mais aussi de ses rêves. Alors, autant les abandonner de suite, plutôt que de me faire du mal à imaginer une vie qui ne sera jamais la mienne !

Ce sont les événements de la vie qui ont ancré cette croyance de ne pas mériter la vie, de plus en plus profondément en moi, jusqu'à en oublier sa présence. En effet, je vous raconte un peu plus tard dans ce livre, comment ma mère, si protectrice, m'a un jour, abandonnée, laissée face à moi-même. Mais surtout, comment, face à l'absence d'amour de ma mère, j'ai dû grandir, évoluer, et me secourir.

Je vais vous raconter, comment j'ai transformé cette histoire, mon histoire. Le cœur grand ouvert.

Mon message est simple et clair. J'ai souffert, j'ai vécu une vie entre culpabilité de vivre, d'exister, et peur de mal faire. Ces poisons ont guidé ma vie pendant 26 ans. Je veux parler de ces poisons que j'ai créés face à mon environnement. De ce qui se passe à l'intérieur, quand les portes sont fermées. Je vais vous raconter comment je suis passée de la coquille vide à la chrysalide, et comment j'ai trouvé mes ailes pour m'envoler vers mes rêves.

Je veux vous dire comme la vie peut être transformée, si on le veut fermement, ou si le malheur est tel qu'il n'y a plus d'autres solutions. C'était mon cas. Vivre autrement ou mourir.

Oui ces pensées m'ont traversée, avec toujours une petite voix au fond de moi qui disait « Non, pas cela, quelque chose d'autre t'attend ».

Venir au monde après un décès, je ne suis pas seule à l'avoir vécu. Parfois le décès est connu, parfois pas, car il peut même s'agir d'une grossesse interrompue, volontairement ou non. Tous ces paramètres, font partie de la naissance, de ce que nous sommes, enfants de remplacement, de guérison, de fuite, d'oubli, pansement joufflu et joyeux... peu importe. Nous pouvons souffrir de non-dits, ou de trop peu de communication autour de ces événements. C'est au cours d'un travail thérapeutique que j'ai compris vers 28 ans que Chloé ne m'avait jamais quittée.

Vivre à la place d'un fantôme, ce n'est pas vivre pleinement. J'ai compris après des années, comment me libérer de cette emprise invisible. J'ai su exister pour qui je suis.

Je ne suis pas Chloé.

Je ne suis pas ma mère.

Je suis Moi.

Mais qui ?

Dis c'est quoi l'amour ?

L'enfant se construit grâce à l'amour de ses deux parents. Mais pour comprendre ce qu'était l'amour pour moi, l'enfant que j'étais, il me faut vous raconter l'histoire de mon papa.

Il est né pendant la guerre et, enfant, il était caché avec d'autres enfants dans le métro parisien. D'un nom d'origine juive, hors de question de rester à découvert.

Mon père m'a souvent raconté qu'il avait eu, un jour, une orange à Noël et qu'il était ravi. Son père, Robert travaillait comme il pouvait pour ramener quelques sous à la maison pour survivre. Son père faisait tout son possible pour lui apporter ce dont il avait besoin, c'est-à-dire des cahiers pour l'école, des vêtements pour s'habiller; c'était à peu près tout.

Mon père a grandi à côté d'une usine de pneus à Paris. Son père faisait de son mieux mais il ne pouvait néanmoins remplacer la mère qu'il n'avait pas. Mon père faisait partie de ces enfants nés sous X : un jour, une femme enceinte de 9 mois arrive à la maternité, sans doute dans un état émotionnel terrible, pour donner vie à un enfant. Elle est seule, livrée à elle-même, pour cet accouchement.

Avait-elle prémédité qu'elle allait laisser l'enfant et s'enfuir sans donner son nom ? Ou a-t-elle pris peur à ce moment-là ? Je ne le saurai peut-être jamais mais le plus triste, à vrai dire, c'est que mon père lui-même ne l'a jamais su.

Cette femme accoucha parmi d'autres, ce jour-là. Elle donna toutes ses forces, pour donner vie à cet enfant, conçu par amour. C'est en tous cas ce que j'ai toujours senti. Une histoire impossible entre une femme mariée, de "belle famille" et un homme du milieu ouvrier.

Elle n'aura vu le bébé que quelques secondes, ne l'aura entendu qu'une seule fois pleurer, n'aura pas senti sur sa peau cet enfant dont le souffle restera juste un souvenir, flou, mais tellement présent tout au long de sa vie.

Bien sûr je ne peux qu'imaginer cette histoire mais en tant que femme je ne peux pas m'imaginer qu'une maman accouche et laisse son enfant tout juste né, sans peine dans les bras d'un inconnu. Sans savoir quel sera son avenir.

Je ne peux également qu'imaginer. Le père arrive à la maternité, tenu in extremis au courant de l'accouchement d'une femme avec qui, il a une aventure, et qui a donné vie à leur enfant. Peut-être qu'il arrive en courant, dans tous ses états, trempé de sueur d'avoir couru jusqu'à l'hôpital au plus vite alors qu'il était lui-même en train de travailler à l'usine. Il arrive et prend sous son aile ce bébé, sans croiser la maman. Il ressent des émotions très contrastées : la tristesse profonde de voir cet enfant laissé seul, livré à lui-même et en même temps, la joie d'être papa et d'avoir un souvenir à jamais de cette histoire d'amour impossible avec cette femme. Quand il le prend dans ses bras, il sait que cela va être difficile, néanmoins il y croit, il est courageux et ne peut/veut pas abandonner cet enfant. Cet enfant s'appellera Robert, comme lui.

Il va aller le reconnaître à la mairie du 14e à Paris, sous le nom de Robert Sion, junior.

Quelle a dû être la souffrance de son père, vivant avec un fils, qui lui rappelait à chaque instant l'amour de sa vie, perdu ? La réalité étant trop inacceptable, il finit par se noyer dans l'alcool.

Mon père m'a raconté avec une certaine nostalgie dans le regard, qu'il pense avoir rencontré un jour sa mère. Mais sans certitude. Aucun mot n'a été posé sur cette situation par son propre père. Il n'a jamais fait de recherches. N'a jamais voulu remuer le passé. Pourquoi ? Le cœur a ses raisons et les blessures ont leurs déraisons. Peut-être avait-il peur d'être rejeté, abandonné de nouveau. Si cette mère ne voulait pas de lui à l'époque, pourquoi en aurait-elle voulu ensuite ?

Toujours est-il que, lorsqu'il a fait sa communion, à l'église, une femme était là, très élégante, très différente des autres femmes de l'assemblée. Il ne la connaissait pas. Son regard s'est posé directement sur elle. A cet instant, son cœur lui souffla que c'était *Elle*. Elle était là pour lui. Leurs deux cœurs savaient en cet instant mais personne ne dit un mot. L'a-t-il imaginée ? Avait-il besoin d'une image de sa mère pour grandir ? A-t-il eu un miracle en ce jour de communion sacrée ? Tout ceci restera un mystère. Le mystère de sa vie.

Mon père a connu la misère et l'abandon. Il a connu la privation et la peur.

Il m'a raconté comment il allait chercher son père dans les bars, le soir, tellement imbibé d'alcool, qu'il n'était plus capable de rentrer chez eux, seul. Son père n'avait plus la notion du temps et laissait son enfant, livré à lui-même. Un peu plus tard, c'est dans l'un de ces cafés que cette femme étrangère, indifférente à l'ambiance apéritive et populaire qui y régnait, est entrée. Le même regard qu'à l'église. Elle a posé au cours de la conversation sa main sur la tête de mon père. Il gardera ce souvenir gravé dans sa chevelure, comme une marque d'une tendresse maternelle.

Mon père n'aimait pas l'école. C'était plutôt, un écolier du fond de la classe. D'ailleurs, il ne ratait pas une occasion de faire des bêtises, de ne pas écouter, d'être là sans être là ! Alors les épisodes où il manquait l'école n'étaient pas sans lui déplaire.

Il avait l'impression que personne ne croyait en lui. Ni lui-même. Ni son père. Ni sa mère, invisible.

L'année du certificat d'études quelque chose de fondamental changea dans sa vie. Un nouveau professeur s'est exclamé, à son attention, et dès le premier jour « Robert, au 1er rang ! ».

Assis devant le maître d'école, il n'avait plus d'autre choix que d'écouter cette personne. Ce maître l'a pris sous son aile et lui a permis en quelques mois de rattraper son retard et d'obtenir son certificat d'études avec une fierté incommensurable !

Mon père me confiera en 2010, un an avant sa mort, qu'il avait souffert, enfant. Mais il savait, au fond de lui, que son père faisait du mieux qu'il pouvait, il n'avait pas eu la chance de faire des études et ne pouvait donc accompagner son fils dans sa scolarité.

Je voyais les yeux de mon père, briller, encore, à 70 ans, à l'évocation de ce maître incroyable. Son souvenir était gravé dans ma mémoire aussi. Des dizaines de fois, j'ai entendu cette histoire. Ce maître d'école vivait son métier avec ses tripes et il allait chercher le potentiel en chacun de ces jeunes cancres, pour le révéler ! Je dis « ces » car j'imagine bien que ce qu'il a fait avec mon père, il l'a fait tout au long de sa carrière avec d'autres écoliers.

Il s'agissait de donner à des enfants, une place qu'ils n'avaient pas. Une vraie place de premier rang. Et de leur faire confiance, de les encourager. Ces élèves en mal d'apprendre, ou simplement en mal de vivre ?

Évidemment, ceci n'a pas changé les compétences intellectuelles de mon père, ni de ses camarades. Néanmoins, la confiance et l'intérêt qu'on lui a portés l'ont poussé à croire en lui et lui ont permis de franchir une première étape : il pouvait réussir quelque chose dans sa vie.

Fort de cette confiance, il a décidé de rêver à sa vie future. Il irait travailler et un jour, il vivrait dans une immense villa au cœur d'un parc, il conduirait une Cadillac et il se baladerait, fier, en costume blanc. Bon, nous n'avons pas tous les mêmes rêves. Mais il appartient à chacun de rêver et surtout de faire quelque chose de ses rêves. Sur ce point, je dois dire qu'il a été un exemple épatant !

Je pense, qu'il a vu ce rêve devant ses yeux à chaque instant et que, c'est ce qui lui a permis de se dépasser, d'aller de l'avant malgré les épreuves. Il a développé des idées nouvelles, a osé voir toujours plus grand.

Il s'est juré à cette époque, qu'il aurait l'argent pour offrir une autre vie à son père mais aussi à sa future famille. Il a commencé par frapper aux portes, vendant des cartes postales, comme le dit si bien la chanson de Bourvil* qu'il adorait. Il a gravi les échelons, marche après marche. Mon père était un vendeur exceptionnel, passionné par la vente, il a vendu des presse-citrons, des produits d'entretien, a dirigé une entreprise avec succès et a eu des dizaines de vendeurs sous son autorité. Il a investi dans l'immobilier, a réalisé de grands projets grâce à son côté astucieux, malin, débrouillard. C'est ce qui lui a permis de s'en sortir dans la vie et d'atteindre son rêve, enfin.

Quand il a rencontré ma mère, il avait un costume blanc, avec des chaussures blanches, roulait dans une voiture américaine. Il était prêt à offrir des heures et des heures de travail, une partie de sa vie même, pour offrir le meilleur à la famille qu'il allait fonder.

Après un premier mariage raté, il avait fini par s'inscrire dans une agence matrimoniale (dinosaure du site internet de rencontres). C'est ainsi qu'il rencontra ma mère.

Ma mère, elle, était amoureuse d'un homme marié mais ses parents lui avaient clairement dit de stopper cette relation et de se trouver un mari. Voilà comment elle s'est inscrite dans cette même agence de rencontres.

Est-ce le costume blanc, la carrure de battant de mon père ? Est-ce la fragilité et le sourire de ma mère ? La magie opéra. Ils ne connaissaient tous deux pas grand-chose à l'amour, mais se jurèrent fidélité quelques temps plus tard.

Mon père, empreint de privation et de manque, a grandi avec l'idée que l'amour réside en chaque cadeau que l'on offre. Pour lui, travailler

* Les Crayons de Bourvil et Etienne Lorin, 1945.

dur c'était donc pouvoir offrir aux gens que l'on aime tout ce qu'ils souhaitent et plus encore.

C'est ce qui faisait de mon père un être généreux, toujours prêt à aider ses amis. Grâce à l'argent, il a rendu des services énormes, mais il a aussi récolté de gros malentendus dans ses relations.

Il était souvent déçu ou plutôt en colère de voir que l'amitié selon lui n'était pas l'amitié selon l'autre.

Mon père, fier, vivait sa réussite en plein jour et voulait en faire profiter ceux qu'il aimait. Mais à quel prix ? Sans doute, le prix inestimable de l'amour maternel qui lui avait manqué.

Il avait beaucoup d'attentes envers les autres mais ne les exprimait pas. C'était la difficulté de sa vie.

Ne pas avoir exprimé les choses, être resté dans l'équation Amour = Argent, lui ont rendu la vie plus triste.

Et la mienne, douloureuse.

Je veux que tu me voies !

Je suis née fille. Au grand dam de mon père. Il aurait tant voulu, un Robert Junior, 3eme du nom... Perpétuer le nom pour lui avait un sens que je ne connaîtrais jamais. Cela avait l'air de compter pour lui. Peut-être était-ce pour laisser une trace de son passage sur Terre ? Perpétuer un nom ? Voulait-il transmettre à un fils des choses qu'on ne transmet qu'à un fils ?

Je suis née au féminin, mais ce que j'ai très vite compris, c'est que pour lui plaire et être une enfant recevant l'amour paternel, il me fallait ressembler à un garçon et agir comme tel.

En garçon manqué, je tenais à l' aider au jardin, à bricoler, trafiquer dans les endroits où seuls les garçons peuvent aller. Je me montrais forte et je déployais physiquement tout ce que je pouvais pour le surprendre. Jeune adulte, porter des cartons, des sacs de pommes de terre, rentrer le bois, charger et conduire un camion ne me faisaient pas peur ! Je me rends compte aujourd'hui, que je tentais d'attirer son attention comme je pouvais, inconsciemment bien sûr.

Pour autant, je ne voyais pas de changement. Je ne me sentais pas plus vue ni entendue par lui.

Je me souviens d'un jour où tout s'est effondré dans ma tête de petite fille. Je rentrais du jardin, joyeuse, et je me mis à siffler de joie. Il m'a crié dessus dans la cuisine « Les filles, ça ne siffle pas ! ». Moi qui adorais chanter, bouger, danser, siffler... J'ai pris ce jour-là, comme un coup de casserole sur la tête. Le choc était grand : quoique je fasse, je ne serais jamais à la hauteur. Jamais je ne serais celui qu'il attendait. J'ai commencé à être plus discrète. Je m'enfermais dans ma chambre pour chanter ou siffler, par peur de recevoir une fessée si j'oubliais de contenir ma joie devant mon père. Bien sûr, c'est moi qui aie créé ce lien de cause à effet. Mon père ne voulait sûrement pas que je sois malheureuse. Mais les manifestations de ma joie de vivre ne lui convenaient pas.

Alors comment faire pour lui plaire ? Comment faire pour qu'il me voie, moi, Emmeline ?

Mon père était du genre absent. Au travail à longueur d'année, il rentrait tard le soir et nous ne le voyions que très peu. Mais ce « peu », était déjà trop. Il entrait dans ma chambre, tel un guerrier au combat et hurlait des mots incompréhensibles dans une énergie de colère. Ce passage éclair, à la tombée de la nuit, me faisait l'effet d'un ouragan. Cette tempête laissait derrière elle des débris : mon cœur triste, mes yeux humides et quelques mots : tu n'as pas obéi, ta mère m'a dit que.... Ainsi grandissait en moi, jour après jour, la peur de mon père.

Je comprenais avec difficulté que ma mère s'était plainte auprès de lui à mon sujet. Je vivais une tristesse double. Pourquoi ma mère en parlait à mon père alors qu'elle connaissait la manière dont il allait me crier dessus ? Pourquoi elle ne me disait rien à moi, directement ? Nous avions un lien fort et je me sentais trahie qu'elle ait pu raconter mes bêtises d'enfant à mon père, sachant quelle serait ma sentence. Ainsi, les semaines s'enchaînaient, et avec elles leur lot de cris, fessées et menaces.

Tous les week-ends commençaient donc *en beauté* !

Je n'oublierai jamais, ce fameux week-end, de grand rassemblement familial.

CHAPITRE 1 - ENGOURDIE

Je venais de fêter mes 7 ans et le cœur en joie, j'avais hâte de retrouver mes cousins venus d'Allemagne. La famille serait au grand complet. On allait bien s'amuser ! Enfin eux oui, mais sans moi. Car mon père en a décidé autrement.

Nous déjeunions, à l'ombre colorée des parasols sur l'immense terrasse de pierres blanches. La grande table massive trônait au milieu et la vingtaine d'invités était installée confortablement. Les plats étaient à table, les conversations fusaient et les rires allaient bon train.

La table des enfants, légèrement à l'écart, se dressait à proximité des grands rosiers qui fleurissaient généreusement depuis quelques semaines. Le majestueux saule pleureur portait son costume estival au beau milieu du jardin. Tout était parfait en ce dimanche : rires, jeux, et balançoire nous attendaient, moi et mes cousins, pour une après-midi de folie.

Soudain, n'ayant pas suivi les conversations des adultes, j'entends mon père chausser son tempérament de feu :

« Emmeline ! ».

Il se lève. J'ai très peur. Que va t-il m'arriver ?

Je ne comprends rien à ce qu'il se passe.

« Je vais lui apprendre, moi, à ranger sa chambre ! » hurle la voix paternelle à côté de moi.

Sans répit, la fourchette à la bouche, il me prend par le bras, me secouant comme une poupée. Dans la maison, nous longeons le long couloir qui mène à mon « taudis ».

De ma chambre, il ouvre la porte en trombe, ouvre les placards et, d'un grand geste fait voler toutes mes affaires par terre.

« Ah tu vas voir, tu vas apprendre à ranger ! » a t-il hurlé avant de claquer la porte. CLAC !

Le vent de colère s'essouffle laissant un chaos derrière lui. Tel un pyromane qui allume la mèche, mon père a quitté les lieux en furie.

Interdiction de sortir de ma chambre tant que tous mes habits ne seraient pas pliés au carré et rangés dans l'armoire murale immense dont j'atteignais à peine le milieu, debout sur la pointe des pieds.

Seule, dans le désarroi le plus complet, je sentais l'injustice de cette situation. Découragée, je pleurais de tout mon petit corps. A seulement 7 ans, je devais apprendre par moi-même. Mais on fait comment ?

Par chance, ma tante est venue, calmement, me montrer une façon de plier les habits. *Ah d'accord, on fait comme ça.* J'ai aimé apprendre, dans le calme, d'autant plus. C'est mon seul souvenir que quelqu'un ait eu la patience de me montrer comment faire.

Après cette punition injuste, je retournai à la fête. Les conversations se tarissaient. Le soleil déclinait. On finissait de prendre le gâteau.

En bref, j'avais tout loupé ! Ma journée de rêve s'était transformée en cauchemar inoubliable.

De plus, j'avais honte ! Honte de moi ? Non, honte de mon père. Comment peut-on hurler ainsi ? Quel humain, parent qui plus est, pouvait bien prendre plaisir à gâcher une fête pareille ? Car je vous laisse imaginer, la gêne qui se lisait sur les visages familiers. Entre compassion, incompréhension et désolation, les expressions et mimiques en disaient long.

En plus, j'avais l'impression qu'il en avait toujours après moi.

Ses accès de violence me pétrifiaient et si j'avais le malheur de courir vers ma mère, la voix s'élevait encore et encore et il s'en prenait à ma mère :

« Tu vas en faire une empotée à la défendre tout le temps ! »

Je choisis, de moi à moi, de ne plus compter sur l'aide de ma mère. Je voulais être forte, ne pas pleurer, obéir et me taire car c'est ce qui pourrait me procurer la paix et celle de ma sœur et ma mère.

D'une enfant joyeuse, drôle, sans cesse en spectacle et représentation, je suis devenue une fille effacée, timide et fragile. Celle-là même qui a laissé sa place à une femme introvertie, peureuse et émotive.

A peine 2 ans plus tard, j'étais devenue une voleuse.

Je volais des billets de 500 francs dans les poches de mon père depuis quelques jours.

CHAPITRE 1 - ENGOURDIE

Il y avait un salon/exposition sur l'Égypte, de mémoire et je voulais acheter des cadeaux à ma mère et mon père pour leur faire plaisir.

Vaillante et sûre de moi dans cet acte, je me glissais en début de soirée, dans la chambre de mes parents, j'approchais le portant où gisait le pantalon de mon père, pour y trouver dans sa poche, quelques billets. Je me sentais, dans mon imaginaire, invisible et invincible. J'étais sûre que personne ne verrait rien.

Mon acte de bravoure, manquant de discrétion, il n'a pas fallu longtemps pour que mon père découvre qu'il lui manquait beaucoup d'argent. Il a accusé ma mère, ma sœur, et puis... il ne restait plus que moi.

D'abord j'ai nié. Puis j'ai tout dit. Oui c'est moi, je suis coupable.

Je n'ai pas su lui dire avec ces mots-là, mais mon cœur criait : « Je te vole de l'argent, pour que tu me voies, puisque c'est tout ce qui compte à tes yeux ! ».

En écrivant ces mots, je fais le lien avec l'histoire de mon père et vous l'aurez peut-être déjà fait : je lui volais en fait, de l'amour, inconsciemment. Une caresse, un câlin, un mot gentil sous forme d'un billet...

Avec la bonne intention de vouloir faire des cadeaux à mes parents, je cherchais en fait, la reconnaissance mais aussi à montrer le manque d'amour, l'immense vide intérieur, qui m'habitait.

Les années ont passé, les cris, les disputes, puis le divorce.

Puis, dans des circonstances que je vous dévoilerai plus tard, nous n'avons pas eu d'autre choix, ma sœur et moi-même, que d'aller vivre chez notre père.

J'ai continué à vivre avec ces sentiments d'injustice et de manque de reconnaissance de la part de mon père.

Quelques exemples, tels qu'ils me reviennent dans le désordre temporel :

- Lorsque j'ai eu mon permis, du premier coup, je n'ai pas compris pourquoi j'avais à peine eu un « c'est bien », alors que ma grande sœur avait eu un scooter neuf. En quoi étais-je moins bien qu'elle ?

Mon bac idem. Du premier coup, frôlant de peu la mention, mais rien. Rien de rien n'y faisait. Je me sentais moins que rien à ses yeux.

« T'aurais pu avoir 12, si t'avais été plus sérieuse. »

De toute façon, cela n'avait rien à voir avec le fait de posséder un scooter. Il s'agissait de mon besoin de reconnaissance. J'avais besoin que mon père me félicite, qu'il me montre sa fierté.

Était-ce mon interprétation ? Ou mon regard étroit ? Mais je n'ai rien vu, rien perçu de l'ordre de cette reconnaissance.

- J'étais au lycée à ce moment-là. Je venais de recevoir un 19/20 en maths. Je végétais, à l'époque, souvent dans la moyenne de la classe, mais là, j'avais dépassé mes limites et j'étais fière de moi ! En fait, non. Je pensais surtout que mon père serait fier.

En rentrant donc, j'ai accouru dans le salon où la télé prenait toute la place sonore et visuelle. Je lui ai tendu la copie et lui ai dit : « T'as vu, j'ai eu 19 en maths »

Il m'a répondu :

« Dommage t'aurais pu avoir 20 ! ». Son regard rivé sur l'écran.

Je suis repartie plus bas que terre, le cœur en miettes.

Il ne me verrait donc jamais...

- Toujours au lycée, je me suis essayée à des expériences teinture de cheveux ! La teinture éclair (qui disparaît en quelques shampooings) portait le nom « roux ». La promesse était tenue : je suis sortie avec une chevelure aux reflets lumineux, orangés. Cela était visible mais pas ROSE ou VERT.... Et pourtant, mon père, en me voyant dehors, à la lumière du jour, m'a incendiée :

« Tu n'es plus ma fille ! Dehors ! ».

Avant d'ajouter :

« Ne fais plus jamais ça ! »

Je passe des dizaines d'anecdotes de ce genre, dont ma mémoire a choisi de se libérer avec les années.

A l'aide !

A cette période de l'adolescence, je vécus deux ans de vie commune avec un père distant, sa nouvelle compagne, repoussante, et ses deux chiens. Proche du calvaire, dans ce climat hostile à mon épanouissement, à 15 ans, je ressentais un profond mal être. Je ne pouvais plus vivre cette vie. Je ne voulais plus vivre avec lui. Je n'en pouvais plus des cris paternels, des remontrances et engueulades pour un oui ou pour un non. Je rêvais simplement d'une communication de cœur à cœur. Était-ce trop demander ?

Je me repliais de plus en plus sur moi-même, ne parlais pas car quand j'ouvrais la bouche, j'étais « une effrontée ». Je partais à 6h du matin pour prendre mon bus et revenais le plus tard possible avec le dernier car. Je m'enfermais dans ma chambre, me concentrais sur mes devoirs. J'espérais secrètement, qu'un jour, tous ces cours, ce savoir m'aideraient à sortir de ce calvaire de luxe.

De luxe ? Car en apparence, c'est tout ce qui semblait compter finalement.

« Emmeline vivait dans une belle maison, avait sa propre chambre. Elle avait un nouveau jean à la mode et les chaussures *CAT* qu'il fallait pour être comme tout le monde au lycée. Elle avait même une télé et trois chaînes pour regarder *Superman* sur M6, sa bouffée d'air hebdomadaire. De quoi pouvait-elle encore avoir besoin ? »

Voilà ce que j'entendais à demi-mots entre autres, dans les discours de ma belle-mère.

Même ses chiens avaient droit à plus d'attention, de douceur, de caresses, d'écoute, de regards...

Mais ça, *personne* ne le voyait, et je n'aurais jamais osé le dire, par peur des représailles de mon père et par peur qu'il me rende la vie encore plus dure.

Le plus difficile, c'était quand je quittais cette prison. La première fois que je suis allée dormir chez une copine, je devais avoir 14 ans. J'avais eu l'autorisation de « découcher », d'aller chez l'amie qu'il me restait de mon premier collège à Villeneuve d'Ascq.

J'étais heureuse de partir, de prendre l'air et de voir de nouvelles choses. Cela me faisait du bien, mais le soir venu, assister aux câlins de la maman, à la douceur de l'échange entre ses parents, me gênait. Je regardais ailleurs, le cœur pleurant de solitude. Revenir à ma vie devenait de plus en plus difficile à chaque fois que je dormais ailleurs. Voir vivre une famille "normale" selon moi me plongeait encore et encore plus profondément dans mon gouffre. Cela me faisait le même effet lorsque, pour les vacances, la sœur de ma mère (qui m'avait sauvée le jour du chaos dans ma chambre) me proposait de venir passer quelques jours chez elle. Elle m'offrait, comme à ses propres enfants, de participer à des activités ludiques avec eux. Rien que le fait d'aller louer un film en DVD, pour se préparer une soirée cocon, à partager en famille, me paraissait être la plus belle chose au monde. Un jour, elle m'a offert un gilet qu'elle avait cousu, comme ceux qu'elle avait cousus pour ses enfants. J'étais là aussi pour la voir préparer une fête d'anniversaire pour ma cousine... Waouh, un univers pour enfants recréé dans un garage en quelques heures, avec beaucoup de talent et d'amour... C'est ça une maman ? C'est fabuleux !

L'amour peut vraiment faire des miracles et des merveilles ! J'assistais à toutes ces marques, de complicité, de câlins, de liens d'amour, sans mot dire.

De retour dans la jolie maison que nous habitions dans la campagne pévéloise, j'étais devenue la cendrillon des lieux. Pour plaire ou plutôt ne pas déplaire encore plus, je m'efforçais de faire du mieux que je pouvais tout ce qui m'était demandé. Je passais mes mercredis à repasser le linge, je ne prenais pas de douche le matin pour ne pas réveiller ma belle-mère qui s'était plainte du bruit trop tôt le matin. Je faisais la vaisselle, le ménage et tout ce que je pouvais pour ne pas m'attirer les foudres. Je faisais tout mon possible et tout mon impossible.

Et pourtant, j'entendais cette sorcière se plaindre encore et encore à mon père. Parfois, l'oreille collée à la porte du couloir, je tentais de comprendre ce qui ne lui allait pas, une fois de plus. Je ne savais pas à l'époque que certaines personnes pouvaient être méchantes par jalousie.

Je prenais pour moi, ce qui en fait, était l'expression de ses blessures à elle. En attendant, mon cœur se laissait fouetter par les mots tranchants à mon égard. Je vivais cloîtrée dans ma douleur, murée dans mon silence. Les insultes et surtout les coups bas, finissaient d'éteindre la flamme de la femme en moi qui cherchait la lumière pour grandir plus vite.

Un coup bas, c'est par exemple ceci : j'avais une peur bleue des animaux à l'époque. Alors deux chiens dans la maison pour moi, c'était une raison de plus pour rester loin du salon, enfumé qui plus est par l'odeur nauséeuse du cigare de mon père.

Je prévenais chaque jour, en fermant la porte de ma chambre, que je ne souhaitais pas que les chiens y entrent. Rien que d'imaginer les chiens dans mon antre provoquait chez moi un profond dégoût, inexplicable, et une peur qu'ils me sautent dessus, me fassent mal.

Et pourtant, presque chaque soir, je rentrais et trouvais un des chiens sur mon lit.

Cela sentait la vengeance d'une femme rongée par la jalousie. Est-ce qu'elle se vengeait de sa propre histoire avec sa mère ou héritais-je de sa colère face aux problèmes de couple ? Je n'en sais rien. Mais la souffrance était mienne. Et je compris plus tard que la faire taire la décuplait.

Dès le début de la relation entre mon père et elle, elle comparait ses chiens à ma sœur et moi-même :

« Eux au moins, ils ne font pas ça »

J'aurais pu me douter que cela n'irait pas en s'arrangeant. Elle ne comprendrait jamais ce que c'était que d'avoir des enfants. Souffrait-elle d'une colère enfouie, n'ayant pas eu la chance de devenir maman ?

Mon père prenait toujours sa défense.

« Il paraît que tu as réveillé Monique ce matin ! »

Des accusations, des suppositions, basées sur un seul point de vue, celui de ma belle-mère. L'entente allait de mal en pis.

Je ne comprenais rien car pourtant, je me faisais de plus en plus discrète, de plus en plus renfermée, de moins en moins présente, pour ne pas les déranger.

Mon père m'accusa de vouloir faire échouer son couple.

C'était tellement loin de moi, au contraire, que je n'ai pas osé le dire. Il ne m'écoutera pas de toute façon.

J'étais tellement mal qu'un jour, j'ai rencontré l'assistante sociale du lycée. Je me suis livrée. Pour la première fois, j'ai mis des demi-mots.

Je n'en pouvais plus de cette vie, je n'en pouvais plus de souffrir, je n'en pouvais plus de me taire.

Je vivais dans cette maison que je n'aimais pas, mon père et ma belle-mère étaient comme deux inconnus voire ennemis pour moi. J'avais lancé un appel au secours d'une certaine manière. Avec une personne interposée, ce serait peut-être plus facile ?

L'assistante sociale a pris contact avec mon père.

Il est entré dans ma chambre. J'ai eu peur qu'il crie, qu'il me gifle. Je me suis blottie contre la vitre, figée par la peur.

Mon père avait l'air profondément peiné.

C'est la première et la dernière fois que j'ai vu des larmes dans ses yeux. Il m'a dit :

« Tu as tout pour être heureuse, qu'est-ce qui ne tourne pas rond chez toi ? »

J'ai eu l'occasion, ce jour-là, de dire. Je voulais lui dire que je ne voulais pas d'argent, ni d'un jean, ni d'un manteau.

Ce que je voulais, c'était des gestes de tendresse, de l'amour, de l'écoute, du partage.

Mais crispée dans ma peur, les seuls mots qui sortirent furent :

« Je n'ai pas de câlins. »

Il m'a prise dans ses bras.

Handicapés des mots tous les deux, rien de plus n'est sorti de cette conversation. J'ai culpabilisé de l'avoir fait pleurer, lui ce roc.

Ok, j'allais arrêter cette démarche auprès de l'assistante sociale.

Confinée dans mon espace vital, j'allais continuer de vivre en espérant que ma vie change.

Ma grande sœur, partie en pension revenait les week-ends. Oh comme je l'enviais !

A vrai dire, même si je comprends bien aujourd'hui sa décision de partir, à l'époque je me suis sentie abandonnée à nouveau. Après ma maman, ma sœur.

Elle partait et me laissait seule avec ces personnes sans cœur. Chaque journée était devenue une épreuve de survie psychologique, et sans témoin, je ne pouvais que sombrer dans la folie. Suis-je vraiment cette fille, qui veut du mal à ma belle-mère, qui souhaite casser une relation de couple ?

Peu avant que notre mère ne veuille plus de nous, ma sœur et moi commencions à nous disputer car, petite fille curieuse, j'empiétais trop sur sa vie privée. Je voulais la regarder se maquiller, faire comme elle, connaître ses copines, savoir comment on fait avec les garçons...

L'adolescence avait pris sa place et créait une distance entre nous.

Mais dans la période qui suivit, nous avons été abandonnées par notre mère et livrées à nous-mêmes. Ce flot de changements cataclysmiques nous sépara pour de bon.

Ma sœur et moi avions des blessures sanglantes grandes ouvertes. Chacune avait vécu de cette histoire un chapitre différent et chacune devait faire le chemin de guérison pour se retrouver, peut-être, un jour.

Elle ne pouvait pas être ma maman de substitution et je ne pouvais pas être une sœur présente sans laisser le goût amer de l'image de ma mère planant sur mon visage. La fusion entre ma mère et moi avait laissé des traces réelles et imaginaires dans l'entourage. Pour les membres de la famille, j'étais un peu l'incarnation de ma mère absente : j'étais aussi émotive qu'elle, aussi sensible et aussi dérangée, malade, au bord de la folie d'après ce que j'entendais...

« T'es comme ta mère ! »

Etais-je vraiment cette fille-là ? A force d'entendre tout ça, j'avoue que j'y ai cru. Mon dessein était clair. Comparée sans cesse à ma mère, j'allais «finir comme elle !» (seule, sans contact avec sa famille, folle, malade...).

Les projections de chacun à mon égard étaient tellement fortes que je renonçais à me défendre face à ces constats. Ils avaient sans doute raison, eux, les adultes.

Un soir de week-end, ma sœur était rentrée à la maison. Des amis de notre père et Monique étaient là.

Après le repas, ma sœur et moi nous sommes retrouvées dans sa chambre, n'ayant aucune envie de participer plus longuement à cette soirée arrosée et bruyante.

Il n'allait pas être facile de trouver le sommeil dans la chambre d'à-côté. Entre toutes, c'était la voix de notre père qui perçait le silence.

Il était sourd d'une oreille, et d'après lui, c'est ce qui le faisait parler fort. Dans mon référentiel auditif de personne très sensible, j'aurais plutôt dit « criait. »

CHAPITRE 1 - ENGOURDIE

Tapies dans l'ombre de la nuit, étalées sur le lit, ma sœur et moi écoutions les murmures hauts en décibels.

Nous entendons soudain nos noms et nous nous demandons pourquoi. Puis le choc.

« Ces deux connasses, Emmeline et Agnès ! »

Avions-nous bien entendu ? C'est de nous qu'il parlait ainsi ? Notre père ?

Écœurées par cette violence verbale, nous avons échangé un regard complice et désolé. Il valait mieux dormir, cela ferait moins mal.

Alors voilà, vous savez tout.

J'ai grandi dans l'ombre de ce garçon dont mon père rêvait.

J'ai vécu dans l'angle mort du rétroviseur de la voiture de mon père : Inexistante. Invisible.

J'ai survécu dans le regard absent de ma mère, n'étant pas *Sa Chloé.*

J'ai vécu à travers les lunettes déformantes des personnes que j'aimais, qui voyaient en moi ma mère.

Je passais mon temps à essayer d'être quelqu'un aux yeux des gens que j'aimais. Mais qui étais-je vraiment au fond ?

Je me suis perdue. Tant de facettes différentes pour une seule personne ! Je me sentais profondément bonne, mais au vu de ce que me renvoyait mon entourage, l'étais-je ?

Je ne savais rien de moi, si ce n'est que j'aimais la musique, la guitare, le chant, l'art plastique, les musées. Mais bon, tout cela n'est pas « sérieux ». Alors qu'allais-je faire de ma vie ? *Quelle était ma voie ?*

Pour satisfaire les attentes paternelles, je choisis l'architecture. Il a entendu « ingénieur » et moi j'espérais y trouver un peu de cette créativité qui me plaisait.

A partir de ce moment, j'ai choisi de me murer dans la musique, aux sons de *la voie* des autres...

Chapitre 2

Blessée

Comment ne plus souffrir du passé ?

« Vous êtes en train d'écrire l'histoire de votre vie et chaque belle histoire voit un héros ou une héroïne surmonter son lot de difficultés. En fait, plus les difficultés sont importantes, meilleure est l'histoire. »

-Hal Elrod, *Miracle Morning, offrez-vous un supplément de vie.*

Enfant manipulé

« Loud voices behind the wall
Another sleepless night for me »[*]
- Tracy Chapman, *Behind the wall.*

La vie allait, ordinaire et sans surprise : cris, gifles, coups, hurlements, injures, fracas de vaisselle et poterie... Chacun de mes parents s'enflammait à la présence de l'autre, au moindre mot, au moindre geste. Telle une étincelle, un reproche transformait la journée en relation incendiaire.

Un soir, ma mère entre dans ma chambre. J'avais 8 ans. Elle me demande d'une voix mielleuse :

- « Ma chérie, ça te plairait que papa et maman arrêtent de se disputer? Et tu voudrais aller plus souvent aux spectacles de magie et aux cours d'arts plastiques ? »

* « J'ai entendu des voix fortes hurler de l'autre côté du mur, encore une nuit blanche pour moi. » [Notre traduction]

- « Oh oui !!! » folle de joie. *Tout ce que j'adorais !*

Mes souvenirs d'enfant les plus intenses sont les jours où, de notre maison à la campagne, nous faisions des kilomètres pour aller une journée en ville, à Lille, voir un spectacle de magie ou un spectacle de marionnettes. Et ce que j'aimais plus que tout, c'était le mercredi, au *Gymnase*, pendant que certains s'entraînaient aux roulades et autres galipettes sur d'immenses tapis moelleux, moi je grimpais en courant les escaliers menant à mon atelier. Assise à la table des merveilles, face à l'immense fenêtre, je découvrais les outils du jour. J'ai rencontré ainsi la peinture, le feutre à l'effet pinceau, les couleurs et leurs mélanges, l'odeur et la douceur des feuilles passant de granuleuses à lisses, de 90 grammes à 230 grammes (celui qui a déjà acheté pour soi ou ses enfants du papier Canson, verra bien de quoi je parle). Pour moi le paradis, c'était ça. Je ne voyais pas le temps passer. Je ne peux pas dire d'ailleurs si c'était un atelier d'une heure ou d'une après-midi, tellement le ressenti qui me reste est en dehors du temps.

Je pouvais donc espérer vivre ce paradis de couleurs, matières, odeurs, encore plus souvent et plus longtemps ? Ce serait merveilleux ! Mais comment ?

- « Oui, oui oui !!!! Je le veux ! »

- « Tu sais ma chérie, si nous vivions en ville, tu pourrais faire ces activités autant que tu veux. Mais ici, en campagne, à des kilomètres de la ville, c'est impossible. Il nous faudrait déménager là-bas. »

« Bah, oui ! Super ! » répondis-je avec l'enthousiasme de mes 8 ans.

Ce que les mots ne disaient pas ce soir là, dans le lit d'une enfant sans défense et sans dictionnaire des mots d'adulte, c'est que, partir en ville, c'était sans mon père.

Tout a été très vite. Cris, coups, encore et encore, déménagement, changement d'école...

La ville. Villeneuve d'Ascq. Ce qui devait me rendre heureuse, selon les mots de ma mère, puisque les cris allaient cesser, me rendit la vie morose, triste et grise. J'agonisais à l'image de cette ville, de ce quartier HLM aux couleurs passées, aux formes en trompe l'œil sur les façades sans âme. Face à l'image de tout ce que ma mère m'avait dépeint de cette nouvelle vie, je me sentais trompée, trahie. Ma mère se retrouvant seule, dut reprendre une activité professionnelle. Son train de vie avait chuté et le nôtre aussi, il n'y avait plus d'argent pour les activités superflues. La chute fut rude.

Je ne suis plus jamais retournée au Gymnase. Fini les couleurs dans ma vie. Fini les feutres et leur douceur duveteuse, fini les matières qui faisaient vibrer mes mains de joie.

Fini aussi les spectacles d'avant. Les sorties magie au théâtre lillois.

Villeneuve d'Ascq proposait des activités, j'allais devoir m'en contenter.

Rien n'a jamais égalé le paradis que j'avais connu. Sensible au lieu, à l'ambiance, au matériel autant qu'aux personnes, mon cœur ne retrouvera plus jamais vraiment sa place dans l'expression manuelle et plastique.

Coupée de mes ressources et moments précieux, je sombrais dans la préadolescence, terne et lymphatique.

Habitant dorénavant un appartement, dans un immeuble, où sont imbriqués 5 autres appartements, interdit de faire du bruit. Fini aussi la musique à fond dans ma chambre, pour chanter et danser à tue-tête France Gall ou Beverley Craven.* Fini l'espace immense de ma chambre pour me transporter dans l'imaginaire d'une salle de danse grâce à la barre de mon lit et le miroir offert par la baie vitrée aux volets fermés.

Ma vie était finie.

A 9 ans, j'étais définitivement passée de la petite fille rêveuse, drôle et joyeuse à la fille insipide, renfermée, angoissée.

Mes activités manuelles troquées contre les tâches ménagères : repassage, vaisselle, ménage, nourriture. Ma légèreté de vivre en échange du sérieux de la réalité.

* Précisement il s'agissait de Babacar de France Gall, 1987 et Promise me de Berverly Craven, 1990.

Pas d'argent, donc pas de sortie.

Ce rêve que ma mère m'a vendu ce soir là, telle l'histoire de *La belle au bois dormant*, se transformait jour après jour en cauchemar à la *Cendrillon.*

Ma grande sœur Agnès, de 5 ans mon aînée, et moi-même avons été entraînées dans ce marasme quotidien.

Les tensions augmentaient, les moments de répit diminuaient. Les corvées étaient distribuées, les mercredis et soirées étaient bien occupés.

Nous avons tenté de rester unies, dans les premiers temps, mais notre différence d'âge et l'adolescence l'emportèrent, au profit des amis pour elle et des mauvaises fréquentations pour moi.

A l'école primaire citadine où j'avais échouée, fini les classes tous niveaux, les groupes de travail à 5... Le choc était conséquent. Pour couronner le tout, je terminais mon année de primaire dans la honte, allant à l'école avec une bouée sous les fesses, car je m'étais cassé le coccyx.

L'entrée au collège s'annonçait dans le néant de l'estime de moi, le vide d'amour et un océan d'incompréhension entre moi et le monde.

A 11 ans, mon cœur penchait pour les cancres et mauvais garçons. Je volais dans les poches des invités de ma mère, pour acheter des cadeaux, pour avoir et garder des amies. Sans argent, pas d'amour et donc pas d'amies. Elles étaient toutes trop bien pour moi. Je ne les méritais pas.

Le divorce a été prononcé, comme un coup de massue. La garde confiée à ma mère. Ce calvaire était passé de l'espoir du temporaire, à *définitif.*

Papa un week-end sur deux, notre père venait nous chercher pour manger dans un resto, acheter un nouveau manteau ou une paire de chaussures.

J'ai découvert un papa plus calme et posé. En fait, moins au courant des « bêtises », il avait moins de raisons de se mettre en colère après moi. Mais ses accès d'humeur n'étaient pas pour autant absents ni notre relation meilleure.

Disons que le gain au change était des habits neufs et un père finalement plus présent. Deux jours de week-end ensemble étaient le temps le plus long qu'il m'ait accordé. Heureusement que ma sœur avait plus de conversation et de relation avec lui, cela faisait passer le temps plus vite pour moi, restant simple observatrice, discrète.

Très vite notre père nous a présenté sa nouvelle amie, Monique. Dès lors, la relation a encore changé pour moi et est devenue celle que vous avez lu juste avant. Il a peut être compté sur le fait qu'une femme pourrait l'aider à entrer en contact avec ses enfants. J'ai accepté cette femme, sans atome crochu particulier. La nouveauté de cette rencontre a apporté la légèreté d'un cadeau déballé à Noël qui, dès le lendemain, aurait perdu l'attrait de la surprise.

Toutes ces années, je ne savais pas qui j'étais. Tantôt la fille qui avait des rêves puis quelques années plus tard, la pré-ado qui commence à fumer et tombe amoureuse des cancres du collège.

Puis encore plus tard, la fille qui gère toute sa vie à la lettre, ne boit pas, ne fume pas, n'a pas de rapport sexuel. La totale.

Étais-je normale ?

Non et c'est pour cela que j'avais cette vie là.

Toutes ces années, j'ai menti, triché, volé dans le silence de ma douleur.

Et ce n'était que le début.

Sur mon cœur, la porte a claqué

« Dans les poèmes de Michelle, les enfants ont des ailes, pour voler, voler
C'est quand la nuit tombe qu'ils deviennent colombe, pour rêver »
- Teri Moïse, *Les Poèmes de Michelle.*

Alors que nous vivions avec ma mère en ville, je devais passer la moitié des grandes vacances avec mon père comme les accords juridiques le stipulaient. Mon père était quelqu'un de très colérique, spontané et autoritaire comme vous l'avez compris et la loi, il en faisait ce qu'il voulait !

Cet été 1996, alors que j'aurai dû être heureuse de partir en Ardèche en vacances, j'étais dans la peur et le dilemme. Mon père avait fait sa réservation de vacances, en fonction des semaines calendaires (du samedi au samedi) et le juge avait fait des découpages du 1 au 31. Enfin j'imagine que c'est à peu près cela qu'il s'est produit. Ma mère avait souligné qu'il n'était pas question de changer le calendrier de la garde.

En désaccord sur ce point, mon père comme à son habitude, a tranché.

Il m'a annoncé en catimini qu'il viendrait me chercher le vendredi matin, soit une journée plus tôt que prévu et m'a fait promettre de ne rien dire à ma mère.

« Sinon... » sa voix résonne encore dans la terreur de mon cœur.

La peur au ventre, cette nuit là, je n'ai pas dormi, j'étais entre ma mère et mon père, entre la décision du juge et celle du juge suprême, au-dessus de toutes les lois : mon père.

Ma mère m'a vue, pleurant et j'ai dû lui mentir.

Mon père est venu me chercher dans la matinée le lendemain. Ma mère était au travail.

En rentrant, elle a vécu l'horreur de découvrir que sa fille avait disparu. (Enfin, je me suis questionnée 20 ans, sur sa lucidité sur le fait que c'était *évidemment* un coup de mon père.) Elle s'est engueulée avec ma sœur qui a fini dehors. Ma sœur était elle aussi, chargée par notre père de ne rien divulguer. Ma mère lui a reproché d'avoir été complice de cet enlèvement.

J'ai su plus tard qu'elle avait déposé plainte au commissariat suite à ma disparition ce vendredi là.

Tout cela pour un jour. Ce jour de trop. Ce jour où ma vie a basculé.

Au retour de ces vacances, 30 jours plus tard, mon père me déposait devant chez ma mère. L'épisode du départ forcé était loin derrière mes aventures de vacances. J'étais heureuse de retrouver ma mère ou plutôt la vie loin de mon père car un mois à ses côtés était difficile pour moi.

J'entends ma mère descendre les 3 étages, ouvrir la porte de chez moi. Elle reste collée contre la porte.

« Tu as voulu tes filles, tu les gardes. » a t-elle lancé à mon père, avec désinvolture et froideur.

Je ne me souviens même pas d'un regard qui aurait pu dire : « Je dis cela ma chérie mais cela me fend le cœur... »

Non rien. Juste, une indifférence, une méprise.

De ce jour, j'en ai gardé la froideur de l'ombre du porche sous lequel je me postais aux côtés de mon père. La ville, ses odeurs d'urine de chiens, après les paysages de nature pendant ce mois de vacances, m'a paru glacée et grise.

Je n'ai dit aucun mot. Alors que j'avais 13 ans, j'aurais pu dire, exprimer ma surprise, ma colère, mon désaccord... Tellement sous le choc, je me suis tu, sous peine de faire encore pire, encore plus de dégât.

Elle allait se calmer et changer d'avis. C'est moi qui avait menti ce fameux jour où j'ai disparu à ses yeux... tout était de ma faute.

J'ai espéré. J'ai pleuré toutes les larmes de mon corps. J'ai imploré Dieu ou je ne sais quel pouvoir. Pitié, *tout mais pas ça.* Ma mère ne peut pas m'*abandonner.*

La porte, ce jour d'août 96, s'est refermée sur mon cœur, brisé à tout jamais.

Comment aimer un jour après une telle trahison ? Abandonnée par la chair de ma chair. Celle qui m'a bercée, donné la vie, portée en son sein.

« Qu'ai-je fait de si terrible pour mériter cela ? » J'avais fait du mal à ma mère.

« Je suis une moins que rien. Je ne mérite pas qu'elle m'aime, ni que personne ne m'aime. »

L'émotion est ravivée, rien qu'en partageant ces mots avec vous. Je n'ai évidemment rien su exprimer il y 20 ans. Face aux adultes, je n'étais rien. Face aux choix des personnes responsables, je n'avais aucun poids. J'avais tellement peur des adultes et de leur pouvoir.

Après cet épisode traumatisant pour moi, je me suis retrouvée propulsée dans une vie avec un père inconnu et une grande sœur distante. Ma sœur avait toujours eu les faveurs paternelles. Ils avaient l'air de se comprendre et de parler la même langue là où je me sentais intruse. Tous deux très complices, je me suis sentie d'autant plus *pas à ma place.*

Je me suis encore et encore refermée, face au monde extérieur et à l'expression de ce qui se passait en moi. Je ne disais rien car j'allais forcément mal faire. En famille, mais aussi, à l'école, avec le peu d'amies que je connaissais... J'ai pensé très fort : *Je vais me taire, car je ne sais pas ce qui pourrait m'arriver de pire...*

Je me suis faite une promesse inconsciente : être discrète, aimable et pour cela, faire ce qu'on attendrait de moi.

Les années qui ont suivi, ont été clairsemées de visites à ma mère. Pour tout dire, de l'ordre de *zéro* les premières années à *une par an*. J'oscillais entre deux sentiments. Je la haïssais pour m'avoir abandonnée et à la fois je l'adorais, ne pouvant vivre sans elle. Sans référente, à 13 ans, j'allais droit dans le mur.

Sans son amour, j'allais devenir cette femme, au passé ainsi dessiné par la main divine.

Le sort était lancé. La vie allait s'écouler. Sans joie. Sans amour.

S'il y a un Dieu, il a ses chouchous... J'ai arrêté le catéchisme et toute marque de foi en l'amour à cet instant où la porte claqua. J'avais eu de l'espoir que des jours meilleurs arrivent.

A partir de ce jour, je me sacrifiais pour ne plus souffrir. Mon être ne supporterait pas d'autres coups. J'en mourrais avant.

Fuis-moi, je te suis

« I'm afraid of the dark
*Especially when I'm in a park »**
- Des'ree, *Life.*

Après les épisodes dans la campagne du Pévèle à plonger la tête dans le sable pour subir le moins possible et sauver ma peau, l'arrivée à l'école d'architecture à 17 ans, me soulagea d'un poids. J'allais vivre à distance des personnes qui me faisaient souffrir.

Le hasard a fait que cette école d'architecture était située à 100 mètres du logement de ma mère. J'avais auparavant tenté de reprendre le contact avec elle mais sans véritable succès.

Je retentais l'expérience, de l'eau ayant passée sous le pont de la relation. A plusieurs reprises, nous nous sommes vues, en vitesse lors de mes pauses repas.

Une rencontre avec elle était plus un interrogatoire qu'un échange.

* « J'ai peur du noir, surtout quand je suis dans le parc » [Notre traduction]

« Qu'est ce que fait Agnès ? Et ton père, toujours avec sa pétasse ??? Et tout le monde s'en fout de moi ? Ma sœur ne demande même pas de mes nouvelles. Ils sont tous heureux. Tous des égoïstes ! Et... Et... »

J'en passe.

Je faisais mon possible pour supporter, par besoin de maintenir le lien. J'avais fantasmé une maman qui m'apporterait ce dont j'avais besoin et la déception était grande, seulement quatre ans après qu'elle m'ait mise à la porte.

Le fossé se creusait dès la 3eme ou 4eme rencontre.

A force de faire semblant, de contenir ma colère, mon incompréhension de la décision qu'elle avait prise de m'abandonner, l'explosion arrivait.

Au moment d'un *Xième* interrogatoire où finalement, il n'y en avait que pour les absents, j'osais :

« Demande-leur des nouvelles si tu en veux. Je ne suis pas là pour ça. »

J'étais là avec elle et je ne l'intéressais pas. Je n'avais pas de questions, pas d'intérêt particulier à son égard.

J'étais à l'entendre, simplement le lien avec sa famille tout entière, famille qu'elle avait choisie de bannir de la sienne après le divorce.

Le ton montait et elle lançait :

« Chloé, elle, ne m'aurait pas dit cela ! ».

On ne peut pas mieux m'atteindre !

Une vague d'émotions fortes déferlait en moi. J'avais l'impression que la vague m'emportait, me compressait la poitrine et m'empêchait de respirer, me plaquant sur le sol.

Je claquais la porte et elle ne me rappelait jamais pour s'excuser.

J'attendais encore et encore un mot tendre, une explication sur ce jour atroce où elle m'a mise dehors de chez moi, de son cœur, de sa vie, de son futur, de son être...

Les seules fois où j'osais aborder le sujet, elle refusait d'entendre ce que j'avais à dire de ma souffrance et me disait :

« Ton père t'a enlevée et je suis victime de cet homme. Et toi tu m'as menti et abandonnée en partant avec lui. »

La porte se fermait donc, jusqu'à la prochaine fois. Quand le manque d'une maman était trop grand et que je tentais de l'ouvrir à nouveau. Je me sentais aussi coupable, de la laisser seule dans son coin sachant bien que j'étais la seule qui avait gardé contact avec elle. Comme une obligation de garder le lien, refusant de l'abandonner, je faisais le premier pas. Quand je voulais être entendue dans ma douleur, je décrochais mon téléphone pour reprogrammer un rendez-vous.

Et à ma question : « Oui mais, *ce jour là*, où j'étais devant la porte entre vous ????? » restait sans réponse.

Toujours rien qui puisse apaiser mon cœur. Son silence radio, son déni et ses pirouettes linguistiques continuaient de raviver ma blessure. Cette même blessure qui m'empêchait d'être au monde. J'avais peur de tout, de l'inconnu, des gens, des lieux. Comme si j'étais restée figée sous ce porche, des années auparavant, j'étais blottie dans un coin sombre de ma vie, refusant le contact avec les autres.

J'ai compris, de moi à moi, des années plus tard, que tout cela n'était qu'une histoire d'adultes. Moi et ma sœur avions servi de monnaie d'échange. Notre père venait de rencontrer Monique alors que ma mère espérait secrètement continuer la relation à distance avec lui.

Ma mère avait laissé la vengeance guider son cœur, au détriment de la vie de ses enfants. Sans imaginer les conséquences irréversibles sur la vie d'une ado en mal de vivre, elle avait pris une décision unilatérale. Pourrais-je *pardonner* un jour ?

Chapitre 3

Amoureuse

À la recherche de l'homme de ma vie

Sauvée !

« Puisque tu m'serres très fort
C'est là mon trésor »
- Zazie, *J'envoie Valser.*

Par chance dans ce chaos, j'avais rencontré mon *Prince Charmant* ! Au lycée, nous avions passé une année dans la même classe sans nous parler. En première, les grèves du mois de juin avaient permis des moments de pauses et d'échanges entre les élèves. La rencontre en dehors de la salle de classe nous a rapprochés. Autour de la musique, nous avons parlé de longues heures, il était curieux de découvrir de nouveaux sons que j'écoutais, de K's Choice à Skunk Anansie.

Guillaume était un garçon apprécié pour son humour. En classe, il savait saisir l'opportunité d'un jeu de mots (-laids) ou d'une expression faciale, faisant rire son public de lycéens à coup sûr.

Sa famille m'accueillit dès le début de notre relation à bras ouverts. Rencontrer cette famille douce et sans remous m'a fait le plus grand bien.

Je puisais la stabilité, l'amour et l'équilibre dans ces week-ends en famille avec eux. Fuyant ma propre « famille », mon cœur trouvait la paix auprès des personnes que j'avais choisies et qui m'avaient choisie. Ma vie allait prendre un tournant et j'allais avoir droit au bonheur grâce à cet homme, enfin. J'avais 15 ans. Lui aussi.

Avec Guillaume, c'était l'amour qui dure toute une vie. Il me fit tomber dans ses bras grâce à une devinette inoubliable que je tairai par respect pour notre jardin secret. Dans ses bras, rien ne pourrait m'arriver. Cette relation me faisait beaucoup de bien, plus jamais je ne serai seule. J'aimais quelqu'un et il m'aimait. Nous allions fonder une famille et ce serait la famille idéale. Celle que je n'ai pas connue. Elle serait pleine d'amour et de compréhension. Notre fille s'appellerait Sarah, en hommage à la chanteuse de K's Choice, et pour notre fils, je me laissais le temps de décider plus tard...

Il était tout pour moi, du confident au compagnon de route, de l'homme idéal à l'idole.

J'ai misé tout ce que j'avais sur cette relation, pour notre plus grand bonheur.

A ses côtés, je n'avais plus à me soucier de trouver la tendresse, la famille, l'Amour. Tous mes besoins étaient comblés. La vie m'avait enfin gâtée et j'allais être à la hauteur de ce don du ciel.

Nous traversions les champs, en pleine campagne, pour nous retrouver l'un et l'autre loin des yeux de mon père. Pour le voir, je mentais. Sa grande sœur donnait des cours de maths et j'en profitais pour inventer des cours particuliers :

« Je pars chez Lucie pour approfondir mon cours de maths. » annonçais-je régulièrement à la maison.

Le temps renforçait notre relation amoureuse. Certes, nous vivions des disputes et tensions mais qui n'en vivait pas ? Nous évoquions le fait de nous être rencontrés si jeunes. Nous concevions cela comme une chance même si, les premiers mois, je lui avouais que je ne croyais pas aux couples qui durent. Et pour cause mes propres parents.

Pourtant, dans ma famille, j'avais des exemples de couples qui s'étaient formés au lycée et qui, 30 ans après étaient encore ensemble à faire des projets de vie. Alors finalement, pourquoi pas ?

Très proches, nous étions *UN* au point d'avoir fait fusionner nos cercles d'amis, nos rêves et nos quotidiens. A 17 ans, nous nous sommes épaulés dans nos choix d'études supérieures, tous les deux sur Lille.

Nous vivions à l'époque, quasiment ensemble alternant des périodes de vie dans mon studio à Lille ou chez ses parents les week-ends. Puis après 5 ans de relation, nous avons emménagé ensemble dans une petite maison dans le Pas-de-Calais.

Ma vie était belle. Je respirais le grand air frais de l'amour. Cet homme était tout pour moi. Sa famille m'avait adoptée. Notre amour allait traverser les âges !

Le conte de fée allait pouvoir se dérouler malgré mon passé. Voici la vie qui était écrite pour moi :

« *Il était une fois, une jeune enfant, née après une enfant décédée, abandonnée par sa propre mère, élevée par son père et une belle-mère sans amour à son égard.*

Elle était fragile, sensible et peureuse. Parfois le soir, seule dans son lit, elle se confiait à son meilleur ami, son cahier secret. Elle confiait ses peines et se sentait un peu soulagée. Pourvu que personne ne trouve jamais son cahier secret...

Terrée dans son 9 m² le plus souvent possible pour éviter les fracas du monde extérieur, elle entreprit des études, dans le but de satisfaire son père et de gagner son amour.

Elle rêvait au Prince Charmant qui la sauverait de sa tour glacée par le sort.

Un jour, sur les bancs de l'école, elle le rencontra et sut que c'était lui. Ils allaient fonder une famille et vivraient dans le bonheur le plus immense. Elle rêvait de devenir maman à 25 ans. Alors, leurs deux enfants se porteraient à merveille, les journées passeraient dans l'Amour, tel un *électrocardiogramme plat. Sans remous. Sans surprise. En paix. »*

Mais la réalité fut tout autre.

« Elle ne se doutait pas, qu'un jour, son rêve se transformerait en son pire cauchemar. Elle ne pouvait imaginer qu'elle découvrirait un jour, un message d'une autre femme sur le bureau de l'homme de sa vie. Les cris, les larmes, la solitude, les angoisses et les peurs ressurgiraient du passé pour être au présent. Elle sombrerait alors dans la dépression. Comme ne le disent jamais les contes de fées, ils se sépareraient et n'auraient jamais d'enfant. »

Mon fiancé m'a tuée

« I was the one that made you happy
You can sacrifice me »[*]
- Anouk, Sacrifice.

Je rentrais joyeuse et heureuse de retrouver l'amour de ma vie dans notre petite maison proche des corons. Fraîchement fiancés, après 7 ans de relation, nous allions pouvoir passer à la vitesse supérieure. Changer de maison, trouver un travail et gagner notre vie pour accueillir nos rêves de voyage, de liberté, d'enfants...

Cette année-là, j'avais écouté mon besoin de découverte en partant en Erasmus en Allemagne. J'avais passé deux semestres à Dresde, près de la frontière polonaise. Comblée par mes aventures, je revenais légère et fière d'avoir osé le faire, même si tout n'avait pas été facile. Grâce à ma relation avec Guillaume, je m'étais sentie soutenue et sa présence même à mille kilomètres, faisait que je ne me sentais jamais seule.

* « J'étais celle qui te rendait heureux. Tu peux me sacrifier. » [Notre traduction]

Lui avait passé l'été en Tunisie, pour un stage. Je l'avais poussé dans cette voie afin que lui aussi vive ses rêves. Je ne voulais pas que notre relation devienne une cage nous privant de liberté d'agir pour nos carrières. Nous avions eu la chance de nous être trouvés jeunes et cela ne devait pas nous empêcher de vivre.

Les retrouvailles que j'avais imaginées, étaient en réalité, très différentes. Mon homme était dans son monde, très captivé par son travail, son ordinateur, son téléphone.

Je m'inquiétais de cette attitude qui ne lui ressemblait pas.

Il me disait que tout allait bien, que je n'avais pas de raison de m'inquiéter. J'avais une telle confiance en lui, que je laissais faire.

Ses attitudes étaient devenues très distantes. Par exemple, il s'endormait avec un casque sur les oreilles faisant tourner sa musique tunisienne pour s'endormir. Il n'avait jamais fait cela auparavant.

Un jour, partagée entre l'envie d'en savoir plus quant à son comportement et la confiance que je lui portais, j'ai osé. J'ai osé prendre son téléphone sur le bureau de la chambre pour regarder à qui il écrivait si souvent depuis son retour. Le choc me coupa les jambes.

Bouleversée, j'ai traversé la chambre tel un pantin, ouvert la porte de la maison, pris mes clefs de voiture au passage. Tel un zombie, j'ai conduit loin, le plus loin possible. Je ne savais pas où aller. Je ne savais pas qui appeler. Je n'avais personne d'autre que lui.

Mes seuls amis, lui et moi les avions en commun. Ils ne prendraient pas parti dans cette histoire. Je me suis effondrée, hurlant de douleur. Mon cœur déchiré venait de voir la preuve de sa liaison enflammée avec une Tunisienne. Je suffoquais, tout s'écroulait. Dans ma voiture, au milieu de nulle part, de battre, mon cœur s'est arrêté.

Il me promit de couper les liens avec elle. Il me supplia de revenir à la maison. Je l'ai cru. J'ai continué de croire en nous. Mais chaque départ, chaque message reçu, chaque moment où je le voyais écrire sur son ordinateur, était devenu un supplice. Il me jurait que tout était fini. Je trouvais encore des échanges par mails qui prouvaient le contraire.

Un matin, il est parti.

Devant ma souffrance, il m'avait dit de préparer mes bagages et de partir. Soi-disant, il ne supportait pas de me faire souffrir !

Mais la douleur, c'était moi qui la ressentais, pas lui ! Pour qui se prenait-il d'inverser ainsi les rôles ? Il n'avait pas envie d'arrêter la relation avec cette autre femme. La lâcheté le poussa finalement à retourner les faits : pour *mon bien*, il valait mieux que je parte.

Qui pouvait savoir ce qui était alors bon pour moi ?

Il était tout ce que j'avais. Seuls ses bras, sa présence étaient ce dont j'avais besoin. Rien d'autre. Ni personne. Il était l'homme de mes rêves. Nous étions fiancés. Nous nous aimions et avions traversé tellement ensemble. Il ne pouvait pas m'abandonner là, dans notre lit. La détresse s'empara de moi, hurlant :
« Noooon, je t'en supplie, ne pars pas. »

Il claqua la porte.

Anesthésiée de douleur, je me blottis sur son côté du lit, devenu froid. Son odeur sur l'oreiller, son corps imprégnait encore cet endroit devenu mon seul réconfort. J'avais perdu mon trésor. Je réussis à me hisser hors du lit pour appeler ma mère. J'avais toujours aussi peu de contact avec elle, mais je me sentais tellement seule au monde. Qui appeler ? Je ne voyais pas d'autres solutions, ni d'autres personnes qui pourraient m'enlever ma douleur, me réconforter. *Ma maman va venir à mon secours*, pensais-je dans la détresse, redevenue la *petite Emmeline.*

Elle répondit pour me dire,

« J'arrive. »

Il avait fallu tant d'années pour que je me sente importante à ses yeux.

Enfin...

Plus de deux heures plus tard, alors qu'il fallait 30 minutes maximum pour venir, elle était à côté de mon lit, devenu mon refuge.

« C'est pas si grave. Il y a d'autres hommes. »

« De toute façon, je savais qu'il n'était pas fait pour toi. »

Ma colère monta. Mes pensées s'insurgèrent : *Qui es-tu pour me dire de telles horreurs ? Tu ne me connais pas, tu me vois une fois par an et tu oses me dire qu'il n'était pas fait pour moi ? Tu n'as rien compris, il est TOUT ce que j'ai au monde !*

Dans cet élan d'anéantissement, ma bouche a dit :

« Tu ne comprends rien. Il était tout pour moi. Va-t'en. »

Continuant à me juger et me culpabiliser, elle finit par comprendre qu'elle n'avait plus sa place. Elle partit, me laissant à ma profonde solitude au bord de la mort.

J'avais juste besoin d'un câlin. J'avais besoin de me sentir moins seule, de me sentir accueillie dans ma douleur. Ma propre mère n'en était pas capable. Incapable de me prendre dans ses bras, incapable de tendresse, elle ne pouvait rien pour moi.

Puisque j'étais seule au monde, je devais par survie, sortir du lit, lever la tête et continuer ma vie comme si de rien et faire semblant. Puisque tout le monde autour de moi fait semblant, c'est que le monde fonctionne ainsi. C'est moi qui n'avais rien compris.

Qu'est-ce que j'allais devenir sans lui ? Ce refrain lancinant occupait toute la place entre mes deux oreilles.

Il faisait gris dehors. La période des vacances de Toussaint trouvait écho dans la maison de notre amour. Mais cette tombe ne portait pas de fleurs. Sept ans de vie ensemble. Un tiers de ma vie. Il était tout pour moi. Ma famille, mon confident, mon compagnon, mon amant, mon sauveur.

Je perdis le sens de la vie. L'heure, le temps, le jour, la nuit. Tout s'est enchaîné si vite. Mes yeux gonflés de larmes, je regardais la réalité devenue mienne. La maison était vide de lui. Il ne reviendrait pas me chercher, ni ne me supplierait de rester.

Ma sœur, prévenue par Guillaume, débarqua avec des copains deux ou trois jours plus tard.

Lorsque je rouvris les yeux, mes affaires avaient été amenées dans un grand fracas, à l'opposé de mes besoins profonds, dans un appartement glauque, sous les toits.

Impossible pour moi de me retrouver seule dans cette ambiance le premier soir. J'avais perdu ma maison, mon homme, ma vie à seulement 22 ans.

Cette nuit là, ma sœur m'offrit le logis. Dans l'impossibilité de trouver le sommeil, je me levai pour appeler une amie qui m'avait dit « Appelle n'importe quand ». Sur le pas de la porte de la salle de bains, j'entendis ces derniers mots de la bouche de ma sœur :

« Tu es vraiment égoïste, je voudrais dormir, moi. »

Ce furent ses derniers mots avant notre rupture fraternelle. Le lendemain, une porte claqua encore une fois.

A mes yeux, trop nous séparait elle et moi. J'avais besoin d'écoute et de sentiments et la réponse que je recevais de sa réalité était « action/réaction ».

Incomprise aux yeux de mon entourage, je me cloîtrai, nichée dans cet antre sous les toits, hors du temps et des bruits de la ville.

Enfermée dans ma détresse, le silence était mon seul ami.

Je ne me relèverai jamais

« Ainsi soit Je
Ainsi soit Tu
Ainsi soit ma vie
Tant pis »
- Mylène Farmer, *Ainsi Soit Je.*

L'homme avec qui j'avais prévu d'être maman, m'abandonne. Ma vie s'effondre, ce rêve avec elle. Je me sens seule. Très seule. Mon père, ma sœur, ont leur lot d'occupations. La tension engendrée par cette vile enfance m'éloigne de la relation fraternelle. Nous ne nous comprenons pas. Elle et moi, c'est comme une caricature de notre père (elle) et de notre mère (moi). Rien n'a fonctionné entre eux, alors nous sommes vouées au même destin. La porte relationnelle se ferme. La douleur est trop intense. Elle était mon dernier espoir d'amour, de famille, tant pis.

La solitude s'empare de moi.

A la rentrée de ces vacances de Toussaint, je suis censée démarrer mon stage de sixième et dernière année d'architecture...

Impossible. Comment faire ?

Faire semblant, faire ce qu'on attend de moi, comme j'ai toujours fait. C'est peut être mon seul espoir d'une vie meilleure. C'est surtout que cette part de moi qui ne veut pas faire de mal et qui *doit* faire ce qu'on lui demande, m'oblige à aller me présenter à ce stage. Je ne peux pas décevoir une personne de plus. Ma professeur préférée d'architecture me propose ce stage dans son agence. C'est un cadeau. Mais comment tenir le coup et trouver l'énergie de faire semblant ?

Conseillée ou plutôt forcée par mon père, je me traîne jusqu'à un bureau de psychologues qui reçoivent gratuitement, dans un centre d'écoute. Rien. Rien n'en ressort pour moi. Je n'irai plus. Personne ne peut comprendre ce que je ressens. La douleur est vive et glaciale. On me trouve des idées suicidaires, alors la prescription est claire : médicaments et calmants.

Je vis alors en zombie. Je rentre de mes huit heures de stage, je monte les marches des trois étages. Je me déshabille et je me plonge dans mon lit, apaisée par les molécules médicamenteuses. Je ne veux plus penser, je ne veux plus voir, je ne veux plus ressentir. La souffrance me fera mourir. Mon cœur exploserait d'ouvrir à nouveau les yeux sur cette solitude carcérale.

Les rares instants d'éveil, je me réfugie dans la musique. Les mots des autres m'accompagnent et me caressent le cœur. La chaleur et la paix retrouvées, je tente de ne plus y penser. Je ne vois pas les jours meilleurs mais je sens une vibration intérieure. Je grandirai et ma vie sera différente. Une part de moi veut encore y croire.

Encore et encore, comme le chante Sarah Bettens* dans mes oreilles :

« Holding on and on to, love, what else is real [...]
*I believe in me. On and on and on... »***

* Chanteuse du groupe K's Choice

** « Je continue à aimer...qu'y a t'il de plus vrai ? Je crois en moi. Encore et encore et encore... » [Notre traduction]

Par chance la musique est entrée dans ma vie très tôt.

Le chant a suivi, dans le secret de mon intimité, je chantais ma douleur à travers les mots des artistes de mon cœur. Eux comprenaient ma solitude.

Avec Guillaume, j'avais trouvé le musicien talentueux avec qui mettre en pratique cet art. Dans notre intimité le chant nous permettait d'entrer en communication, en relation.

Écouter ces artistes dont nous étions fans, après son départ, était comme de plonger une lame tranchante dans ma plaie grande ouverte.

Très vite, je compris que je ne pouvais plus chanter. Plus jamais je ne chanterai, car le moindre son sortant de ma bouche me renvoyait à lui, à notre histoire et à ma détresse. Refoulant les larmes, mon for intérieur dorénavant gorgé de tristesse, ne pourra plus jamais s'apaiser.

Toutes ces chansons rappelaient à mon cœur l'histoire d'amour en laquelle j'avais cru plus qu'en moi-même. Le Prince charmant de mes rêves était devenu réalité et j'avais tout gâché.

Peut-être aurais-je pu pardonner ? Peut-être ne lui avais-je pas fait assez confiance quand il me disait que ça se finirait avec *l'autre femme ?*

Je ne lui avais pas offert ce qu'il désirait, c'est pour cela qu'il avait choisi une autre femme. C'est moi qui l'avait poussé dans ses bras. Si je n'avais pas été comme je suis, j'aurais pu garder l'homme de ma vie.

Parfois la colère montait et c'était ce même homme idéal qui devenait à mes yeux, le pire être humain capable des pires maltraitances envers moi. Abandonnée par lui. Alors que je lui avais donné mon amour, ma vie entière. Je ne voulais plus entendre son prénom. Je ne supportais plus le contact avec les amis communs qui le voyaient heureux dans sa nouvelle vie, sans moi.

Je me suis sentie abandonnée de tous.

Seule au monde, la mort était peut-être le seul horizon ?

Les jours passaient, le routine emportant avec elle mon corps meurtri par le chagrin.

Un soir, j'ai revu Guillaume. Dans ce restaurant en tête à tête, j'avais revêtu mes habits les plus féminins, bien décidée à lui montrer ce qu'il avait perdu.

Il m'a fallu le revoir et entendre que tout était fini avec cette femme pour comprendre que rien ne pourrait jamais redevenir comme avant. La confiance était rompue et la vie, tel un ruisseau était passé sous notre pont. Je ne pourrais jamais faire semblant avec lui et nous ne pourrions jamais reprendre l'histoire où nous l'avions laissée avant la Tunisie. Ma bague de fiançailles symbolisant notre amour avait été emportée par le ruisseau.

Me tenir loin de lui, c'était me tenir loin de l'étincelle qui ravive la douleur. J'ai fermé mon cœur, j'ai clos les yeux et toute forme de joie de vivre. Je ne peux pas dire que j'étais une fille drôle, or lui, était de ceux qu'il fallait pour une soirée entre amis. Drôle, présent, il aimait amuser la galerie. A ses côtés, j'avais eu l'occasion de sentir comme il est bon de rire. Je ne rirai donc plus.

C'était terminé. Cette vie-là, la seule que je me voyais vivre, s'arrêtait net contre le mur telle une voiture lancée à toute allure vers un colosse de béton. Il ne restait que des morceaux écrasés, sans formes, des restes d'une histoire d'amour. Ma seule histoire d'amour. Il ne pourrait rien se passer d'autre avec personne qui puisse égaler la force et l'intensité de cette relation.

Mon cœur était fissuré, à tout jamais. L'amour, c'était fini pour moi !

Je ne voyais pas de vie sans lui. Mais pas non plus de vie avec lui tant la souffrance était immense.

Faire ce choix de me laisser aller à la mort, plutôt qu'à la vie. C'était mon choix.

Cloîtrée dans ce deux pièces, je rencontrais quelquefois une envie. Une envie de créer quelque chose de mes mains. C'était tout ce que je pouvais faire. Ça faisait partie de moi, comme chanter. Mais puisque que le chant avait disparu, puisque je ne pouvais plus émettre un seul son, je laissais mes mains coudre quelques bonnets, écharpes. Le temps passé sans penser à ma souffrance m'accordait du répit.

Adolescente, mon imagination avait en effet peu de limites pour la transformation et le détournement d'objets : d'un meuble réhabilité, à une chaise devenue lampe. Dans ce contexte, j'ai, dès l'âge de 14 ans, utilisé mon temps à créer des vêtements, des accessoires, des bijoux, des luminaires, des costumes, des tableaux, des chansons, de rien, je faisais tout.

Peu importe quoi, en fait. Pourvu que ma créativité puisse s'exprimer. Elle me baignait dans un monde où tout est possible. Un monde de matières fantastiques, de couleurs fabuleuses et de formes plus extravagantes les unes que les autres. Dans cet univers féérique, tout pouvait devenir tout autre chose. Un rien pouvait prendre vie, laissant derrière lui le désintérêt qu'il suscite pour laisser place à une nouvelle création, pleine de sens ou d'utilité. Des pochettes transparentes à rabats élastiques pompeuses et sérieuses sont devenues des sacs à main haut en couleurs, des chutes de laines sont devenues un sac aux mille et une couleurs, des publicités se sont transformées en tableaux enivrants.

J'ai commencé les études d'architecture avec cette envie en moi de transformer la matière. Je voulais mettre mes mains et ma créativité au service de cette magie, de passer de l'insipide au merveilleux. Et justement, les professeurs nous amenaient à nous dépasser en termes de créativité. Imaginer, concevoir, réaliser, un spectacle, une œuvre géante ou une maquette de thermes grecs : tout y est passé.

Dans ce dédale de propositions, je trouvais mon lot de satisfactions. Mêlant les maquettes « réalistes » aux matériaux incongrus, je trouvais toujours un moyen de rendre les choses plus ludiques et plus belles à mes yeux. J'avais besoin de ce grain de folie car les choses sérieuses m'ennuyaient. Parler construction, histoire, politique, me provoquait des boutons ! Pas facile d'éviter toutes ces conversations mais dès que je pouvais, je fuyais à grandes enjambées.

D'une certaine manière, j'apportais dans ma vie la légèreté nécessaire à ma survie, en redorant le monde, en l'enjolivant. Je soulignais avec plaisir les détails et interstices invisibles aux yeux de tous, à coup de rose fluo! Un jour, en Allemagne, j'ai transformé un trottoir, parterre de flaques d'eau en ciel de nuages rose fushia. Teinter les flaques d'eau, pour égayer la vi(e)lle... Tout un symbole !

Dans cette nécessité de mettre un petit grain de folie dans ma vie, j'avais décidé de faire de la guitare. J'adorais la musique et au lycée, j'avais intégré un groupe. Nous nous rassemblions dans une vieille grange, sous les toits, pour hurler nos reprises rock. De Skunk Anansie à Alanis Morissette, toutes les voix de femmes m'inspiraient. Cette aventure était joyeuse, même si j'avais peur de me lancer. Devant le micro, raide comme un balai, je tentais de me concentrer sur les paroles :

« *Breathe in and breathe out**..., mince ça commence maintenant ou encore une boucle ? »

Puis le son des guitares électriques me prenant aux tripes, j'osais m'approcher du micro et sortir ces mots dans l'ordre parfait de la mélodie.

Lorsque nous nous étions rencontré, Guillaume jouait du piano. Talentueux, il s'entraînait à jouer les accompagnements de mes artistes préférés et nous passions des après-midis enfermés dans sa chambre à exprimer toute l'émotion contenue dans les mots si bien écrits de Zazie, Pascal Obispo, K's Choice et beaucoup d'autres. Je lui appris les bases de guitare et dès lors, mon goût pour la guitare était passé entre ses mains, me laissant la nette impression qu'il était fait pour cet instrument, et que je ne l'étais pas.

C'est ainsi que j'ai tout naturellement laissé le chant m'emporter dans son sillon. Aux soirées d'anniversaire ou aux fêtes de famille, ma seule possibilité d'exprimer qui j'étais, était de chanter. Aux côtés de mon

* « Inspire et expire... » *Not An Addict, K's Choice, 1996. [Notre traduction]*

guitariste bien aimé, je me sentais le courage et la force d'oser chanter devant un public. Quand nous étions deux, rien ne pouvait jamais m'arriver. Il était la source et le meilleur accompagnement pour ma voix.

La rupture avait emporté cette créativité-là, à jamais.

Ma voix m'avait quittée, elle aussi. Par instinct de survie, ou par peur, je n'ai même plus fredonné. J'ai gardé ma voix, calfeutrée entre les parois de mon corps. Elle ne résonnerait plus, ni à l'intérieur ni à l'extérieur. La douleur était trop intense. Je fis alors le choix de sceller, entre elle et moi, une porte et d'en jeter la clef dans l'océan de ma solitude.

Je ne pouvais plus chanter et je ne pouvais plus écouter ces musiques qui avaient bercé notre idylle. Je ne pouvais plus écouter tous ces artistes qui m'avaient pourtant, tant consolée. Les entendre à nouveau aurait été comme verser de l'alcool pur sur une plaie ouverte. L'une de ces chansons, de K's Choice, disait :

*« 20 00 seconds since you've left and I'm still counting »**

Chanté des centaines de fois dans les bras de l'homme de ma vie, ce texte avait dorénavant un goût de sel : celui des larmes coulant sur mes joues, et mourant sur mes lèvres.

Tout ce que j'avais vécu avec cet homme, laissait l'empreinte nette du bonheur, derrière moi. Tout à 22 ans, était fini.

Pour nous.

Pour moi.

Logée dans ma tour de solitude, je ne pensais plus, je ne vibrais plus, laissant le soleil se coucher, s'endormir et se lever sans espoir qu'il revienne un jour illuminer mon cœur.

* « 20 000 secondes depuis que tu es parti et je compte encore » *20.000 seconds, K's Choice, 1998. [Notre traduction]*

Ce n'était que le début

« Il est charmant
Mais il n'est pas prince pour autant »
- Zazie, Le jour J.

J'ai continué à faire semblant au travail. J'essayais d'incarner la fille sûre d'elle car il me fallait faire bonne figure. Il fallait que l'on m'apprécie, que je me sente utile sur cette terre. Sans ça, je ne serais plus là. Si je ne pouvais pas donner un minimum de sens à mes journées, je mourrais à petit feu.

Intéressée par les projets qui m'étaient confiés, je goûtais à la reconnaissance d'un travail accompli, d'un patron satisfait. Je donnais mon maximum dans ce lieu afin d'oublier ma douleur quelques heures. Je proposais donc mes services pour les « charrettes » (langage architectural pour signifier la période avant un rendu de concours : sous-entendu, dormir maximum 3 heures par nuit pour finir dans les temps). *Travailler pour oublier* était devenu mon slogan inconscient.

En parallèle, j'avais développé le goût du textile et je commençais à réaliser des vêtements et accessoires en quantité. J'avais prévu de fonder mon entreprise dans la création de mode pour femmes. Mon temps était donc consacré à : travail, couture, travail, couture. Je dormais un peu entre deux. Cela m'allait bien, je me sentais reprendre goût à la vie, occupée à mettre ma créativité en ébullition, je ne pensais plus et surtout, ne ressentais plus l'absence de ma moitié.

Quelques semaines plus tard, je ressentais le besoin de me trouver un homme. Il m'arrivait de regarder certains hommes, disponibles ou pas, avec cette question en tête : *Est-ce lui l'homme de ma vie ?* Jour après jour, telle une obsession, cette réflexion revenait : il fallait que je retrouve quelqu'un, qui prendrait soin de moi. *L'amour n'était peut-être pas fini pour toujours ?*

Je voulais en avoir le cœur net.

C'est ainsi que je me suis rapprochée d'un collègue. Jean, bel homme, grand, brun, était promu à une très belle carrière d'architecte. Le candidat idéal pour me lancer corps et âme dans une histoire d'amour.

D'abord j'ai vécu quelques mois d'idylle, entre voyages et emménagement chez lui dans un bel appartement. Ces moments m'ont permis de sortir de mon marasme pour éclore à nouveau, en plein printemps de ma vie (j'avais 23 ans). Je retrouvais l'espoir d'une vie à deux et avec lui celui de fonder ma famille.

Puis, l'incompréhension, le silence et les attentes ont pris leur place dans notre quotidien.

Lui était à l'aise avec les mots. Devant une assemblée, son langage fluide et clair était un atout. Dans le couple, son besoin de parler me paniquait. Moi, j'étais incapable de parler, de communiquer. J'étais murée dans mon silence. Ce mur était de béton. Pas de pierre. Celui-là j'aurai pu trouver un moyen de le démonter petit à petit. Mais là, non. Ce mur, me semblait indestructible.

Jean a essayé de m'expliquer l'importance de parler, de communiquer.

Je ne pouvais pas. C'était au-dessus de mes forces. Parler c'était comme signer mon arrêt de mort.

Si j'avais ouvert la bouche, j'aurai laissé place au séisme du volcan en moi. J'aurai fait jaillir la lave mortelle de mes mots sans retenue. Je ne savais pas expliquer ce ressenti. J'aurai brûlé tout ce qui se trouvait sur mon passage et j'y aurais moi-même perdu toute mon énergie pour des siècles. La souffrance, rouge, brûlante, aurait emporté toute vie sur son passage. Elle aurait été pénétrante et inarrêtable. J'aurai créé le chaos autour de moi.

Puis serait arrivé le calme après la tempête. Un désert aurait pris place en moi. Un désert relationnel, émotionnel, professionnel. Le désert marocain est bien plus vivant à côté. Dans ce désert là, il n'y avait aucun arbre, aucune pousse, aucune vie, aucun mirage. Rien. Du néant. Le néant de mon cœur abîmé.

Le pauvre Jean. Je ne lui faisais pas la vie belle, ni simple. Mais c'était ainsi. J'ai tenu bon, pour ne pas ouvrir la bouche. Je me suis bâillonnée cinq ans. Cinq ans, j'ai tenu fermement ma main sur mes lèvres, jusqu'à ce que les muscles lâchent de douleur. Tout ce temps, j'étais mon bourreau. Je me suis interdit de vivre. Par peur. Par peur de ne plus être aimée. De ne plus être regardée. Si je parlais, j'avais peur qu'il m'abandonne, lui aussi.

Plus jamais ça. Ma promesse intérieure me revenait tel le chant des oiseaux matin et soir. Régulier, vif, pour que je ne l'oublie pas.

Non plus jamais cela.

Alors il me fallait tenir bon cette main. Encore.

Pendant ces années, alors que j'étais accompagnée de cet homme sur qui je pouvais compter, qui avait du talent et de l'amour à revendre, je me sentais vide. Vide de sens. J'éprouvais de l'amour, de la compassion, de la tendresse pour cet homme. Mais du désir ? Rarement. En début de relation, quelques jours, quelques mois, puis de moins en moins, puis plus rien.

Parfois, proche de la crise de couple, je me laissais faire pour satisfaire un besoin paraît-il naturel.

Pourvu qu'il ne m'abandonne pas !

Tout devenait source de disputes, désaccords, engueulades, incompréhensions... Les tensions externes laissaient place aux tensions internes. Sciatiques, migraines, fatigue intense, problèmes oculaires... le corps me criait sa douleur.

Je n'entendais pas. J'étais prise par mes 80 heures de travail par semaine, entre les chantiers sur Lille, la semaine et les salons de ventes dans la mode à Paris, le week-end. Le reste du temps était consacré aux travaux dans notre appartement.

Dans notre relation de couple, je me sentais coincée dans une attitude de petite fille qu'il fallait sans cesse rassurer. Au travail, j'étais une femme sûre d'elle. Sans comprendre ce décalage, je vivais ma vie dans l'apparence de ce que je voulais être. Une femme aimée et reconnue.

Soudain après cinq ans de relation, alors que je fêtais 27 ans, je me suis rendue compte que ma vie émotionnelle, relationnelle et sexuelle était proche de ce désert dont j'avais si peur. Ce désert était là, bien installé devant moi et en moi. J'avais bien des collègues, quelques amis et un homme dans ma vie, mais le vide intérieur était une étendue vierge de tout.

Pas de souffle, pas de chant, pas de joie, pas de vie. J'étais morte...

Je devais fuir cette vie-là, pour ma survie.

Et c'est ce que j'ai fait. Du jour au lendemain, ma décision était prise. Je partis le lendemain de notre retour de vacances avec sa famille au ski. Je venais de vivre une semaine de cauchemar. J'avais dû faire semblant face à ces personnes que j'estimais beaucoup. Ils m'avaient si bien accueillie dans leur famille que la rupture n'en était que plus douloureuse. Cette semaine là, ils avaient même pris soin de célébrer mon anniversaire mais dans ma tête j'étais loin, très loin. *Comment rompre sans faire de mal ? Quel serait le bon moment ?*

CHAPITRE 3 - AMOUREUSE

La peine au cœur, je savais que ce serait difficile de le quitter, mais si cette relation avait fait de moi cette femme sans vie, je devais me sauver. Je ne ressentais plus rien, que de la rancune et de l'amertume. On ne pouvait rien bâtir sur ces fondations. Rien qui ne soit moins fragile qu'un château de carte en plein vent.

Avec Guillaume, c'était l'amour d'adolescents, qui n'avait pas duré mais que mon cœur espérait secrètement retrouver.

Avec Jean, la maturité (ou était-ce le sérieux) avait fait son apparition dans ma vie. J'avais cru pouvoir oublier Guillaume et déplacer mes rêves de famille et d'enfants avec cet homme. Après cinq années, de merveilleux moments et de rencontres, cette relation arrivait à son terme, ne m'apportant plus suffisamment d'amour et de satisfaction. Il n'y aurait pas d'enfant, ni de famille. J'avais encore échoué.

Ma peur d'être abandonnée, de ne pas trouver d'homme idéal, m'avait poussée au bord de la falaise.

Là, j'ai fait le pas de trop. Celui qui mène sans détour à la chute assourdissante, tourbillonnante et violente. Stop, j'arrêtai là la relation. J'étais allée trop loin dans le non-respect de moi-même. Je ne voulais pas de cette vie-là.

Le 11 mars 2010, jour de mes 27 ans, je voulais renaître. Cet anniversaire était celui de ma mort et de ma résurrection.

Sacrifiée sur la croix, je m'étais plantée les clous de mon immobilisme seule, un à un.

Je pouvais donc les retirer, un à un ?

Chapitre 4

Hors de moi

Comment me libérer des blessures du passé ?

Le silence des mots

Dans le domaine personnel et intime comme dans la vie professionnelle, impossible de me soutirer un mot. Il a fallu LA rencontre. LA personne.

J'étais régulièrement amenée par mes compagnons à la conclusion que je devais me faire aider psychologiquement. J'avais un *problème.*

J'ai tenté ainsi un premier rendez-vous avec un psychologue. Un homme m'a reçue, dans un lieu austère, froid, un peu comme médicalisé, bien que dans un endroit très beau, haut de plafond et aux grandes portes vitrées. L'opacité de cet échange me renvoyait à la fermeture de mon cœur. Il m'a posé des questions, des oui, des non. Des mots bloqués, difficiles à sortir. Une infime partie de ma vérité.

Les mots qui sont des maux qu'il est bon de dire. Ils essayent de sortir à demi de ma bouche et s'entrechoquent pour arriver sur mes lèvres. Pas sûr qu'ils passent ce cap.

Fin. Les mots du psy, en face de moi, sont :

« Pour la prochaine fois, vous allez regarder le film *Oui, mais...** ».

* *Oui, mais...* : film français écrit et réalisé par Yves Lavandier, sorti en 2001.

Première séance : un film. *Quelle allait être la suite ?*

Deuxième séance prévue, et là, blocage : impossible d'y retourner, de continuer. C'est me forcer à faire quelque chose que je ne veux pas vraiment. J'ai un problème, je suis ce problème, je n'y peux rien.

Je souffre trop. Ce sera toujours comme ça. Je le sais. A quoi bon ? C'est ainsi. Certains ont de la chance et la bonne histoire familiale, des parents plein d'amour…

D'autres, comme moi, sont seuls, introvertis, timides maladifs, sans relation d'amour inconditionnel, sans espoir, sans rêves. A ces autres, enfant, on a dit « Fais pas ça! », « Pas comme ça! », « Non ! », « Bonne à rien ! », « Connasse ! » ou dès qu'ils ouvraient la bouche « N'importe quoi ! ».

Sans explication.

Quand les mots des autres sont des lames aiguisées pointées vers le cœur, à quoi bon vouloir s'en servir ? Les mots font mal.

Ces autres, on ne les a pas pris dans les bras. Il se sentent jugés, jamais à la bonne place, ils ne parlent pas. Ces autres, *c'est moi.*

Extrêmement timide, il m'était impossible de passer ne serait-ce qu'un appel téléphonique. Incontrôlable, la peur s'emparait de moi à l'idée de parler. Et devoir parler, me glaçait d'autant plus le sang. Mon père adorait me forcer, de toute son autorité, à faire ce qui me terrorisait.

Un jour, je devais avoir 14 ans et je m'enfermais comme d'habitude dans mon silence, dans un comportement accentué encore par l'adolescence. Nous étions alors sur la route des vacances avec ma sœur et mon père.

Sur une aire d'autoroute, comme à l'accoutumée, une discussion énergique éclate (une engueulade selon moi). Tous les lieux, tous les moments sont opportuns pour mon père, pour exprimer sa fureur. Oh, il ne le préméditait pas, c'est certain, mais son côté sanguin, fait partir telle une allumette dans une forêt de pins, un flot de cris, de remontrances, de reproches. Devant une foule ou dans un magasin, peu importe ! C'est ainsi quand on est le Roi.

« Tu vas te bouger oui ! C'est pas possible que tu sois si empotée...»

Bref, me voilà dans l'obligation d'appeler ma tante, et ce, pour aucune autre raison valable que de me mettre au pied du mur, encore une fois.

Au milieu de ces voitures, de cette étendue urbaine et polluée, j'étais seule, en larmes dans la cabine téléphonique. Les ordres hurlés ont été clairs :

« Tu ne reviens pas à la voiture tant que tu n'as pas appelé ta tante. »

Je suis mortifiée. Apeurée, tel un moineau dans le nid voyant s'approcher un rapace. Sa mère s'est absentée, partie chercher la nourriture. L'ombre glaciale se rapproche dangereusement...

Je suis bloquée, pétrifiée. Aucun souffle ne sort, tout est contracté à l'intérieur de moi. Je dois retenir mes larmes, cette rivière qui ne s'arrêterait pas, et à cause de laquelle Il me hurlerait dessus.

Et pourtant. Après un dernier ultimatum de m'abandonner là sur cette aire, je trouve, dans l'instinct de survie, quelques bulles d'air. L'appel est mécanique, sans âme, sans cœur. Ma vie en dépend. Je me sens en danger face à cette personnalité impulsive, sanguine, criante, hurlante.

Je me sens telle la proie sous la visée de l'arc. Toujours enclin à envoyer les flèches en direction de mon cœur, cet arc paternel se tend de plus en plus. Mon cœur s'essouffle de cette situation. Mais je n'ai pas d'armes. Il sortit victorieux :

« Tu vois c'est pas si compliqué ! »

Sans doute fier de lui d'arriver toujours à ses fins, quelles que soient les menaces et la violence des mots utilisés, il se sentait peut-être, ainsi, un bon pédagogue.

Moi et mes pensées pendant ce temps là ressemblent à ...*Je suis une moins que rien. Je n'y arrive pas. Je suis une ratée. Une étrangère à ce monde où il faut être battant, entrepreneur, causant...*

En fait, je suis timide mais pas muette ! Parler, je sais faire. Parler à des amis des heures de choses et d'autres, d'exposition, de voyages, des autres... ça oui. Mais parler de moi, c'est impossible. *Ça ne sert à rien en plus. Tout le monde s'en fout. J'ai vécu cette enfance-là, ça m'appartient. Je vis ma vie de femme hyper activement et je n'ai d'ailleurs pas besoin de parler ! Tout va bien. J'ai un travail, une entreprise à faire tourner et un homme dans ma vie. Tout est parfait !*

Oui, mais. Les disputes éclatent régulièrement. Je claque la porte et hurle à mon compagnon des insultes qui me dépassent.

« Dégage ! ... Connard ! » lorsque la porte se referme.

Je sors, le temps d'une pause, je tente de respirer, de prendre du recul.

Jean m'emmerde. Il est jamais content. Il ne sait jamais me dire quand ça va, mais le moindre truc de travers, ça y est Monsieur n'est pas content. Non mais. Pour qui il se prend à me donner des ordres ?

Je ne vois même pas la route que j'emprunte, obsédée par mes pensées. *Il s'en fout de moi, toute façon. Rien à foutre de son appartement de merde. Je fais tout ça pour lui et c'est comme ça qu'il me dit merci !* Remontée et sûre de moi, i*l n'est pas question que je lâche quoi que ce soit. Je ferai la gueule jusqu'à ce qu'il s'excuse !*

Mon patron, c'est pareil. Il me prend pour sa bonniche. Soi-disant que je n'ai pas fait ce qu'il a dit sur ce dossier. *Non mais, je ne suis pas sourde, moi ! J'ai bien retenu et noté ce qu'il m'a demandé ! Ils me gonflent ces hommes !*

Comme un prince dans son royaume, il passe en coup de vent dans le bureau et sème la zizanie en balançant à qui veut entendre l'information importante du jour.

« Emmeline, tu devais envoyer le plan hier ! Le client est furax ! »

C'est lui qui m'a dit d'attendre. Il m'énerve. Il ne sait pas ce qu'il veut. Je ne vais pas supporter ça longtemps !

Alors je me tais. Par peur de me faire virer, de ma faire abandonner.

Oui mais, sans les mots, le silence régnait à l'intérieur de moi et surtout à l'extérieur. Toutes mes relations étaient devenues douloureuses, elles me dégoûtaient. Personne ne me respectait.

Impropres à la consommation, ces relations étaient périmées. Le mieux était de m'en séparer. Il fallait que ça change.

J'ai essayé de rompre, de changer de boulot, de changer d'homme, de maison. Mais rien n'y faisait. Toujours les mêmes personnes en face de moi, qui *ne m'écoutaient pas. Tous* incapables de reconnaissance et de gratitude !

Que faire ?

Le silence m'apparaissait comme la seule solution possible.

Ecoute ton corps !

« *Mais au bout du compte, on se rend compte*
Qu'on est toujours tout seul au monde »
- Starmania, *Les uns contre les autres*

J'étais totalement introvertie et je ne savais pas qui j'étais. Enfermée dans ma chrysalide, je ne savais même pas si j'étais une coccinelle ou un papillon ou tout autre chose. Je me sentais juste enfermée dans une boîte, trop étroite, dont les angles commençaient à me rentrer dans les hanches et m'écraser la tête. Cette introspection ne menait pas loin, je cherchais en moi et ne trouvais rien d'autre que mes refrains lancinants et victimisant. *La vie est compliquée.*

Je vais vous parler de la *vraie* rencontre avec moi-même. Mais pour rencontrer qui je suis, il m'a fallu créer les conditions, l'environnement chaud et douillet qui allait permettre d'accueillir cette part de moi, de casser les parois épaisses qui m'enfermaient.

Un peu comme recevoir une personne importante chez soi. On fait un tour d'horizon : la cuisine a servi et la vaisselle flotte dans l'évier et sur le plan de travail, le salon a connu de meilleurs jours, il est temps d'y faire du ménage et un rangement printanier. Remettre les choses à leur place, trouver une place pour chaque chose, remettre du volume dans les coussins, plier les plaids, faire les poussières, changer l'ampoule de cette lampe en attente depuis 5 mois... Bref, recevoir chez soi quelqu'un d'important ça demande du temps, de l'énergie et de la persévérance. Voici comment j'y suis arrivée !

Un jour, je me rendais à un rendez-vous chez un *Xième* thérapeute, spécialisé en sexologie.

« Mon problème avec les hommes, c'est qu'ils ne pensent qu'au sexe ! Et moi, c'est pas mon truc. »

J'avais des douleurs et des gênes à chaque relation et de fil en aiguille, ne ressentant pas de plaisir, je n'y voyais pas l'intérêt dans le couple.

Je me sentais très mal à l'aise face à ce nouveau thérapeute. Toute la séance était horrible pour moi. Mes souvenirs sont sa grosse bague de caïd, sa chemise de bûcheron (la même qu'au premier rendez-vous, et nous en étions au second), son look de motard. J'ai détesté ce contact.

Néanmoins, je dois le remercier car j'étais tellement mal que ça devait se voir sur mon visage...

Il m'a sauvée :

« J'ai le sentiment que cela ne fonctionnera pas avec moi, je vous propose d'appeler Mme Petitjean, elle est thérapeute psycho-organique, elle vient de s'installer à Villeneuve d'Ascq. »

Ouffff ! Ce calvaire prenait fin.

Je ne sais pas où me mène ce chemin, vers encore une nouvelle personne. Ça m'épuise mais au fond, je n'ai pas d'autres solutions.

J'avais déjà rencontré 3 ou 4 personnes et aucune ne convenait. Comment garder l'espoir d'une vie meilleure ?

Oh, ce n'est pas que j'étais malheureuse. En fait, je ne connaissais qu'une seule manière d'être. J'étais dans le flot de la vie, ma vie, telle qu'elle était. Rien ne pourrait profondément changer. Mais mon corps me faisait souffrir. Un jour sur deux, je ne pouvais plus marcher, une sciatique du côté droit me clouant au sol ou au lit. Tant que j'étais au travail, ça allait, l'occupation anesthésiant sans doute la douleur. Mais dès que le soir ou le week-end de repos arrivait, si je me posais quelques minutes, je ne savais plus me relever. Une aiguille de la taille d'une massue entrait violemment dans ma fesse et ressortait dans la jambe, me paralysant. La douleur apparaissait d'abord de temps en temps puis elle est devenue quotidienne. J'avais la tête dure et pas question de me plaindre au monde entier. Ne plus y penser, me remettre au travail, était la solution. C'est à cet endroit que je me sentais le mieux, la tête plongée dans le boulot, les collections, les fournisseurs, les salons, les entreprises. Je courais encore et encore, d'un rendez vous à l'autre, me voyant parfois à bout de souffle, je ralentissais, une journée, me trouvais des stagiaires pour déléguer, osais demander de l'aide à une amie et mon compagnon. Je me sentais dépassée par tout le travail à fournir, les listes s'allongeaient chaque jour.

Mais pourquoi continuer me direz-vous ?

Eh bien, la passion. La passion pour la création de mode me portait au-delà de la difficulté quotidienne. Réaliser une robe de mariée unique pour une personne, avec ses qualités, ses complexes, ses doutes, ses envies est une chose magique ! Voir les yeux d'une femme briller au premier essayage de la robe faite rien que pour elle, cela me rendait heureuse ! Concevoir une œuvre extraordinaire pour le plus beau jour de la vie de ces femmes, m'a emplie de bonheur.

Il y avait un prix à payer et j'étais prête à le payer, en liquide et sur le champ pour connaître la joie de partager avec cet être unique, un peu de sa vie. J'ai rencontré des femmes fabuleuses, j'ai appris à décoder, à écouter encore plus et observer surtout. Être à l'écoute était LA clef d'une tenue parfaite !

C'est à cette époque que j'ai approfondi cette capacité d'écoute mais cela m'avait toujours été naturel. Depuis toute jeune, j'aimais que les autres me parlent de leurs soucis. Je me montrais attentive et concentrée. Respecter quelqu'un pour moi, c'était l'écouter avant tout. Je n'avais pas reçu d'oreille attentive alors au moins, j'en étais une pour les autres. Les amies que j'avais gardées du collège ou des études comptaient beaucoup pour moi. Un peu la famille que je n'avais pas. Il était primordial que je sois là pour elles. Lorsque je m'accordais une pause, si l'une d'elle n'avait pas le moral, je ne me posais pas de questions, je fonçais chez elle. Je la prenais dans mes bras ou la consolais du mieux que je pouvais. J'ai toujours tenté d'être disponible et attentive aux autres. C'est une qualité que je savais me reconnaître. Mais m'étais-je déjà occupée de moi ?

C'est pour cette raison que je ne pouvais plus être sourde à ces douleurs. Les médicaments ne me soulageant pas ou pour quelques courtes heures, il y avait autre chose, c'était sûr. J'avais entendu que les maux sont aussi des mots. Alors que je savais au fond de moi que la solution était d'en parler à quelqu'un, *comment les mots pouvaient-ils vraiment m'aider ?*

Il me fallait faire confiance à cet instinct, cette petite voix.

Mais comme je l'oubliais trop souvent, il m'a fallu un coup de pied aux fesses de mon compagnon. Le vide dans notre intimité de couple le rendait malheureux et je ne voulais pas le faire souffrir, comme les autres. Et encore plus que tout, je ne voulais pas finir seule, je croyais toujours en cette famille que j'allais fonder sur le modèle de mon choix. Il s'agissait d'une autre douleur physique, encore une.

Depuis mes 18 ans, je faisais mon possible pour résoudre mon *problème de femme.* J'étais fatiguée de ces rendez-vous sans résultat. Du sexologue au gynéco... d'intrusion en instrument de torture, ma féminité ne s'en voyait pas redorée ni plaisante. La douleur, toujours cette douleur impénétrable. Rien n'avait changé depuis 10 ans, alors qu'est-ce qui serait différent cette fois ?

Comme un coup de foudre

« Pour unique chanson
Et unique secours »
- Jacques Brel, *Quand on a que l'amour*

Je me rendais le jour J, rue de la Liberté, chez Madame Petitjean qui m'avait été conseillée en pensant : « Cette fois encore, rien ne changera ! Thérapeute en psycho-organique, qu'est-ce que ça peut être ? »

J'étais très stressée. J'avais toujours très peur, à chaque nouvelle rencontre. Si plus jeune, je ne savais pas décrocher un téléphone, inutile de vous dire que rencontrer un inconnu était pour moi un supplice. J'ai poussé la porte et me suis installée dans la petite salle d'attente derrière des panneaux japonais blancs. La musique, mêlant piano et flûte traversière, emplissait délicatement mes oreilles, et apaisait mon mental très actif. Mon corps, lui, était douloureux mais ensommeillé. Raide sur ma chaise, j'ai donc attendu. Mon cœur se mit à battre plus fort en entendant des bruits de voix à côté, la séance précédente prenait fin. *C'est donc à mon tour. Pffff, un cauchemar... Qu'est-ce que tu fais là Emmeline ?* insistait cette petite voix dans ma tête.

La porte s'est ouverte, une personne est sortie, la tête baissée, cherchant à ne pas être vue ou reconnue sans doute. Puis *elle*, est apparue devant moi.

Christine Petitjean dégageait, une bienveillance maternelle. Elle m'a souri, mon cœur a souri. Elle m'a fait entrer dans son cabinet, lumineux et calme. Elle m'a proposé de m'installer, dans l'un des deux fauteuils face à face, devant la baie vitrée donnant sur le jardin. Elle me fit de suite penser à ma tante qui vit en Allemagne, petite brune, dynamique et douce à la fois. Pleine d'amour. J'ai su que c'était *elle*. J'étais enfin, face à *la* personne qui pourrait m'aider.

La conversation a débuté sans que je me souvienne comment. Elle m'a proposé de la peinture et tout est devenu clair, j'ai senti mon corps se gonfler d'air puis lâcher une tension dans le ventre à l'expiration. Je pouvais enfin me laisser aller. Un peu.

« Apprendre à apprivoiser les émotions, c'est d'abord s'accoutumer à en reconnaître la musique, la tonalité, les variations puis les repérer quand elles surgissent et enfin les nommer : je me sens blessé, ému, découragé, impuissant, etc...Quand on s'exerce à mettre trois ressentis sur un vécu agréable ou désagréable, le discours prend du relief, de la densité, de l'épaisseur, de l'humanité, de la tendresse, de la tolérance. »

Alain Zuili

Au contact de son énergie d'accueil, d'empathie et d'écoute, j'ai pu vider mon sac. J'ai pu m'alléger, grain de sable après grain de sable. Cela me paraissait d'abord peu, puis j'ai pris conscience que ces grains de sable coincés à l'intérieur de moi, composaient bel et bien ce désert intérieur. Il était bon de vider, de faire de la place, dans l'espoir d'accueillir des jours meilleurs.

Mettre des mots sur les maux de mon corps me soulageait. Je vivais toujours à 100 à l'heure, en retard à chaque rendez-vous avec Christine mais je m'offrais ces instants comme des moments de liberté. Je me permettais de lâcher tout ce qui était de trop. M'ouvrir à quelqu'un qui ne connaît personne de mon entourage n'est pas si difficile, les mots ne sont pas mal pris, mal interprétés ou jugés.

Mes mots sont mes mots. Et pour la première fois, ils étaient entendus.

Je vivais toujours dans un désert d'où étaient absents le bonheur, le rire, la vie. Mais je sentais combien cette rencontre avait déjà changé ma vie. Rencontrer une personne qui sait rire et accueillir la tristesse, offrir des bras... Je n'avais jamais connu cela, j'avais gardé bien cachée, ma tristesse de ne pas avoir de maman à mes côtés. J'avais contenu tant de choses dont je n'avais jamais osé parler, par honte et culpabilité. Je pouvais enfin mettre des mots. Vivre avec un père qui me criait dessus devant mes amies ou une foule d'inconnus m'avait, profondément rendue honteuse. De lui, de moi, de ne pas être capable d'être comme les autres, de rougir et pleurer pour un oui ou pour un non... J'avais honte pour ce que je ne savais pas faire et pour ce que j'avais fait (voler, mentir, tricher...).

Et surtout, je me sentais profondément coupable d'avoir pris la place de Chloé.

Cinq mois après ce premier rendez-vous chez Christine, j'ai pu trouver la force de quitter Jean. Oser parler, oser dire non, oser dire « j'arrête » a été un exercice très difficile. Mais je l'ai fait. Je me suis soulagée d'un poids supplémentaire. Non pas de la personne elle-même (c'est un homme adorable) mais du poids des attentes associées à la relation. J'attendais que cet homme me rende heureuse, j'attendais qu'il soit aussi génial que Guillaume, mon premier grand amour. J'attendais qu'il joue d'un instrument de musique, qu'il aime me faire des surprises incroyables, qu'il m'aime comme j'étais, qu'il n'ait pas trop de besoins sexuels, qu'il me donne l'opportunité de vivre une vie de famille épanouie...Bref qu'il m'apporte tout et plus encore sur un plateau laqué blanc mat, signé d'un grand designer. (Oui, je préférais le design épuré à l'or !)

Au rythme des séances, je renouais semaine après semaine, avec la petite Emmeline. Elle aimait danser, chanter et peindre. Et pourtant dans ma vie, rien de tout cela n'avait sa place. Pas le temps. Pas possible. « Il faut grandir Emmeline, un adulte ne fait pas ça ! Gamine ! » rengainait la petite voix en moi.

Comme on l'a vu dans le chapitre précédent, la musique avait disparu de ma vie, ranimant trop de souffrances liées à Guillaume. Ma voix était restée dans le passé. Elle était restée sur ce perron où j'avais chanté, avec l'amour de mon adolescence, *20 000 seconds*, pour la dernière fois. Qui de nous deux, ma voix ou moi, avait abandonné l'autre ? Aucune idée.

Petite, j'avais pratiqué la danse avant le divorce de mes parents. Elle aussi avait disparu de ma vie. Lorsque nous avons dû déménager en ville avec ma mère, elle m'avait inscrite à un cours de danse mais à peine 6 mois plus tard, j'ai fait une chute qui mit fin à mon rêve de devenir danseuse. Cette fracture du coccyx sonna la fin de l'enfance, de l'innocence.

Le chant et la danse ayant déserté ma vie, il ne me restait à 26 ans que des bribes de cette créativité débordante, exprimée en architecture et en création de mode. Travailler dans le textile, c'était me reconnecter avec les matières, les couleurs et les odeurs de mon enfance, nichée entre pastels et peinture au Gymnase. Je me souviens d'un velours orange sur lequel j'avais flashé ou d'une robe en papier blanc perforée. Ces couleurs et ces matières avaient le pouvoir de me brancher sur le canal créatif qui avait été étouffé dans l'œuf. J'avais trouvé mon moyen d'exprimer à travers les plis, les coutures, les trous, les fils, les textures ce que je ne pouvais plus exprimer autrement. Voilà pourquoi, je pouvais me tuer à la tâche car je ne me sentais jamais autant en vie que, lorsque je créais.

J'ai compris grâce aux échanges avec Christine que je n'avais jamais cessé de m'exprimer, à ma manière. Ce langage m'était simplement très personnel, peu propice à la communication et certainement peu utile pour me faire comprendre des autres.

Je vivais donc de très belles prises de conscience, j'agissais et osais de nouvelles choses jusqu'alors interdites comme dire « non » et comme par hasard, certaines tensions corporelles diminuaient.

Mon corps changeait de posture lentement mais je voyais de vraies améliorations. Je me sentais capable d'enchaîner trois semaines de travail sans douleur aiguë. Moins « coincée » dans ma vie à cause des crises de sciatiques à répétition, j'étais sur la bonne voie. Mais quelle voie ! Une voie de surprises, de prises de conscience, mais aussi de refus d'avancer, de peurs, de tristesse, de découragement.

Le chemin m'a paru facile dans les premiers mois, je me voyais avancer. Mais régulièrement, je me sentais à nouveau stagner dans une mare de boue collante, gluante à l'odeur de vase. Je me sentais dans le doute. *A quoi rime de dépenser tout cet argent en séances, ma vie est toujours aussi pourrie !* lançait la petite voix dans ma tête. Et en même temps mon cœur se sentait au bon endroit, car au delà des mots, la bienveillance et le regard empli d'amour de cette thérapeute guérissait, miette après miette, une part de moi.

Après six mois de thérapie, Christine me proposa d'intégrer un groupe qu'elle animait.

Une épreuve de plus ! Intégrer un groupe, parler devant du monde ! Aïe aïe aïe, je n'y arriverais pas !

Mais une part plus confiante en moi, faisait confiance à Christine. Si elle me le proposait, c'est que c'était bon pour moi.

La première fois fut mémorable. J'ai senti une chaleur et une paix que je n'avais jamais osé espérer. J'avais grandi avec cette idée que ma réalité était LA réalité et qu'il n'existait rien d'autre que ce que je connaissais. Alors rencontrer des personnes qui ont, elles aussi, vécu une vie avec leur lot de souffrances et qui se retrouvent dans l'espoir d'avoir moins mal, ça m'a rendue moins seule. Cette solitude qui m'a enfermée dans cette prison des mots. Traverser les coups durs ensemble, exprimer ce qui ne l'a jamais été, me libérait *émotionnellement et physiquement.*

Exprimer, libérer et sortir hors de moi les événements, les souvenirs traumatisants, avec leurs émotions, a été la clef de cette porte vers une autre vie. J'ai exprimé en dansant, en écrivant, en chantant, en jouant du théâtre, en criant, en pleurant... tout y est passé. Je ne savais pas que j'avais tout ça en moi, blotti dans le fond de mon être, comme faisant partie intégrante de moi. Mais si ! Je pouvais respirer plus largement, je pouvais oser m'allonger dans l'herbe sans peur de toutes ces petites bêtes qui me répugnaient, je pouvais même ponctuellement dormir dans un autre lit que le mien et m'y sentir bien.

Grâce à l'expression de mes zones enfouies, la douceur maternelle qui m'avait tant manquée et que je percevais chez Christine, la blessure béante de l'abandon de ma mère a pu cicatriser, laissant à jamais son empreinte sur ma vie.

Christine et sa méthode ont changé ma vie. Ou ai-je changé ma vie en la rencontrant ?

Je n'oublierai jamais lorsque je suis entrée par ce petit chemin, rue de la Liberté...C'était plein de promesses. J'y ai trouvé la liberté pour mon âme, d'exister.

Au delà de mes problèmes de couple, j'existais.

Au delà de mon incapacité à communiquer, j'existais.

Au delà de l'abandon de ma maman, j'existais.

Au delà de ne pas être Chloé, j'existais.

J'existais pour qui j'étais, *moi.*

Au delà de mes parents, de leurs comportements, de leurs erreurs, j'existais. C'est ce texte de Khalil Gibran, accroché dans les toilettes du cabinet qui m'a marquée à ce sujet. « Nos enfants ne sont pas nos enfants. Ils ne viennent pas de nous, ils viennent à travers nous »*.

* *Le prophète,* Khalil Gibran,1923.

Je ne leur appartiens donc pas, à mes parents ? Je suis libre d'être qui j'ai envie d'être et tant pis si ça ne leur plaît pas ? Je l'ai lu, des dizaines de fois. Mais une fois seulement, j'ai senti dans mon corps, le soulagement d'incarner cette vérité. J'ai su à cet instant, 4 ans après la rencontre avec Christine, qu'il était temps de quitter le groupe et de faire ce que je ne m'étais jamais autorisée avant.

J'étais arrivée 4 ans plut tôt par ce petit chemin, pas celui « qui sent la noisette »* mais celui qui pouvait sentir le feu de bois en hiver ou encore celui des fleurs naissantes au printemps. J'avais cheminé, trouvant dans cette approche en douceur, apaisement et confiance.

Sur ce chemin rocheux, *caillotique*, et sinueux, j'ai fait la *plus belle rencontre de ma vie.*

La rencontre avec moi-même.

* *Ce petit chemin*, chanson de Mireille et Jean Nohain, 1988. Interprété par Georges Brassens.

Est-ce que les ailes repoussent ?

« Je n'entend plus je n'entend pas cette petite voix qui me disait
"On aura tout le temps" »
- Nach, *Ce qu'ils deviennent.*

A l'époque où j'ai fait la connaissance de Christine, je travaillais en tant qu'architecte dans un bureau réputé de l'agglomération lilloise.

Je vivais dans le monde du travail depuis 2 ans avec des collègues sympathiques et un patron, patron. Je menais en parallèle mon entreprise de mode Me Creation, seule.

Les journées défilaient à toute vitesse et la montre rythmait précisément les moments de passage d'une activité à l'autre.

Je prenais mes repas dans la voiture pour la plupart ou sur les genoux devant l'ordinateur pour ne pas perdre de temps. En 31 heures dans l'agence d'architecture, je devais faire le même travail qu'en 38 heures (temps de travail standard de l'agence). Cette attitude correspondait très bien à l'état intérieur dans lequel j'étais. Impossible de me calmer, un brouhaha à l'intérieur comme à l'extérieur.

J'étais sans cesse en train de courir. En retard à un rendez-vous et donc encore plus en retard au prochain... je ne m'en sortais pas ! Mais j'avais l'impression que c'était normal, que nous fonctionnions tous ainsi. Je pensais que tout le monde se débattait toute la journée avec le temps, les choses à faire, les obligations, les autres, les rendez-vous. Je reportais d'une journée sur l'autre les choses que je n'avais pas achevées dans ma journée. J'ai d'ailleurs appris à cette époque que cela s'appelait la procrastination. Quel mot barbare.. tout aussi barbare que le mode de vie dans lequel je vivais.

M'occuper était une fuite tête baissée, de la vie qui coulait en moi malgré moi. Je ne m'en rendais pas compte évidemment. C'est plus tard que les choses sont venues éclairer mon chemin comme je vous l'ai raconté dans le chapitre précédent.

En janvier 2010, alors que je commençais ma thérapie sur les chapeaux de roue, une nouvelle employée arriva dans le bureau d'architecture. Des nouvelles têtes, il y en a régulièrement, mais cette personne a attisé ma curiosité. J'ai de suite eu un feeling particulier mais impossible de mettre des mots dessus. Elle prit place à l'autre bout de l'agence, sur un plateau de 400m^2, parmi les 12 autres personnes. L'effet de la nouveauté passée, chacun dans nos tâches, j'étais revenue dans mon quotidien, les journées passèrent à toute allure comme d'habitude.

La tête dans le guidon, comme on dit, je n'avais pas le temps de faire de nouvelles rencontres, ni de temps à consacrer à des sorties. J'étais bien assez prise avec ma vie bancale que j'essayais de faire tenir droite. J'ai bien eu une pensée du style *Cette fille a l'air chouette.* Puis, je suis retournée à mes activités journalières, denses et encombrantes.

Après trois mois pourtant, alors que les filles de l'agence s'accordaient une pause derrière l'ordinateur d'une collègue pour admirer quelques photos de vacances ou de nouvelles chaussures magnifiques et en solde, le regard d' Oassa et le mien se sont croisés. L'une et l'autre avons senti un élan.

Nous nous sommes dit :

« Il faut qu'on se voit en dehors de l'agence. »

Agenda pris.

Je venais de quitter Jean et je commençais une nouvelle vie, de moi à moi, accompagnée par Christine.
Le soir de notre rendez-vous arriva. Célibataire, j'avais retrouvé un peu de temps disponible et j'étais ravie d'approfondir cette nouvelle rencontre.

Ce soir là, donc, je suis arrivée dans une rue qui sort de ma conception d'une rue : large telle un boulevard français mais calme, aérée, sans circulation, avec de grandes maisons. Cette vue de la Belgique apparaissait comme une respiration dans ma folle journée. Un bon parfum d'hiver y régnait. Si je m'étais laissée aller à rêver, j'aurais rêvé d'un chocolat chaud, d'une cheminée et d'un bon plaid.

La maison devant laquelle j'arrivais était ancienne et pleine de charme. Oassa m'a ouvert.

Dans son appartement, au premier étage, l'ambiance y était génialement chaleureuse, cosy, calme. Tout y était : bougies, musique douce, déco tendance et cocon, blanc. Du blanc partout. Moi qui ne m'habillais qu'en noir, pour mon lieu de vie, je voulais du blanc immaculé, partout ! Suite à la rupture avec mon compagnon, je vivais chez une généreuse amie, le temps de me trouver mon nid à moi.

Tout ce dont je rêvais secrètement était là sous mes yeux ! Des objets de charme, des oiseaux blancs qui chantent la nuit venue, quelques couleurs vives et joyeuses, habilement associées... Je me suis laissée envahir par un sentiment de paix incommensurable. *Waouh !* Tous mes sens restaient cois. Je me souviens m'être détendue, en respirant profondément, les bonnes odeurs des mets qu'Oassa préparait à la cuisine. J'étais sous le charme, c'est le moins que je puisse dire.

Sur le comptoir de la cuisine, reposaient deux ouvrages, que je feuilletais en attendant qu'elle me rejoigne. L'un deux, un petit conte philosophique* annonçait l'histoire d'un oiseau, d'une cage et d'une petite fille, Mélodie, aux mille et une questions, Elle s'adresse à l'oiseau :

- « Dis-moi, qui met les oiseaux dans des cages ?

- Chacun, n'importe qui, peut mettre un oiseau dans une cage, mais c'est aussi l'oiseau lui-même, chacun, n'importe qui, se laisse enfermer dans des cages. »

- « Mais pourquoi se laisse-t-on enfermer dans des cages ?

- Ces cages-là, petite fille, ont des barreaux qu'on ne découvre que de l'intérieur. »

L'effet de ce livre fut immédiat. *Je suis un oiseau en cage*, moi aussi, alors que je souhaiterai voler en liberté.

Comment est ma cage ? Elle est dorée mais quand on s'approche, elle est vulgairement peinte couleur d'or et ne renferme aucune valeur.

Mais qui a fermé cette cage ?

Euh...moi...

Le message traverse mon corps en une fraction de seconde. Comme si j'avais été traversée par un éclair, ces mots m'emplissent d'une lumière. Je comprenais, sentais que tout était entre mes mains.

Je repris la lecture.

- « Dis, est-ce que tu crois que c'est possible, quand on souffre vraiment, de ne pas voir le soleil ? »

Avec une grande douceur il (l'oiseau) répondit :

- « Quand on souffre vraiment beaucoup, je crois que c'est possible, mais, si la nuit les étoiles relayent le soleil, c'est pour ne pas laisser s'éteindre l'espérance... »

Les larmes aux yeux, je restai scotchée sur mon tabouret, adossée au bar. Je venais d'arriver et ce livre me bouleversait. J'étais prise d'une émotion positive aussi étrange que cela puisse paraître. Je connaissais la

* Dis, est-ce que ça repoussent les ailes ? de Brigitte Jacques L.

souffrance mais je lisais entre ces lignes que l'espoir était là, que c'était possible de voir un jour le soleil apparaître dans le ciel gris et chaotique de ma vie.

Sur ces notes de conscience, j'ouvris mon cœur à Oassa. Pour la première fois, je me confiais dans mon authenticité, sans peur du jugement, à cette amie d'un soir. Mais entre un soir et une vie, il n'y a que quelques lettres.

La douce lueur des bougies a accompagné une soirée d'amies de toujours. Comme si nous nous étions toujours connues, nous nous sommes racontées de longues heures, nos vies, nos blessures, nos chagrins, nos aspirations aussi.

Que c'était bon d'être moi, de partager ce que j'étais profondément, mes ressentis, mes troubles, ma vérité et entendre en écho, cette douce voix me conter son parcours, ses émotions. C'était comme si elle me tendait les bras de son cœur.

J'avais eu raison de faire confiance à cette intuition en voyant Oassa la toute première fois. Ses mille et une couleurs m'avaient intriguée. Maintenant je savais pourquoi. Tel un arc en ciel, elle détenait en son cœur un trésor.

Loin de l'ambiance du bureau, nous venions de signer, elle et moi, notre CDI d'amitié.

Développement quoi ?

« Peut-être même qu'elle se met en quatre
pour arranger les cafouillages de la vie des autres.
- Et les cafouillages de la sienne, de vie ? Qui va s'en occuper ? »
- Amélie et L'homme aux os de verre,
dans *Le fabuleux destin d'Amélie Poulain**

Oassa et moi, étions devenues inséparables comme les doigts de la main. Elle était mon *Amélie Poulain* et m'apportait de la magie au quotidien et moi sa coccinelle, porte-bonheur. De concerts en spectacles, de fous rires en câlins de réconfort, je ressentais pour la première fois, ce que cela faisait d'avoir quelqu'un avec qui partager ce que je vivais *vraiment*.

Je faisais ainsi la découverte de la joie dans ma vie, jusqu'alors inconnue.

Nous avions de longues conversations cœur à cœur. Au bureau comme

* film de Jean-Pierre Jeunet, 2001.

à l'extérieur, notre relation était une priorité. Je me sentais accueillie dans tous mes états d'âme, aimée pour ce que j'étais profondément, au-delà du masque que j'avais toujours porté pour être comme les autres voulaient que je sois ou comme il *faut* être.

Accueillir l'autre, tel qu'il est, c'est un geste à la portée inimaginable. Contre elle, je sentais la douceur, je sentais mes muscles lâcher les uns après les autres, apportant une profonde détente. Elle et moi, nous n'avions pas besoin de mots. La tendresse, la chaleur et l'amour qui était nés entre nous, étaient un cadeau du ciel, ce ciel dans lequel, l'oiseau que j'étais, retrouverait sa liberté.

Riche de nombreuses années de travail sur elle, Oassa était une mine d'or pour moi. Ses conseils aiguisés étaient de véritables pépites sur le chemin que j'entamais à cette époque.

Un jour où j'allais mal, elle me donna cette consigne pour me sortir de là :

« Tu vas au *Furet du Nord*[*], dans le rayon développement personnel et tu te laisses choisir par quelques livres. Prends simplement ce qui te parle. »

Le développement personnel ? Qu'est ce que c'est que ça. Je n'ai pas osé demander par peur de paraître idiote peut-être, mais j'ai suivi le conseil.

Je ne savais même pas qu'un tel rayon pouvait exister, sur un thème totalement inconnu. Le rayon contenait bien des milliers de livres (et rien à voir avec aujourd'hui). Les titres qui me sautaient aux yeux prônaient : *Contes à guérir*[**], *Je croyais qu'il suffisait de t'aimer*[***], *Avoir confiance en soi*[****], *L'homme qui voulait être heureux*[*****]... tout un programme.

* grande librairie lilloise.

** Jacques Salomé, ed. Livre de Poche,1993

*** Jacques Salomé, ed. Livre de Poche, 2003

**** Marie Haddou, ed. J'ai Lu, 2000.

***** Laurent Gounelle, ed. Pocket, 2008.

Après une demi-heure dans le rayon, je finis par prendre une dizaine de livres « qui me parlaient », dubitative... *Ce n'est qu'un livre...*, mais le cœur empli d'espoir.

Il faut dire que la lecture c'était pas du tout mon truc. J'avais du mal à finir un roman, en 1 ou 2 ans, lisant essentiellement l'été, en vacances. Le reste de l'année je n'avais pas de temps pour cela !

En novembre 2010, grâce à mon amie du collège Charlotte, chez qui je logeais, j'ai trouvé le nid idéal, à la Madeleine. Terrasse de $25m^2$, sans vis-à-vis, espace ouvert et traversant, une grande chambre cocon sous les toits... Tout y était, tout ce qui était important pour moi était là, à moi, en échange d'un loyer raisonnable. J'ai profité de ce début de nouvelle vie pour prendre plusieurs décisions importantes.

Déjà, plus de télévision. M'endormir à moitié devant une enquête policière, ça ne me ferait pas avoir une vie meilleure, c'était sûr. Ado, j'avais été accroc aux séries B, puis plus tard aux téléfilms M6 où tout finit toujours merveilleusement bien pour l'héroïne, qu'elle ait frôlé la mort dans un accident, vaincu la maladie, rencontré un amour impossible... Savoir que tout finissait par être parfait, me donnait de l'espoir en même temps que ça me plongeait dans le désespoir de ma propre vie. *Ça ne m'arrivera jamais, à moi...*

Je décidais de ne plus me laisser bercer d'espoir par des films, mais de faire naître l'espoir en moi. Et j'avais des raisons d'y croire car je vivais cette histoire d'amitié incroyable alors que j'en avais rêvé toute ma vie et elle était devenue réalité. La vie me tendait une perche, direction la piscine de l'espoir !

C'est sûr, sans télévision, je pourrais plus aisément me mettre à la lecture dorénavant. J'aménageai cet appartement avec cœur et construisis un nouvel intérieur, rien qu'à moi. Et je sentais symboliquement, que cet *intérieur, blanc, paisible, chaleureux et cosy* trouvait peu à peu un écho en moi.

Oassa m'apprit qu'en plus d'être architecte, elle était kinésiologue.

Hein ?

Je n'avais aucune idée de ce que renfermait ce mot. A part que ça faisait un peu kiné et donc était-ce en rapport avec le massage ?

Pas du tout.

Elle m'expliqua comment elle avait rencontré la kinésiologie autour de ses 20 ans et qu'elle avait eu des bénéfices extraordinaires et rapides alors qu'elle avait testé la psychanalyse pendant l'adolescence sans grand résultat. Elle avait été conquise par cette méthode douce, à l'écoute du corps, qui permet de relâcher des stress acquis à des périodes de vie parfois très anciennes. La libération qui en résultait l'avait motivée à se former pour donner la chance à d'autres de se libérer et de vivre heureux.

Cette conversation avait attisé ma curiosité.

Elle m'a proposé de venir faire une séance de test.

« Ok », ai-je répondu avec réserve.

Ce jour là, en Belgique, j'étais dans sa salle d'attente, tendue. Ne sachant pas à quoi m'attendre, je n'étais pas très à l'aise. Si ça n'avait pas été Oassa, je ne serais sans doute jamais allée dans cette direction, vers cet outil à l'air « miraculeux ». Car même si j'aimais rêver aux miracles, je n'y croyais pas pour autant.

Elle me reçut dans son cabinet sous les toits, agréable et chaleureux.

Elle me demanda une problématique ou difficulté que je vivais à ce moment-là, elle prit des notes et puis me proposa de faire le « test ». Debout devant la fenêtre de toit, je lève les deux bras comme elle me le demande, devant moi pas trop haut. Elle me prend délicatement le poignet et me demande de répéter :

« Je m'appelle Emmeline ».

Elle appuie légèrement sur mon bras et celui-ci est ferme, d'après elle c'est un « oui ».

« Je suis un homme ».

Mon bras s'abaisse sous la pression au poignet. C'est un « non ».

« J'aime le chocolat » mon corps répond « oui ».

En fait, je comprends d'après ses explications que la tension musculaire dans mon bras et mon poignet permet deux réponses : oui ou non.

Je relie cela aux détecteurs de mensonges, ces machines capables de voir lorsque l'on ment ou lorsque l'on dit la vérité. Je comprends le principe ! En fait mon corps sait quand je « mens » ou pas. C'est l'afflux sanguin vers le cœur qui fait la différence parait-il. Sur la réserve, je reste tout de même intriguée : *Comment avec des oui et des non, je vais avoir une vie plus heureuse et me libérer de mes douleurs corporelles ou de mes problèmes familiaux ?*

Elle m'explique qu'elle va, à partir de la problématique visée en début de séance, poser des questions et le corps va répondre pour donner le chemin à suivre vers le stress contenu dans le corps, à l'origine de ma problématique. Une fois remontée à l'origine, elle utiliserait des techniques diverses, *Braingym, Touch for health, Stress Release**... pour libérer le stress.

J'étais plutôt du genre cartésienne, alors là, je dois dire qu'on était dans le surréalisme pour moi. Néanmoins, j'ai du admettre que ça avait l'air intéressant et c'était presque « trop facile ». Pour moi la vie, c'était plutôt un truc où on doit en chier pour y arriver, un truc compliqué.

Et donc, cette méthode miraculeuse ne me convainquait pas totalement car je me posais beaucoup de questions. Comment est-ce possible ? s'allonger tout habillée sur une table de massage, tendre le bras et laisser faire... *mouais le coup de la baguette magique, j'y crois pas trop.*

Ma difficulté, ce qui me rendait triste lors de ce premier rendez-vous était : « Je me sens effacée de la vie de Jean. Difficulté d'être remplacée

* Méthodes expliquées dans le glossaire disponible sur la page internet : livre-metamorphose.com/LesMethodes.html

ou de ne plus être aimée. »

Dans les jours qui ont suivi, j'ai vécu mon quotidien sans rien y changer. Mais lorsqu'Oassa me posa des questions quelques semaines plus tard :

« Comment tu vas ? Comment ça se passe avec Jean, tu te sens encore affectée par le fait de ne plus être aimée ? »

« ...euh.... bah je sais pas. Ah oui, je me sentais mal car j'avais l'impression d'être remplacée, effacée de la vie de l'autre... Mais c'est plus là. Je sais pas comment te dire, c'est vrai que je n'y ai plus fait attention mais ce n'est plus là, cette émotion négative s'est évaporée. »

Hein hein... intéressante cette discussion...

Mon problème avait disparu et je ne m'en étais même pas rendue compte.

Ce jour-là, j'ai repris rendez-vous avec elle. La seconde séance a été différente. J'étais en confiance et détendue, les effets ont été encore plus puissants. Depuis ce moment-là, la kinésiologie est devenue mon *arme bienveillante de libération massive* face à tous les désagréments, émotions difficiles, que je rencontre dans ma vie. J'avais trouvé un complément formidable à mes séances avec Christine et le groupe de thérapie.

Alors qu'avant je pensais, « Pffff mais j'en ai pour des dizaines d'années à aller mieux ! », au vu des mois qui passaient et des changements subtils dans ma vie, je voyais maintenant comment aller bien, à long terme, grâce à cette découverte de la kinésiologie, un outil ultra efficace, facile, rapide. *Ouf je ne serai pas en thérapie à vie !*

J'ai fait à cette période, de nouvelles rencontres comme si la porte que j'avais poussée vers le développement personnel, me permettait d'accéder à de nouvelles personnes et méthodes de « guérison ». La maman d'Oassa, praticienne en EFT, ou *Emotional Freedom Techniques*, m'a soutenue et accompagnée, lorsque j'appris en 2011 que mon père avait un cancer. Grâce à des tapotements légers sur des points du visage et du torse tout en répétant des phrases en boucle, je me détendais et prenais du recul face à la nouvelle de la maladie.

J'ai rencontré la méditation avec laquelle je n'avais initialement aucune affinité particulière. Mon rythme de vie n'était pas compatible avec le fait de se poser tranquillement, quelques minutes et ne penser à rien. Se laisser aller ainsi, c'était pour les initiés, *les bouddhas*, ces trucs-là. Néanmoins, j'ai rencontré des personnes actives dans l'attitude du *bouddha* et je dois dire que le calme qu'elles dégageaient, m'intriguait. Pas convaincue pour autant et incapable de passer à l'action, au moins j'avais aperçu ce que c'était.

De la même manière, nous avons fait des essais en Tai Chi avec Oassa: des résultats originaux nous attendaient ! Plongées dans une éloge de la lenteur pendant 2 heures de séance, nous ressortions pleines d'énergie et de fous rires retenus. Nous finissions nos soirées sur le trottoir, à refaire la séance et les mouvements tout en délicatesse. Nous avions trouvé un excellent déclencheur de rire et de détente profonde. En fait, j'apprenais à lâcher prise sur l'objectif. Tant que cela m'apportait quelque chose, j'avais bien raison de le pratiquer !

Je décidai aussi, inspirée par Oassa, de me remettre à tenir un journal de mes états d'âme. J'avais laissé tomber mes carnets secrets à la fin de l'adolescence mais je m'apprêtais à consigner à nouveau mes instants de doutes, mes douleurs mais aussi mes avancées, mes apprentissages, mes découvertes.... Oassa m'a offert ce premier carnet dont la couverture, remplie de coccinelles, en disait long sur le porte bonheur que cela représenterait pour moi. Il devait contenir « Les belles choses de ma journée ». Un début pas si simple car, jusque là, je voyais tout en noir mais l'exercice finit par porter ses fruits ! Comme je ne savais pas écrire, je faisais des listes de mots et allant jusqu'à laisser mon stylo se balader seul, au gré des pensées. Je ne relisais jamais. Juste exprimer me soulageait et c'est tout ce qui comptait !

Après tout, je n'avais pas l'intention d'écrire un livre, *ouf !*

(Heureusement qu'on ne connaît pas l'avenir car je me serais sans doute mise la pression pour écrire !)

Une porte s'est entrouverte sur mon évolution personnelle. Très vite, comme si ça avait toujours fait partie de ma vie, il était évident de manger, dormir et penser *développement personnel.* Je passais mes vacances en célibat dans des stages, participais à des conférences, et entamais des livres passionnants à chaque instant rare de liberté dans ma semaine.

Une fois cette porte ouverte, il n'y avait plus qu'à prendre. Tout ce que je voulais, tout ce qui m'inspirait. A chaque étape de ma vie, correspondait un livre. Je découvrais que, de chaque difficulté, quelque part dans le monde, quelqu'un d'autre en souffrait. Certains même allaient jusqu'à écrire un livre sur le sujet ! Merci à eux car cela me libérait de poids, semaine après semaine.

Je découvrais que le monde est un grand buffet abondant et à volonté, alors que jusque-là, je le pensais plutôt comme un frigo d'étudiant, rempli de l'écho laissé par les bonnes choses qui ne sont que pour les autres. Le buffet est ouvert !

Cet espace est pour vous ! Notez tout ce qui vous a touché dans ce que vous avez lu précédemment.

En quoi cela parle t-il de vous et de votre histoire ?

Chapitre 5

Reliée

Comment être entendue et comprise ?

Oui mais, dans la vraie vie ?

« *I'm broke but I'm happy*
I'm poor but I'm kind »*
- Alanis Morissette, *Hand In My Pocket.*

Je vivais des moments fantastiques grâce aux rencontres avec Oassa et les personnes du groupe de thérapie. Mais c'était comme une espèce de huis clos. En dehors de ces relations privilégiées, tout était différent. Communiquer avec les autres était très compliqué.

Alors que j'arrivais de mieux en mieux à exprimer mes ressentis et émotions dans ce cadre bienveillant de ma nouvelle vie en construction, je continuais de vivre des relations conflictuelles à l'extérieur. Mon patron m'exaspérait, mon père me gonflait avec ses remarques et j'étais incapable de parler *vrai* en présence de ma sœur. Alors que des années auparavant, elle et moi avions su rigoler et parler des heures, complices, tout cela appartenait définitivement au passé. Aujourd'hui, face à elle, je

* « Je suis fauchée mais heureuse, je suis pauvre mais aimable ». [Notre traduction]

me sentais jugée ou pas entendue. J'avais perdu ma sœur. C'est un peu comme de perdre la vue quand on l'a eue. Je me suis toujours dit que si cela avait été mon chemin, j'aurai préféré naître aveugle. Ne pas savoir ce que l'on perd, me parait plus facile à vivre.

C'est comme si j'avais toujours senti l'amour qui nous avait unies, elle et moi. Dorénavant, il me fallait faire le deuil d'une relation alors que la personne était encore bien vivante. La souffrance était vive. Mon cœur ne comprenait pas.

Agnès avait eu un fils en 2004, Nathan. J'avais alors 21 ans et devenir sa marraine avait été une joie immense. A l'époque, le lien entre ma sœur et moi existait encore. Puis plus rien. Le néant. C'est le lien avec cet enfant qui m'a donné l'espoir d'y croire encore et encore, qu'un jour, le soleil se lèverait à nouveau sur cette relation.

La nuit avait duré tellement longtemps. Vivant toutes les deux dans le même immeuble, nous ne nous sommes pas adressé la parole pendant presque cinq ans, car à la suite de la rupture avec Guillaume, la nuit où je l'avais réveillée, la porte avait claqué, se refermant sur elle et Nathan, soit *toute ma famille*, à jamais. J'eus l'impression au fil des années qu'elle construisait un mur de plus en plus haut, de plus en plus large, brique après brique, pour ne plus me voir, pour me mettre à l'écart de sa vie. Et je ne comprenais pas.

J'avais fait tout ce que j'avais pu pour être là pour elle, la soutenir, au moment de la venue au monde de Nathan ou de son divorce quelques mois plus tard. J'avais fait passer ses souffrances avant les miennes. J'avais accueilli sa douleur, ses reproches, sa colère contre le monde entier. J'avais aussi quelques années plus tard été là pour enchaîner les déménagements lorsqu'elle n'en avait pas la force ou qu'elle était hospitalisée. J'avais mis ma vie entre parenthèse pour elle, pour être à son chevet et à celui de Nathan. Tous ces sacrifices que j'avais faits, amplifiaient mon anéantissement à la vue de cette muraille de rejet comme si j'étais une moins que rien.

Il y avait bien les anniversaires avec mon père et Nathan où nous nous retrouvions pour les célébrer, mais le sourire n'y était qu'à moitié. Je repartais toujours de ces retrouvailles avec un cœur lourd, tremblant et tellement seule.

Elle et moi, nous sommes très différentes. Les événements de la vie ne nous ont gâtées ni l'une ni l'autre et ont créé entre nous ce vide social et intime.

Ma sœur est ce genre de femme qui passe à l'action. Une idée, un feeling et hop trois jours plus tard le projet est lancé : acheter une maison, faire un enfant, déménager à l'autre bout de la France, changer de boulot. Je l'ai toujours admirée pour cela mais c'est aussi ce trait de personnalité qui nous a éloignées.

Moi j'étais du genre à tout repousser au lendemain, à ne pas oser faire les choses par trouille, ne pas passer à l'action alors que j'avais des idées plein la tête. Je ne comprenais pas qu'elle puisse parfois faire certaines choses sur un coup de tête et sans doute qu'elle ne comprenait pas pourquoi je ne passais pas à l'action.

Moi, j'avais besoin de me sentir en confiance, de prendre le temps, de rencontrer les nouvelles personnes, d'ouvrir mon cœur, de ressentir les choses plus que de parler. De ce que je percevais, elle connaissait beaucoup de monde, s'adressait facilement aux personnes, et avait besoin de parler pour créer la relation.

Pas étonnant que nous ayons des difficultés énormes à communiquer.

Je portais au quotidien, tel un fardeau, la tristesse de vivre une telle incompréhension et de me sentir jugée dans tout ce que je disais ou mettais en place dans ma vie.

Le lien qui m'unissait à Nathan me faisait encore plus souffrir. J'avais la sensation qu'il devenait comme une monnaie d'échange, dans le maintien de la relation avec ma sœur. Si je faisais ou disais quelque chose qui ne convenait pas à ma sœur, la sortie que j'avais prévue avec lui et qui me remplissait de joie, était comme par hasard annulée à la dernière minute. Je vivais ce rejet doublement car j'avais peur qu'en plus de la relation avec ma sœur, celle avec Nathan disparaisse.

Agnès avait cette capacité à mettre, d'un coup de revers, une personne hors de sa vie et cela me tétanisait.

Quand ma mère m'avait mise à la porte, ma sœur avait aussi subi des interrogatoires pendant mon absence qui se sont finis en violentes disputes d'après ce que j'en ai su plus tard. Elle avait été recueillie par notre tante, la sœur de ma mère, vivant à proximité de Villeneuve d'Ascq. J'imagine la souffrance pour ma sœur mais, autant que je m'en souvienne, il valait mieux ne pas en parler. De ce jour, où notre mère l'avait mise dehors, elle avait coupé tous les liens avec elle, ne voulant plus entendre prononcer son nom. Elle était hors de sa vie, elle répétait qu'elle n'avait plus de mère.

A l'époque, aux prises avec le déchirement profond avec cette mère, j'aurais eu besoin d'en parler, mais je n'avais pas trouvé le cadre et la bienveillance pour cela. Mon père et elle se ressemblaient beaucoup en ce point : parler, agir, oui ! Mais écouter, échanger, ressentir, non, c'était pleurnicher, être une mauviette ! Ce que j'incarnais parfaitement et qui poussait mon père à me secouer à sa manière.

Orpheline

Je m'apercevais de quelque chose de très important : je changeais grâce à ce que je mettais en place dans ma vie, mais les *autres, eux*, ne changeaient pas ! Et ça, c'était le drame. J'avais beau faire tout mon possible, je ne pouvais pas faire changer les autres ni les changer moi-même. Mon père restait cet homme colérique qui me faisait peur, ma mère cette femme paumée vivant en dehors de la réalité et ma sœur cette femme qui a construit un mur entre elle et moi pour je ne savais quelle raison. Alors comment faire pour être heureuse quand tout me ramenait à un état d'orpheline ?

Je décidais, bien accompagnée, de faire le deuil de cette famille. Faire le deuil de ce qu'ils n'étaient pas et les accepter comme ils étaient, comme des quasi inconnus, avec qui je devais régulièrement faire semblant. J'avais appris à me comporter de manière à ce qu'ils ne me rejettent pas encore, mais à quel prix ! Je perdais toute mon énergie, moi qui n'en avait déjà pas beaucoup. Je finissais mes dimanches soirs, après un repas d'anniversaire au resto par exemple, à pleurer toutes les larmes de mon corps, épuisée et meurtrie.

Je faisais bonne figure toute la journée, en racontant le moins possible sur ma vie et sur moi car je n'avais pas la force de me battre, de répondre aux critiques qui fusaient dès que j'ouvrais la bouche. Je me branchais donc sur leur mode de fonctionnement. Mon père faisait les marchés et ma sœur avait une entreprise dans la création de bijoux donc les discussions se résumaient à parler entreprise, chiffres d'affaires, administrations, actions...

Tout ce qui n'avait aucun sens pour moi, devenait le seul sujet de conversation et la base de la *communication familiale.*

A cette période, je sentais tout l'impact de cette phrase « on ne choisit pas sa famille ». C'était clair pour moi, j'étais une étrangère et je devrais faire les efforts d'un étranger pour m'intégrer un minimum à cette culture et ce langage inconnu.

Je comprenais de ce fait, l'importance de me créer un entourage de personnes bienveillantes, à l'écoute et qui parlaient la même langue. Rencontrer Christine, Oassa et les autres m'avait permis d'y croire : il existe d'autres types de personnes qui me correspondent mieux.

Une lumière fût

La relation à mon père connaissait des éclaircies. Grâce à l'expression de mes émotions, et du travail en développement personnel, j'acceptais mieux qu'il fut un homme ayant connu la guerre et la privation. Il avait construit sa vie autour de l'argent et du « agir » pour des raisons de survie.

Je demandais à le voir en tête à tête plusieurs fois pour parler et essayer de crever certains abcès remontant mois après mois à ma conscience. Je lui dis comme j'avais souffert qu'il ne me prenne jamais dans ses bras lorsque j'étais petite. Que je ne me souvienne d'aucun câlin ou mot gentil de lui, avait laissé en moi des traces, tel un fer à repasser réglé au maximum, oublié sur la table. Il écouta. Ce qui était déjà une immense victoire. Pour la première fois, je ne pleurai pas en m'adressant avec mon cœur à ce géant de pierre et de feu. Je ne devais pas pleurer car je savais que cela activait chez lui tel un automate :

« Mais on peut rien te dire, tu chiales toujours. Tu m'énerves ! »

Et au plus il s'énervait, au plus je pleurais. Ainsi nous avons pu désamorcer ce cercle vicieux, je pleure-il crie-je pleure encore plus-il crie encore plus... Pour la première fois, nous n'étions pas dans ce schéma. Victoire !

Enfin, une victoire parmi un lot incalculable de batailles à mains et cœur nus. Cette discussion avait été une réussite mais combien d'échecs restait-il au compteur relationnel ?

Je comprenais que je ne le changerais pas, qu'il était comme il était et que si je ne l'acceptais pas, en fait, c'était moi qui souffrais horriblement. C'était moi qui passais mes soirées à pleurer, à rêver à d'autres parents, à imaginer le jour où je pourrais leur montrer qui je suis et que je suis digne de respect et d'amour. En attendant, je sentais un léger apaisement et je décidai de m'accrocher à cet espoir.

Je n'avais jamais cru que cet échange calme avec mon père soit possible et pourtant c'était arrivé. Peut-être que les choses s'arrangeraient alors ?

Mais telle perspective était onirique car c'était oublier qui il était et que je ne pourrais décidément *jamais* le changer.

Je ne savais pas que j'allais encore vivre, d'atroces souffrances.

Le chemin vers la mort

« J'étais moi aussi aux prises avec la souffrance. La douleur physique aurait été une caresse à côté. Cette douleur aiguë, lancinante, glaciale, "enfermante", m'a transpercé le cœur. »

Ce jour là, je traversais la France pour rejoindre mon père dans sa ville d'adoption ensoleillée : Draguignan. J'étais heureuse de le retrouver. Depuis qu'il avait déménagé dans le sud, le fait de le voir moins souvent, rendait les échanges plus légers pour moi. Bonjour, sourire, accueil. Première étape d'une relation qui n'avait jamais su naître mais qui prenait un tournant de sagesse, peut-être grâce à l'âge puisque mon père avait atteint ses 70 ans.

Ce jour là, donc, j'arrivai à destination. Comment aurai-je pu savoir que c'était ma destination finale ? Celle qui était prévue pour moi et pour lui.

J'étais heureuse dans ma vie.

J'avais trouvé l'amour auprès d'un homme fraîchement séparé. Anthony avait trois enfants dont deux étaient encore jeunes ! C'était un homme sensible, affectueux, au grand cœur. Un artiste au talent incroyable. Un homme qui maniait les couleurs et les formes à merveille. Mais aussi les mots, ses mots tendres, rock'n roll, délicieux. Un homme qui me prend dans ses bras, qui est là, qui m'écoute, qui parle et communique pour le bien de notre relation.

Je le connaissais depuis longtemps en fait. Ma vie d'étudiante m'avait permis de le rencontrer car il avait été intervenant dans mon cours d'architecture pour nous apprendre à bien communiquer nos projets. Un homme de talent, concis, frais, des yeux au regard intense. Une belle rencontre. Un professionnel au cœur grand. Il m'avait laissé de très bons souvenirs.

La vie est pleine de surprises et de hasards car des années plus tard, alors que je travaillais dans une agence d'architecture à Roubaix, il réapparut dans ma vie. Je vivais alors avec Jean et j'ai appris qu'ils se connaissaient et s'appréciaient beaucoup.

Et hop, nous voilà invités à des soirées en compagnie d'Anthony. Anthony est un papa extraordinaire, un homme drôle, avec un charme grisonnant, un homme sur qui fantasmer. Mais j'étais en couple et très bien ainsi. Enfin, c'est ce que je croyais. Et Anthony était marié, un couple formidable, accueillant, contemporain dans la gestion de la famille... Un couple modèle, parfait.

C'était sans compter sur cet événement, des années après. Un message *Facebook* d'Anthony pour me souhaiter les vœux 2011 ! Quelle belle nouvelle de le lire ! J'étais séparée depuis une petite année de Jean et je n'avais donc pas imaginé que je le recroiserais un jour.

Puis de message en message, s'en est suivie une rencontre au pub. Puis deux.

Puis… une passion est née.

J'avais enfilé une robe de célibat, une année auparavant et voilà que cette robe, s'est mise à voler, et moi à tournoyer comme une enfant qui essaie sa nouvelle robe de princesse rose à paillettes. Ma vie devenait légère. Un souffle de vent d'amour arrivait du passé et me ravissait le cœur. Ma robe volait et brillait de tout son long, décrivant des ondulations tels les sillons laissés par une feuille tombée sur l'eau.

Je me sentais belle, je me sentais femme. Pour la première fois de ma vie. Un homme me rendait pleine de désir dès qu'il posait son regard sur moi. Ses mains, douces et fragiles, respectueuses et fourbes à la fois, m'ont mise sur le chemin du désir féminin. Du plaisir féminin.

Je me sentais épanouie dans cette relation même, si je sentais au fond de moi que ça ne serait pas du long terme. Sur le chemin pour devenir une *vraie* femme, j'avais entamé cette année 2011 de la meilleure manière qui soit.

J'avais aussi pris de bonnes résolutions comme de passer du temps avec mon père, imaginant un rapprochement autour d'intérêts communs, j'avais organisé pour nous deux un séjour au ski qui s'était très bien passé. Je continuais sur ma lancée en prenant du temps pour passer quelques jours chez lui dans le sud.

Ce soir là, quelques heures après mon arrivée en train, nous nous sommes rendus près de Draguignan pour manger. Le restaurant était quasi plein. On nous installa à une grande table ronde au centre, à trois, lui, ma belle mère (séparé de Monique, c'est une chouette femme Sonia qui avait conquis mon père) et moi. Je commençais à raconter, avec enthousiasme ce que je vivais à ce moment-là, les belles choses qui m'arrivaient. J'en vins à mettre des mots sur le fait que j'étais très heureuse, que j'avais rencontré un homme, que tout allait bien et que ça faisait un bien fou aussi d'avoir pris la décision de fermer mon entreprise Me Creation, pour me libérer du temps pour moi.

« Et qu'est-ce qu'il fait dans la vie cet homme ? » « Et il a quel âge ? »

Enthousiaste, je réponds avec franchise :

« 47 ans » (j'en ai 28)

Leurs yeux deviennent insistants.

- « Quoi ??? et il a des enfants ? »

- « Oui, 1 petit et un de 18 ans »

- « Mais t'es cinglée ! T'es aussi folle que ta mère ! » hurlait-il essayant toutefois de contenir sa voix qui portait naturellement très loin. « Ça marchera jamais. »

Mais marcher de quoi ? Ça marche déjà puisque je suis heureuse et c'est tout ce qui compte pour l'instant. Les mots fusent et le ton monte et monte encore. Les tables voisines ont les yeux rivés sur nous. Il hurle dans ce restaurant chic, j'ai tellement honte que je voudrais partir en courant.

Et ma belle mère s'y met : « C'est impossible une relation avec autant de différence d'âge ».

Nous étions venus dans la même voiture, dans un village paumé, j'étais obligée de rester là à entendre ces horreurs.

Alors que nous étions dehors, il hurlait tel un mégaphone, m'insultant de toutes ces forces. Il était rouge de colère et continua : « T'es donc si bête que tu vois pas pourquoi ce mec est avec toi ? T'es une *putain* ! Tu n'es plus ma fille. »

Non mais attendez, c'est vous qui me dites ça alors que vous avez 17 ans de différence d'âge ? C'est l'hôpital qui se fout de la charité ? J'aurais aimé avoir la force de dire ça, mais j'étais aux prises avec une souffrance et une tristesse, incommensurables.

La douleur physique aurait été une caresse à côté. Cette douleur aiguë, lancinante, glaciale, *enfermante*, m'a transpercé le cœur. Celui-là même qui ne se répare pas. Un père. Mon père. Un dictateur aurait eu plus de compassion.

Insultes, « connasse, pute, t'es qu'une putain ! »… dans la bouche de mon géniteur... Quelle blessure inconsolable à l'âme.

Les larmes roulants sur mes joues, ma voix s'est cassée net. Plus rien ne sortait de moi. Je me sentais comme privée de mes jambes, de mes pieds, d'un sol. Tel l'homme qui marche sur l'eau, mais sans sa divinité et sans eau.

Un trou noir, un puits, un gouffre s'est ouvert sous mon cœur. Je ne sais plus rien. *Emmeline ? Emmeline ?* Je tentais de refaire surface. La terre me paraissait souffrante. Remonter à sa surface m'était impossible. La catastrophe, l'ouragan est passé, *que dire de plus ?* Que pouvais-je être de plus ?

En moi c'est le tourbillon. *A quoi bon être moi, si celui qui m'a donné la vie me renie à ce point. Il est tout ce que j'ai. Un pair. Un mentor, un bien-pensant, un chef, un businessman, un guide, un tout pouvoir.* Le monde vient de s'écrouler. Je suis là, sans être là. Mes oreilles entendent ses mots mais je n'entends plus. Le son est moite, l'odeur est feutrée et sèche. *Un cœur qui s'assèche. Un de plus sur cette Terre d'Humanité.*

Et quelle Humanité ???

Si l'Humanité démarre là, où un adulte choisit de faire l'amour pour donner vie, a-t-il seulement pensé avant d'agir ? Est-il prêt ? Comment choisir de devenir parent, un guide, un exemple pour quelqu'un lorsque l'on a tant de haine et de colère à distiller ?

Quel égoïsme cet homme. Comment peut-il être mon père ? Quelle humanité pour demain ?! ...

Ma colère grandissait. Seule contre tous.

Sa colère ne s'arrêta pas là. Rentrés dans leur appartement, je dis calmement que j'avais besoin de prendre l'air. Furieux, il m'ordonne de rester, battant les bras en l'air comme pour me frapper. Pas question ! Je descends en bas de l'immeuble. J'ai besoin de sortir ces cris de colère de moi, je ne supporte plus d'être traitée ainsi.

Je le déteste, pleurant et criant ma douleur, dans la nuit noire :

Pourquoiiiii ??? Pourquoi mooooiii ? Que lui ai-je fait ? Qu'ai-je fait pour mériter tant de haine ? Je n'en peux plus ? Je le hais !

Mon cœur en miettes et ma tête dans le brouillard complet. J'étais qui, quoi pour qu'on me rejette ainsi ? J'étais née dans ce corps qui me faisait souffrir. Avec ce corps, né le 11 mars 1983, avec un visage et un cœur, une âme avait pris vie. Aujourd'hui j'étais quoi ? Une âme errante qui avait tenté de faire ouvrir les yeux sur elle. Personne en face, des regards vides. Vides d'amour. Vides d'amour pour elle. Vides d'amour pour celle qu'elle est. Ne pas naître à la bonne place... Et si c'était vrai ? Peut-on vraiment se tromper à ce point ?

Après 28 ans de vie «commune» ou presque car il faut se le dire. On parle de vie commune avec son conjoint, son mari, sa femme. Mais la vie commune qui s'installe avec nos parents dès notre premier battement de cœur, celle-là est réelle et imposée. Sans doute la plus terrible de toutes.

C'est la pire vie commune que j'ai vécue. Celle avec mes propres parents. Ceux qui ont choisi de donner vie à un être nouveau sur cette Terre. Par amour ? Non, par nécessité. Nécessité de perpétuer un nom, nécessité de ressusciter une enfant décédée. Chloé était blonde. Elle avait 6 mois. Elle a succombé dans son lit, les poumons vides d'air.

Et moi, qu'ai-je demandé ? Rien !

L'enfant du deuil. Du deuil éternel. Voilà ce qui me tombait dessus, le plus lourd fardeau. Chargé sur un dromadaire, ce poids l'aurait déjà étalé par terre. Sur un nouveau-né : il a hurlé en sortant, et non crié. La douleur est trop forte, le poids trop invisible. Personne n'a vu. Personne n'a dit mot. Personne n'a compris ce qui se passait. Coupé de l'amour, un enfant ne peut grandir. Il est livré à lui-même. Seul au monde. Seule au monde, j'étais. Happant l'air autour de moi, appelant le secours des grands, exprimant le néant qui envahissait mon corps, ma tête et enfermait l'âme en moi.

Ma vie était un calvaire. Ma vie resterait un calvaire à leur contact. Je voulais partir. N'importe où, le plus loin possible.

Ce soir-là, il se rendit compte qu'il perdait le contrôle sur moi. Que je ne lui appartenais pas. J'allais vivre ma vie comme je l'entendais. J'étais adulte et je n'avais pas besoin de son approbation pour vivre une histoire d'amour ou sortir prendre l'air. J'avais accepté son *tout pouvoir* sur moi, pendant des années. J'avais fait ce qu'il me demandait pour me sentir aimée, mais au final, rien n'y faisait.

« Terminé ! » Cette fois, il n'aurait pas le dernier mot.

Je repartirai dès le lendemain matin. Hors de question, qu'il me dirige et me donne des ordres ainsi. Je ne me laisserai pas faire. Plutôt mourir.

Le lendemain matin, alors qu'il était parti, je discutai avec Sonia.

Selon elle, il lui avait confié que nous étions ses princesses, ma sœur et moi. *Drôle de manière de traiter des princesses...* pensais-je.

Il rêvait que ses filles trouvent le Prince Charmant. Et, pour lui, un Prince charmant est un homme qui a une situation financière stable, qui a des chevaux blonds, un château et je ne sais quoi d'autre. J'entendais bien qu'il pouvait être déçu car ma sœur avait divorcé et élevait seule son fils et moi, je vivais cette relation amoureuse loin du dessein qu'il avait pour moi. Mais ça, c'était ses rêves à lui, sa vie, et moi, j'avais la mienne.

Il mourut six mois plus tard d'un cancer de la plèvre. Il ne m'a jamais reparlé de cette histoire. Le lendemain, j'avais accepté la demande de ma belle mère d'aller le voir pour discuter. Il n'était pas prêt à lâcher quoique soit. Je n'ai jamais reçu d'excuses de sa part pour les mots qu'il avait prononcés. A l'annonce de la maladie, il s'est enfermé dans un défaitisme, voulant que cela se termine au plus tôt. J'avais entre-temps, compris que cette mal-à-di(r)e, en disait long sur ce qui restait bloqué à l'intérieur de lui.

Mais si lui n'était pas prêt à changer des choses à sa vie et sa communication avec les gens qu'il aimait et qui l'aimaient, il ne restait plus d'autre choix que de se laisser mourir.

Mourir plutôt que d'admettre,
Partir plutôt que de pardonner,
Fuir plutôt que de renoncer à l'ego,
Disparaître plutôt que d'exprimer, communiquer.
Chacun son destin. Il a choisi.

Le pardon

« Vos enfants ne sont pas vos enfants.
Ils sont les fils et les filles de l'appel de la Vie à elle-même,
Ils viennent à travers vous mais non de vous. »
- Khalil Gibran, *Le prophète.*

Continuant mon chemin de développement personnel, j'eus la chance d'être très bien accompagnée pendant la maladie de mon père.

Oassa et sa maman Cathy m'ont invitée à des conférences qui m'ont appris beaucoup sur la maladie et comment accompagner une personne atteinte du cancer. J'ai ainsi été marquée par la générosité et l'aura de Guy Corneau. A l'instant où j'écris ces mots, son décès vient d'être dévoilé et je suis dans la gratitude profonde de l'avoir croisé sur mon chemin. Il partageait, lors de sa conférence à Lille, comment il avait vaincu un cancer de stade 4 et comment il conseillait aujourd'hui d'écouter son cœur. Ne pas accueillir et exprimer ce qui était mauvais en nous, tout ce qui causait ces blessures et du ressentiment, formait le terrain propice au développement de la maladie. Je savais que j'étais moi sur le bon chemin de la santé.

J'ai pu accompagner mon père comme je le pouvais. Guy Corneau* expliquait l'impact de la visualisation positive, c'est-à-dire imaginer quelque chose qui nous fait du bien, un endroit de vacances qu'on adore... Il préconisait d'effectuer ces temps de visualisation régulièrement et pendant que les produits de chimio passaient dans le corps. Cela plongeait le corps dans une relaxation, pendant laquelle il libère des hormones qui aident à se sentir mieux, accentue les effets positifs des traitements et diminue les effets indésirables de la chimiothérapie. Voilà ce que j'en avais retenu, il me restait à l'appliquer.

A chaque visite dans le sud, je m'asseyais à côté de lui et comme il ne voulait pas entendre parler de cette méthode, je visualisais pour lui que son sang coulait dans ses veines telle une magnifique rivière et qu'elle emportait avec elle tous les bienfaits des traitements dans toutes les cellules de son corps. Je lui envoyais de l'amour car j'avais bien compris que l'épisode de crise que nous avions vécu, lui venait sans doute de son passé et qu'il ne devait pas être très heureux pour se comporter ainsi. Je tentais d'accepter, d'être tolérante et de pardonner.

Dans son état mourant, rien n'avait plus de sens. A quoi allait me servir de garder animosité et aigreur dans ces moments tristes ? Je croyais en la guérison pour lui mais lui non. Depuis qu'il avait eu 60 ans, il répétait, qu'il voulait encore vivre 10 ans et que ce serait déjà très bien !

Il fêtait ses 70 ans lorsqu'il apprit que le cancer s'était développé dans la plèvre. Sans doute logé là depuis son enfance, à cause de l'amiante de l'usine de pneus à coté de chez lui. Les médecins expliquaient que les poumons avaient dû se constituer avec cet amiante environnante, cependant ils ne savaient pas comment expliquer pourquoi ce déclenchement 60 ans plus tard ? Moi j'avais bien ma petite idée. Je

* Conférencier, auteur

savais que les mots que l'on dit sont importants et attirent à nous les faits. Une sorte de programmation mentale. Il se voyait mourir à 70 ans, son vœu a été exaucé. J'ai porté la culpabilité de cette dernière dispute, sachant que ce stress avait été déclencheur.

Lorsque j'allais chez lui, je ne parlais de rien qui fâche. Lui devant la télé, moi assise toute proche ou en face à le regarder s'éteindre, sans combattre.

Je devais respecter son besoin, il ne voulait pas parler. De rien du tout. Il avait assez vécu,

« Je suis fatigué. J'ai profité et bourlingué dans ma vie. Je peux partir maintenant. »

Ces phrases me perforaient le cœur.

« Et moi, et Agnès et Nathan, on compte pas ? » pensais -je.

Ses mots laissaient incompréhension et injustice sur leur passage. Je ne voulais pas lui faire du mal, alors j'arrêtais de lui poser des questions, essayant de profiter de l'instant présent.

J'ai donné de l'amour tant que j'ai pu, même si je n'en avais pas reçu de lui comme je l'aurais voulu. Il avait fait du mieux qu'il pouvait, avec son histoire et ses croyances. Il avait travaillé toute sa vie pour offrir à ses proches une vie matériellement confortable. Il fallait en prendre le double sens, l'amour que ce confort et cet argent symbolisaient. J'essayais de laisser mes rancœurs au placard et d'être simplement là, à ses côtés. Puis il est remonté dans le Nord de la France pour les soins et pour être près de ses enfants. La fin approchait, il le savait. Il vivait dans un monde, loin du nôtre déjà, préoccupé par la culpabilité qu'il ressentait vis-à-vis de son propre père, qu'il n'avait pas pu assister lorsqu'on l'avait amputé. Ses fantômes du passé, ses souvenirs enfermés à double tours resurgissaient malgré lui.

Sur son lit à l'hôpital, j'ai demandé :

« Est-ce que quelque chose t'inquiète encore, avant de partir ? »

Je voulais lui permettre de se soulager, de soulager son âme, ses pensées, ses tensions.

« Oui, toi. » a-t il répondu.

Je ne m'attendais pas à cette réponse. Estomaquée, j'écoutais.

« Tu es une saltimbanque, je ne sais même pas comment tu vas vivre demain ? Je ne sais même pas si il te reste de l'argent de ce que je t'ai donné à tes vingt ans. »

Il s'en faisait pour *moi* ? J'étais architecte, salariée en CDI, appréciée par les clients comme par le patron. J'avais fermé l'entreprise de créations qui me posait soucis. Je ne comprenais pas.

En fait, il s'était construit une image de moi dans laquelle je ne me reconnaissais pas du tout.

On ne s'était jamais compris. Cela m'apparaissait avec certitude et me rendait triste. Les yeux gonflés, je ne pleurerais pas, je connaissais que trop l'effet de mes larmes sur lui.

Il ne m'avait jamais dit tout ça. Il fallait qu'il soit là, la veille de *monter* là-haut, au service terminal de l'hôpital pour avouer le fond de ses pensées. Apparemment mon entreprise dans la mode l'avait inquiété ainsi que le fait que je ne lui demande jamais rien.

Oui, je cherchais toujours à me débrouiller, j'avais appris à ne devoir compter que sur moi-même. Et pour moi, c'était une qualité que j'avais développée. Pour lui, ça semblait suspicieux.

Et dire que moi, j'avais fait tout ça, créer l'entreprise, bosser d'arrache-pied pour lui faire plaisir et lui plaire ! Je voulais juste avoir des sujets d'échange avec lui : chiffres d'affaires, frais, clients... Là encore, j'avais tout faux. A moins que ce ne soit lui qui, quoi que je fasse, n'aurait jamais voulu voir qui j'étais *vraiment* ?

Je comprenais mieux son angoisse vis-à-vis de moi. Il me voyait dans la lune alors que tout autour de moi, on me renvoyait que j'avais *bien la tête sur les épaules* et que ça m'avait sauvée, face aux événements de ma vie. Comme quoi, on peut vraiment croire tout ce qu'on veut d'une même personne.

Je l'ai pris dans mes bras et je lui ai dit ce qu'il avait besoin d'entendre. De son *argent,* je prendrais le plus grand soin. Je le placerai dans les meilleurs endroits pour le faire fructifier. « Je ne serai jamais en mal d'argent », il pouvait être rassuré.

Comprenez ici : De son amour, je prendrais le plus grand soin. Je le placerais dans les meilleurs endroits pour le faire fructifier et le distribuer aux gens que j'aime. Je ne serais jamais en mal d'amour, il pouvait être rassuré.

Nous venions d'échanger nos dernières paroles.

J'aurai préféré parler d'amour mais il n'aurait pas entendu.

J'ai conclu :

« Je t'aime. Merci pour cet argent papa. »

L'argent m'avait toujours rebutée car entre les mains de mon père, j'y voyais un outil pour acheter et contrôler son entourage.« Puisque c'est moi qui paie, tu fais ce que je te dis. » m'avait-il souvent dit, remettant les points sur les « i ».

Je lui fis ce cadeau de le mettre en paix avant son départ.

Aujourd'hui, pour son dernier jour, j'acceptais de lui faire plaisir et qu'il ait le dernier mot.

J'irais même plus loin quelques jours plus tard.

Le 24 décembre 2011, je me prépare dans la salle de bains avant d'aller à l'hôpital. Mon téléphone sonne : ma sœur m'annonce qu'il est parti...

Du grandiose, bruyant et visible, ai-je pensé. A son image, il avait choisi *son* jour, inoubliable. Les Noël seraient désormais teintés d'ombre.

Je me promis de lui faire un dernier cadeau.

Parfois, lorsque j'étais en voiture avec lui, je chantais sur le CD que je ramenais avec moi. Un jour, alors que je venais de mettre le CD de Noa, sa reprise de Ave Maria en anglais emplissait l'habitacle. Mon père me dit :

« Quel cacophonie ! Un bon *Ave Maria*, rien de tel. »

Je ne lui avais jamais fait ce plaisir d'apprendre un Ave Maria en latin, trop ringard pour moi. Il n'était pas question que je me mette à écouter des chanteuses d'opéra, même pour lui plaire !

Alors ce jour là, je me mis au défi d'apprendre l'Ave Maria de Schubert et de lui offrir à la messe d'enterrement.

J'eus l'aide précieuse d'amies chanteuses qui m'ont soutenue dans ce projet fou. 4 jours pour préparer un chant comme celui-ci.

Dans l'église, ont résonné les notes du clavier sous les mains expertes de mon cousin allemand, né 10 mois avant moi. Avec elles, les voix, transportaient paix et amour.

Que ton âme trouve la liberté éternelle.

Le battement d'ailes d'une coccinelle

« *Ave Maria Gratia plena*
Maria Gratia plena »
- Schubert, *Ave Maria*

La famille que j'avais construite les dernières années, me permit de traverser cette épreuve de perdre un parent. Et parmi ces personnes chères, bon nombre, ont été touchées, soit parce qu'elles avaient elles aussi, perdu un proche, soit parce qu'elles craignaient de perdre quelqu'un de proche.

Tous s'entendaient sur le fait que ce cadeau à l'église, les avaient profondément émus et ils me félicitaient pour mon courage.

Je n'ai pas eu besoin de courage, mais d'Amour. Me connecter à l'Amour et au cadeau de la vie était pour moi la leçon. De l'extérieur, je reçus beaucoup de témoignages touchants. Là où j'avais simplement écouté mon cœur, on me félicitait de transformer ainsi les épreuves en cadeau.

Toutes et tous connaissaient mes relations conflictuelles avec mon père, ma mère et ma sœur. Tous savaient ma solitude profonde, et l'importance qu'avaient leurs amitiés pour moi : Ils étaient *ma* famille.

Je n'aurais sans doute pas eu le même regard sur la mort de mon père, si je n'avais pas croisé quelques livres ou conversations bouddhistes et hindouistes, sur les âmes et la réincarnation. Je ne savais au fond pas trop si j'y croyais mais cela parlait à une partie de moi. Et puis, j'avais appris sur mon chemin de développement personnel que tout ce qui me faisait du bien, était bon pour moi. Peu importe que ça ne plaise à personne d'autre, l'essentiel était que cela m'apporte, à moi.

Pendant la maladie j'ai ressenti beaucoup de gratitude pour le chemin que j'avais commencé en thérapie. J'avais connecté cette part de moi, qui petit à petit se libérait et assainissait mes relations aux autres. Je remerciais la vie de m'avoir permis d'oser parler à mon père avant qu'il ne meure. J'ai pu obtenir des réponses importantes qui ont continué d'atténuer les douleurs d'un père manquant dans mon histoire.

Une source d'inspiration

Sur ce chemin, j'emmenais des personnes avec moi. Depuis que j'avais ouvert les vannes de qui j'étais *vraiment*, le débit augmentait et j'avançais à grands pas. Et l'impact sur mon entourage se fit sentir. Des amis qui m'avaient connue, victime de ma vie, malheureuse, pleine de plaintes, de maux, entendaient et voyaient les changements dans ma vie. Mes relations étaient plus saines. Je prenais conscience que je pouvais être une bonne mère pour moi-même et je tentais de faire du mieux que je pouvais. Je m'étais libérée du temps en fermant mon entreprise. Je disais « non » à mon patron pour rester les soirs et les week-ends à travailler et à m'user sur des projets qui n'aboutiraient pas plus grâce à la sueur de mon front. J'apprenais à dire « non » à ces personnes qui me demandaient de l'aide à tout bout de champ, ne sachant pas être seule. J'avais toujours dis oui, inconsciemment, pour qu'on m'aime ou du moins qu'on ne me déteste et rejette pas. Et ça faisait beaucoup de bien d'oser dire non. Je faisais le choix d'être moi et m'aimerait, qui voudrait. J'expérimentais aussi de passer du temps à ne rien faire, à lire un livre en buvant un thé dans le canapé. Quelle paix !

Échec et mat

Après le décès de notre père et les catastrophes qui suivirent, le gouffre entre ma sœur et moi se creusa encore. Chacune se réfugiait, blottie dans l'incompréhension, la douleur, les disputes avec notre belle-mère et tout un tas de raisons administratives. Je décidai de faire le deuil de cette relation qui ne serait *jamais* ce dont je rêvais. Cette relation me faisait souffrir plus qu'elle ne m'apportait.

Il me fallait faire le plus gros deuil, celui de ne plus voir Nathan quelques temps, au moins jusqu'à ce qu'il soit capable de faire ses propres choix, de me voir ou pas. Je me préparais et le préparais, parlant d'avenir, pour lui montrer comme il faisait déjà partie de mon futur. Je n'ai jamais dit quoi que soit quant à ma relation à sa maman : il n'avait rien à voir là-dedans.

Les catastrophes qui suivirent, finirent de semer la zizanie dans cette famille :

- Une semaine après l'enterrement, la maison de mon père menaçait de s'effondrer suite à une tempête. Un champignon, la mérule, avait pris place. Cinq mois plus tard, le plancher du deuxième étage avait été littéralement mangé et la maison du voisin attaquée.

- Quatre mois plus tard encore, nous recevions la lettre d'un avocat d'un certain Lucas, qui déclarait tout simplement : « Je suis le fils de Robert Sion. » Le choc. Et en même temps, un soulagement pour moi. Je comprenais mieux ma relation à mon père. Après des tests ADN qui prouvèrent ses dires, le fait que ce garçon ait à peine 1 an de moins que moi, apporta des pièces à mon puzzle. J'étais bien née d'un couple sur la fin, même s'il leur avait fallu 9 ans pour se séparer.

La violence qui régnait, lue dans les carnets que tenait ma mère à l'époque de ma naissance, me permit de mieux comprendre, *d'où je venais* et donc *qui j'étais*.

J'acceptais tout cela, comme la lumière sur mon histoire, mon passé, ma construction. J'avais donc un frère, il me tardait de le connaître.

Pour ma sœur, qui avait « perdu son pilier » comme elle l'a dit après son décès, il en était autrement. Nous ne pouvions donc pas nous comprendre une fois de plus.

Le chant l'oiseau

J'avais réglé un gros morceau de mon histoire, en me libérant du poids immense de la séparation violente d'avec Guillaume. En exprimant et en faisant enfin le deuil de cet amour, je pris le temps de refermer cette page de mon histoire, ce qui me permit quelques temps plus tard de renouer avec le chant.

Peu de temps après la rencontre avec Christine donc, je commençais des cours de chant à Lille. C'est là que j'avais rencontré les personnes merveilleuses qui m'avaient soutenue pour chanter dans l'église à l'enterrement de mon père. Je me libérais de ces sangles que j'avais scellées moi-même. La cage dans laquelle l'oiseau que j'étais, restait enfermée, voyait ses barreaux s'écarter, lentement et durablement. J'ouvrais la porte à ma propre voie, s'exprimant à travers ma voix si longtemps cachée. Et même si la peur était là à chacun de mes cours, au moment de chanter devant les autres, je sentais mon ventre se détendre et respirer plus largement. Au plus je m'ouvrais, au plus ma cage s'ouvrait. Je voyais de plus en plus loin, comme si les montagnes de douleurs, de souffrances, de plaintes, subissaient l'érosion de l'amour.

Au plus j'exprimais, par le corps, la voix, l'écriture, au plus les montagnes disparaissaient, me laissant apercevoir l'horizon ensoleillé de ma vie.

En plus d'être la coccinelle d'Oassa, porte-bonheur à toutes épreuves, je m'apercevais que j'inspirais les autres, malgré moi. Je parlais ouvertement de tout ce que je vivais, des méthodes que je rencontrais sur mon chemin de croissance et je conseillais avec plaisir les amies qui étaient en souffrance. Toujours à l'écoute de l'autre, j'avais néanmoins affiné mon oreille, à entendre ce que, parfois, les mots ne disent pas. Branchée sur l'autre, mon regard dans ses yeux, j'écoutais le cœur et l'âme en lui. A la suite de certaines conversations, des amis ont pris leur vie en main, entamant à petit pas, thérapie, soins et bienveillance à leur égard.

J'étais de plus en plus moi-même, je m'acceptais comme une femme sensible et émotive, sans jugement. J'accueillais alors plus facilement l'autre, avec autant de bienveillance et d'empathie. Je portais ce symbole de coccinelle porte-bonheur, en broche, qu'Oassa m'avait offert avec plaisir et gratitude sur mon cœur. C'était magnifique pour moi, de voir ces âmes et ces cœurs s'ouvrir tout autour de moi. Exprimer et communiquer formaient un engrais merveilleux, en plus d'un dépolluant efficace, qui permettait aux fleurs d'éclore dans mon jardin et dans ceux d'à-côté. Laisser sortir *ma* vérité participait à construire mon bonheur. En fait, j'avais eu tellement peur de pleurer et de ne plus savoir m'arrêter comme si le puits des émotions était sans fond. Mais non, je sentais que l'eau polluée se tarissait et que j'apercevais le fond ! Et sans cette eau hors du puits, pas de fleurs au jardin !

La coccinelle ouvrait ses ailes et peut-être qu'à la manière du papillon, son battement d'ailes créait une vague d'amour et de conscience à l'autre bout de la Terre ?

Chapitre 6

Le duel en moi

*Quand les mots dépassent la pensée,
comment se pardonner ?*

Je veux rencontrer l'Amour !

« *Quand il me prend dans ses bras*
Il me parle tout bas »
- Édith Piaf, *La vie en rose.*

Le tableau de ma vie s'éclaircissait de jour en jour.

Et pourtant une ombre restait en suspens. Peu de temps après la dernière crise que j'avais eu avec mon père au sujet de ma vie amoureuse, la relation de couple avec Anthony avait pris fin. Il avait besoin de temps pour faire son chemin et le deuil de la séparation avec sa femme, et moi, je voulais une relation stable, durable, avec un homme rien que pour moi. J'étais à nouveau célibataire et l'espoir se tarissait de trouver chaussure à mon pied.

Une année s'était écoulée depuis Anthony lorsque je me mis en couple avec David, un homme que j'avais rencontré grâce à mes cours de chant peu de temps après la disparition de mon père. Il avait 25 ans de plus que moi, mais un état d'esprit jeune et plein de vitalité ! Amoureux de la nature et des oiseaux, il m'apportait beaucoup de paix et de sérénité dans le tumulte de ma vie entre avocats, notaires, succession, tests ADN...

Nous avions le projet de faire le tour du monde ensemble mais après de nombreuses disputes et incompréhensions régulières, je compris qu'il avait peur. Il avait une profonde envie de découvrir le monde et des peurs tout aussi immenses : son entreprise ne fonctionnerait pas sans lui, ce n'était pas possible de tout quitter un an, il avait des engagements, l'argent ferait défaut...

Entendre à demi mots tout cela me rendait furax. J'avais besoin que ce soit clair.

« On le fait ou on le fait pas ? »

Moi aussi, j'avais des peurs. Je ne savais pas comment j'allais mettre tout ça en place. Mais j'avais eu, peu de temps avant la mort de mon père, ce rêve éveillé : *Un jour, je partirai m'occuper d'enfants quelque part dans le monde !*

En rencontrant David et ses envies de voyage, j'avais vu le signe que c'était la bonne personne, celle avec qui j'allais parcourir le monde et aller à la rencontre d'enfants.

Après 6 mois de disputes, j'ai décidé de trancher.

« Ok, tu n'arrives pas à me le dire mais tu ne viendras pas, c'est ça ? »
Devant sa mine déconfite, je n'attendais même plus de réponse.

« En fait, c'est clair pour moi. J'en ai marre alors je vais le faire, partir, seule s'il le faut. »

Je pensais être incapable de faire une telle chose bien sûr. Peut-être que, lui avais-je mis la pression ? Je me sentais terriblement blessée qu'il ne veuille pas se lancer car je le prenais pour moi. Il ne voulait pas partir avec moi. Mais j'acceptais finalement la situation. Après tout j'avais 25 ans de moins que lui et des rêves à réaliser. Peut-être avait-il vécu tout ce qu'il voulait, mais moi pas !

Je suis partie sans lui, j'ai réussi à faire ce voyage, par moi-même, alors que peu de temps auparavant, je n'arrivais même pas à découcher. Je vous raconterai l'aventure géniale que j'ai vécue auprès des enfants à Pondichéry plus loin dans ce livre. Il a néanmoins été là pour me soutenir dans ce projet, et sans lui, je suis sûre que je ne l'aurais jamais fait. Et ça, c'était très précieux.

En fait, être avec lui, comme avec chacun des hommes avec qui j'ai vécu, m'apportait une force que, seule, je n'avais pas. Je vivais très bien seule mais de là, à faire de grands projets en solitaire, c'était une autre histoire. Pour moi, il fallait quelqu'un pour partager ces moments, sinon cela n'avait aucun sens. Et cela me faisait moins peur aussi !

Lorsque je rentrai de ce voyage, nous n'étions plus en phase. J'avais envie de changements importants dans ma vie, je voulais changer de voie professionnelle même si je ne savais pas vers quoi me tourner... Je voulais une vie avec des grains de folie, une vie de surprises et lui paraissait n'avoir rien changé à sa vie, train-train, quotidien et peurs le clouant dans un présent qui pour moi n'était pas un cadeau. Je voyais clair en lui, toutes ses peurs, ses blessures jamais soignées, son besoin de reconnaissance, d'être aimé...

Je voulais autre chose et en même temps, je me sentais attachée à lui. Je ne pouvais pas l'abandonner. Mon corps de femme, toujours bloqué dans les relations intimes, me rendait fragile. Quel homme pourrait bien m'aimer un jour avec cette particularité ? Il était si patient et confiant que tout s'arrangerait, j'en étais sûre. Nous avons vu un spécialiste ensemble, puis séparément.

Je savais en mon for intérieur que je ne voulais plus de cette relation, mais j'étais incapable d'y mettre fin.

Jusqu'au jour où il me fit ce cadeau d'aller trop loin. La communication était définitivement rompue, les insultes fusaient des deux côtés. Alors qu'il venait de partir pour sa journée de travail, je trouvai ce matin-là, un carnet sur la table, me donnant la preuve supplémentaire que j'attendais. Il m'avait menti sur son passé. Je découvris la vérité dans un carnet intime oublié sur la table, comme *par hasard.*

J'ai hurlé de douleur de me sentir trahie ainsi. Il m'a fallu quelques jours pour me remettre. Et puis, le soulagement est apparu. Je savais que j'aurais dû le quitter des mois auparavant.

Je prenais conscience que j'étais allée chercher chez lui un homme mûr, le bon père pour moi. Quelqu'un qui me soutiendrait et m'épaulerait dans mes projets. La musique nous reliait mais nos projets de vie et nos envies profondes nous séparaient.

Je ne lui en voulais pas, au contraire, je l'ai remercié de m'avoir ouvert les yeux sur moi. Je restais dans cette relation par confort ou peur de l'inconnu. Et les sentiments étaient là.

Mais mon besoin d'évoluer, de grandir, de mettre de la conscience dans ma vie trouvait des limites dans nos discussions. Il n'était pas prêt à changer et je l'acceptais pour ce qu'il était. Un homme formidable, talentueux et sensible. Mais notre chemin ensemble s'arrêtait là, en ce mois de juin 2014.

Je voulais passer mes vacances en Bolivie, mais avec tous ces événements, je ne me sentais pas la force et l'énergie d'un autre voyage lointain, étant à peine revenue d'Inde. Je choisis dans mon catalogue de vacances et développement personnel, deux stages qui me parlaient : « Chant et danse » et « Le clown gestalt ».

David était joyeux et léger. Je me souvenais que souvent il m'avait reproché de ne pas être « légère », de ne pas mettre de légèreté dans ma vie. D'ailleurs cela faisait écho à ce que Jean et Guillaume, m'avaient dit, plus tôt. Ok, j'allais travailler là-dessus : un stage de clown me ferait sûrement du bien pour aller rencontrer une part plus légère et drôle en moi. Si elle existait !

Je découvrais à chaque séance de kinésiologie, d'ostéopathie ou de massage que j'avais cette tendance à me laisser choisir par les hommes. En fait, je venais de prendre conscience que je ne choisissais pas les hommes. C'est comme si toute ma vie je m'étais dit :

Alors, qui est potentiellement intéressé par moi ? Ok alors dans ce lot... je choisis plutôt... lui.

Je regardais mon environnement proche, celui de devant les montagnes qui me bouchaient la vue et je ne voyais donc que quelques prétendants possibles. Je me laissais d'abord choisir puis je faisais mon choix. Je me suis rendue compte que je faisais cela car je ne me sentais pas assez aimable pour me permettre de choisir. Et avec le recul par peur d'être rejetée encore. Avec tous les problèmes que j'avais, j'avais déjà bien de la chance que quelqu'un s'intéresse à moi. Je culpabilisais de ne pas être une femme à la sexualité épanouie et cette culpabilité m'obligeait à choisir dans le plateau qu'on me proposait et surtout de ne pas passer commande selon mes propres critères.

Maintenant, fini la Emmeline qui dit oui à tout va, maintenant je choisis le bon ! C'était clair pour moi. J'entrais dans une nouvelle phase de ma vie.

Lors de ces stages d'été, j'ai rencontré un homme qui me séduisit au premier regard. Il était beau comme un Dieu et dégageait un truc félin, waouhhh. Je me mis au défi, d'accueillir mes idées et fantasmes et de lui faire savoir mon béguin. Je ne lui proposerais pas une histoire d'amour c'était clair, mais juste une aventure, pour remettre la femme que j'étais sur le bon chemin !

J'osais ce que je n'avais jamais osé. A la fin du séjour, je lui dis qu'il me plaisait. Nous avons passé une nuit au bord de la rivière, enlacés, se racontant nos vies. Crevés par la semaine et les émotions intenses qui avaient émergés, nous avions décidé de rester une nuit de plus dans la région pour profiter de la rencontre.

Et quelle nuit ! Quel corps ! Je revivais. Me sentir touchée ainsi m'emplit de cette ivresse que j'ai gardée les jours suivants. De fil en aiguille, la semaine qui suivit, Xavier me manquait déjà. Lui aussi avait envie de me revoir. Oui mais avec deux jeunes enfants, dans un coin paumé de campagne dans le Sud et moi à Lille, pas facile de se revoir. Et pourtant *il le fallait.*

Il s'arrangea pour venir à Lille un week-end. J'allais lui faire rencontrer ma vie, mes amis.

Je l'admirais et voyais en lui l'homme idéal. Fort, beau, de mon âge, il méditait et se montrait ouvert à la spiritualité.

Il y avait quelques ombres au tableau, mais j'étais prête à me sacrifier par amour. Il avait deux enfants, avait un travail qui l'obligeait à vivre dans la nature où il était. Je ne m'y voyais pas vraiment à première vue, mais après discussion, il était devenu clair qu'il fallait que j'y aille, pour voir.

Après tout, je n'avais pas vraiment d'attache dans le nord, je pouvais m'expatrier, et puis j'avais commencé à apprécier la nature grâce à David et je ressentais le besoin d'y être plus souvent.

C'est sûr, cet homme-là et cette opportunité de déménager m'était envoyés comme un cadeau par la vie ! Enfin je le rencontrais. Le futur père de mes enfants.

Deux mois après notre première nuit d'amour, je descendais dans le sud. Je rencontrais *sa réalité*, loin d'être idyllique. J'essayais de ne pas faire de remarques sur le ménage, le rangement, le linge sale, le confort... Je ne me sentais pas à l'aise. Comme j'avais un peu peur des animaux, il avait mis dehors les chats, qui avaient laissé sur la moindre serviette un nid de poils blancs.

J'ai pensé qu'il y avait bien besoin d'une femme par ici. J'ai passé une très belle soirée avec les enfants, à tenter d'éradiquer les poux que les pauvres « avaient encore chopés ». Complices, ces moments m'ont empli le cœur de joie, me ralliant à la certitude que je pourrais être une accompagnante pour eux. J'avais l'intuition tellement forte, ma tête me le disait : j'étais faite pour être avec ces 3 amours. Ma vie allait prendre *enfin* un merveilleux tournant. Et comme on a rien sans rien, il me fallait me mettre en action pour cela, quitter ma vie à Lille et monter mon activité par ici. Un sacré défi mais pour une belle cause !

J'ai rencontré ce week-end là, la maman de Xavier, adorable et kinésiologue ! Cela finissait de parfaire le tableau : J'étais au bon endroit, au bon moment ! Merci la vie !

Je suis rentrée à Lille, gonflée à bloc pour démarrer ma nouvelle vie. Oui c'était rapide, mais lui et moi étions sûrs de nous. La vie est trop courte, autant se lancer tout de suite ! Et comme le déménagement prendrait un peu de temps, nous avions planifié cela à janvier !

Puis le trou noir.

Je le sentis distant lors de l'appel qui suivit. Il me rassura :

« Tout va bien ! ».

Puis le suivant, encore plus distant.

Et au rendez-vous téléphonique suivant, il me posa un lapin.

Que se passait-il ? J'envoyais des SMS.

Pas de réponse. Puis le lendemain, je reçus :

« J'étais pas dispo. »

Le lundi, je m'apprêtais à lui dire que la seule chose que j'attendais c'était qu'il me prévienne, par respect, pour que je n'attende pas à côté du téléphone toute la soirée, en m'inquiétant.

Je devais partir à un entretien des *Clowns de l'espoir**.

Je veux entendre sa voix avant et m'assurer que tout va bien, pensais-je.

Sa voix, cette voix jusqu'alors inconnue, se défendit au téléphone « d'être libre et de faire ce qu'il voulait de ses soirées. »

Je ne comprenais rien à ce qui m'arrivait. Le sol se dérobait sous moi. Adossée à ma table de cuisine, je tentai une dernière question « T'as l'air bizarre, il se passe un truc ? »

Sa réponse me figea. Je reçus ses mots comme un coup de poignard. *C'était fini.*

Comment cela se pouvait-il ? Une semaine avant nous étions amoureux transis. J'allais déménager, ma vie et mon avenir prenaient du sens grâce à lui. Noooooonnn !

* Association qui a pour objectif d'améliorer la qualité des séjours hospitaliers des enfants et de prendre soin de la vie, partout où elle se trouve à l'hôpital. Les clowns apportent la joie et le rire aux malades et aux accompagnants.

Telle une zombie, je rejoignis la salle d'entretien des clowns de l'espoir à l'autre bout de la ville.

Je fis de mon mieux mais mon cœur était resté sur le sol devant ma table, piétiné, sans vie. Évidemment, ma candidature ne fut pas retenue.

C'est dégueulasse qu'il me fasse ça, un jour si important pour moi !

J'ai tenté SMS, mails, pour comprendre ce qu'il se passait. Rien. Il écrivit un mail, un seul où il déroulait qu'il ne se voyait pas dans une vie avec « une femme, un chien et une belle voiture », ne méritait pas cette vie là, ne voulait pas d'une vie comme il avait projeté ces deux derniers mois avec moi. Il était bien tout seul. Il avait assez d'obligations à gérer...

J'appris plus tard qu'il avait repris sa relation avec son ex, vivant sur les lieux. La violence du crime m'avait mise à terre. J'avais raconté à tout ceux qui voulaient l'entendre que je préparais mon déménagement pour le sud de la France, que je partais vivre enfin, la vie que je méritais, avec un homme génial.

Tout s'écroula. A nouveau. Mais cette fois, jamais aucune blessure n'avait était si profonde.

Mon cœur, à vif, était brisé.

Je voulais comprendre, là où il n'y avait rien à comprendre. Il a rompu la communication.

J'ai couru chez Oassa, me laissant tomber dans ses bras, lourde comme la terre gorgée d'eau. Je ne me relèverais *jamais* de cette histoire. Insomnies, malaises, hurlements, questions s'en suivirent, sans répit.

J'étais épuisée de cette vie. Épuisée de ces épreuves.

Grâce à l'amour et l'amitié environnant, je sortais la tête de l'eau petit à petit.

Dans certains instants de lucidité, des questions me venaient. *Comment peux-tu être dans un état pareil, comme si tu avais perdu la chair de ta chair alors que tu ne connaissais pas cet homme il y a deux mois ?* Comment j'ai basculé ? J'étais pourtant sûre de moi, je voulais juste me faire plaisir et oser choisir un homme, pour une soirée. Et deux semaines plus tard, on faisait des plans de vie commune.

Que s'est-il passé ?

♡

Moi Emmeline, je suis dépendante affective

« Et quoi que j'apprenne, je ne sais pas
Pourquoi je saigne, et pas toi »
- Jean Jacques Goldman, *Pas toi.*

J'allais mal et me sentais rejetée, abandonnée et surtout, je voulais comprendre.

Avec l'aide d'amis, j'ai tenté de lui écrire deux mails, expliquant mon désarroi et le suppliant de m'en dire plus. J'entendais bien les conseils de mon voisin de bureau, avec qui j'avais tissé une belle relation :

« Les hommes ont besoin de mots clairs, efficaces et pas de questions mitraillettes ni de centaines de lignes à parler des émotions : ça peut les faire fuir ! ».

Je le savais, j'avais moi aussi, souvent regardé le spectacle *Les femmes viennent de Vénus et les hommes de Mars** et j'en avais tiré quelques enseignements très utiles. Oui, les hommes et les femmes, nous n'avons

* livre de John Gray paru en 1992.

pas les mêmes besoins, c'est clair. Mais là, dans le brouhaha de mes émotions négatives et de mes pensées incessantes, je ne dormais plus et j'étais en incapacité de « prendre du recul » comme on me le conseillait sagement.

J'avais néanmoins besoin d'entendre tout cela.

Quelques semaines plus tard, je repris suffisamment mes esprits pour prendre rendez-vous avec ma kinésiologue et amie.

Cette fois-là, la séance débuta avec l'objectif : « Je veux aimer sans m'oublier, aimer sainement.» J'étais lucide sur le fait que je m'étais emballée avec cet homme. Mais c'était tout simplement plus fort que moi. Par amour, j'étais prête à tout. Mais le connaissant depuis peu, était-ce de l'amour ? Un coup de foudre sans doute, oui !

La séance débuta. Entre mon besoin de comprendre et de savoir ce qui se passait, je voulais mettre des mots sur le déchirement que je ressentais en moi suite à cette rupture. Mais aussi sur les ruptures du passé : Guillaume, Anthony et maintenant Xavier... Les mêmes émotions, la même souffrance, les hurlements, l'envie de disparaître de la Terre, la profonde solitude, le besoin qu'on m'aime et me soutienne dans ces épisodes...Si cela se répétait encore et encore, c'est que j'avais quelque chose à comprendre.

Après mes ruptures amoureuses, j'avais éprouvé le besoin de faire des séances de kinésio pour libérer les tensions, le malaise à l'intérieur de moi. Deux fois, allongée, toute habillée sur la table, le bras porté par la main d'Oassa, mon corps avait répondu à coup de « oui » et de « non » aux informations qu'Oassa lisait. Il nous avait emmenées à l'adolescence quand la porte d'amour avait claqué entre ma mère et moi et aussi dans la tendre enfance où je m'étais sentie rejetée et mal aimée par elle, mon père et ma sœur.

Nous avions déjà tout dit, me semble t-il. De ces séances était sorti le terme de *dépendance affective*. Ok, je savais donc qu'il y avait de cela dans mon comportement face aux hommes et dans la relation avec ma sœur… Mais concrètement, j'avais beau savoir ça, *Comment faire pour vivre avec ou m'en débarrasser ???? Ça me pourrit la vie ! Et biaise toutes mes relations avec les hommes…J'en ai marre !*

Cette fois-ci, Oassa demanda à quelle période le corps avait subi un stress ayant cristallisé ces émotions négatives. Celles qui engendraient le comportement de dépendance affective.

Alors qu'elle énonçait les âges « entre aujourd'hui et 20 ans ? » , le muscle du bras fit signe que

« non »

« entre 20 et 10 ans ? », *non*

« entre 10 et 5 ans ? », *non*

« entre 5 ans et la naissance ? », *non*

« entre la naissance et la conception ? » *oui*

Le stress ayant causé un blocage physique et émotionnel avait eu lieu pendant la vie intra-utérine.

C'est dingue ai-je pensé !

« …entre la naissance et le 4ème mois de grossesse ? », *non*

« entre le 4ème mois et le 3ème mois de grossesse ? », *non*

« …entre le 1er mois et la conception ? », *oui*

« à 3 semaines ? », *non*

« à 2 semaines de vie intra-utérine ? », *oui*

Nous y sommes.

Oassa me lit le texte d'une carte explicative que mon corps vient de choisir (toujours en testant avec oui ou non).

« A deux semaines de vie intra-utérine, tu t'es sentie déchirée. Une âme se trouvait avec toi dans le ventre et vous étiez fusionnelles. Cette âme a dû s'en aller. Tu t'es sentie abandonnée…»

Je sens les larmes me monter et dans ce brouillard alors que j'ai les yeux fermés, je ressens et vois une scène. C'est un garçon. Il est comme moi. Pourquoi lui est-il parti ? Pourquoi moi, je suis encore là ? Je voulais partir avec lui ! Je me sentais « un » avec lui.

La recherche de fusion avec un homme dans ma vie vient de là. Je cherche à recréer cette relation d'être « un ». C'est pour cela que j'ai besoin d'un homme, que je veux fusionner avec lui et que je m'y perds totalement. L'évidence m'apparaissait.

Dans cette vision je vois aussi que, dans l'utérus, nous avions mis en commun nos énergies, féminines et masculines. Quand cet enfant a choisi de ne pas venir au monde, il est parti avec une partie de mes énergies vitales et moi, j'ai récupéré certaines lui appartenant. J'ai eu un flash : nos énergies sexuelles s'étaient entremêlées. Je ressentais des sensations comme si je n'avais jamais vraiment eu possession de mon corps de femme, comme si toutes ces années, j'étais coupée entre le bas et le haut de mon corps, coupée en deux.

Incroyable.

Mais vrai.

Raconter une séance de *kinésio* est un exercice compliqué car tout se passe dans un champ subtil. Il s'agit pour moi plus de sensations et de ressentis que de choses concrètes et matérielles. Je faisais confiance à ce qui se passait. Oassa m'a invitée à une visualisation dans laquelle j'imaginais que je rencontrais cette âme, je lui disais au revoir et lui rendais ce qui lui appartenait et récupérait mon corps énergétique, entier.

Dans mon film intérieur, l'échange se fit avec beaucoup d'amour. Je l'ai vu et j'ai pu sentir à la fin un soulagement profond en moi. J'ai inspiré très fort, puis relâché, comme si je relâchais toutes les tensions liées à cet événement qui m'avait suivi depuis 31 ans.

Comment la vie avant la naissance peut-elle influencer une vie d'adulte ? Je vous avoue que, cartésienne comme je l'étais, il n'aurait pas fallu m'en parler quelques années plus tôt. Mais là, j'avais croisé ces dernières années tellement de choses bizarres, étranges, incompréhensibles pour mon mental, que je pouvais croire à presque tout !

J'avais appris à faire confiance à mes ressentis et à mon corps, plus qu'à ma tête.

Ma tête aurait dit « N'importe quoi, j'étais pas née, je peux pas m'en souvenir ! C'est bidon. Et puis ça se saurait si c'était possible, les scientifiques d'aujourd'hui en parleraient...»

Tandis que mon corps disait « J'ai mal au ventre, la douleur est aiguë, comme si on coupait une partie de moi. Je me sens tellement triste. J'ai un nœud et une tension juste là...»

Deux langages pour une même personne. Un langage qui ne peut pas être entendu si on n'écoute pas ce corps. Cela je l'ai appris, avec le temps, comme on apprend à parler une langue. Il y a des grandes bases puis des mots subtils, des expressions toutes faites et des faux amis... De la « mal-à-dire » (maladie), au mal de « Je-Nous » (genoux), du « j'en ai plein le dos » dans un mal de dos...

S'ajoute à cette base toute la diversité d'un corps, unique qui plus est ! J'avais découvert que mieux encore que l'espéranto, ce langage-là était universel !

En attendant, c'était clair que la mémoire logée dans mes cellules, dans mon corps, avait des conséquences inimaginables sur ma vie. Et que, me libérer de ces tensions appelées aussi « stress » en kinésiologie, me facilitait la vie ! Il fallait que je le fasse savoir autour de moi ! Cela pouvait aider tellement de personnes !

J'avais donc eu un frère jumeau ! Sa disparition avait créée de la culpabilité. *Pourquoi moi et pas lui* ? Ce qui me ramenait sacrément à mon histoire avec Chloé et surtout la notion du *manque*. Son absence avait provoqué une recherche inconsciente de fusion dans mes relations, allant jusqu'à créer de la dépendance affective ! J'avais mis des mots et mon mental se réjouissait aussi, de mieux *comprendre* ce qui avait pu causer de tels drames dans ma vie amoureuse. Et dire que 75% des grossesses sont gémellaires ! J'imagine combien de personnes peuvent en souffrir. Peut-être même vous ?

Je repartais de cette séance, remuée mais surtout soulagée d'un poids, d'un nœud au ventre.

Quelques jours plus tard, j'écrivais à Xavier ma gratitude. Grâce à lui, et à ce qui s'était passé entre nous, j'avais pu mettre le doigt sur un morceau énorme de mon histoire.

Je me sentais libérée, une nouvelle femme.

Je me sentais *forte*. Ce mot qui avait déclenché chez moi tellement de tensions pendant des années. J'en avais entendu des gens, dans mon adolescence et plus tard qui disaient :

« Qu'est ce que tu es forte. A ta place, je ne pourrais pas. »

Forte ??? non mais vous rigolez ? J'ai juste pas le choix ! Je ne peux pas faire autrement sinon je meurs.

Voilà *ma* réalité. Je ne me voyais pas forte du tout. Et je détestais ce mot. Et là, juste après cette séance, j'écrivais que je me sentais plus forte. Incroyable ! C'était clair que quelque chose d'énorme avait changé en moi. Et pour la première fois, je m'acceptais en tant que femme forte, alors que jusque là, pour moi, *fort* était un adjectif pour les hommes, rien d'autre.

En rendant *ses affaires* à ce frère jumeau, j'avais récupéré ma féminité et ma sexualité. J'avais maintenant envie de vivre ce que je ne m'étais jamais autorisée avant : rencontrer des hommes, tester des relations sans m'attacher, vivre une vie de femme libre et indépendante affectivement. Toutes ces années, je m'étais considérée comme indépendante.

« Je suis indépendante financièrement, je travaille pour subvenir à mes besoins, sans besoin de personne. Et puis, je ne bois jamais d'alcool, je n'ai jamais pris de drogues, ni fumé. Je suis saine et indépendante dans ma vie ». C'était l'image que j'avais construite pour être au monde.

Je connaissais ce qu'était la dépendance, à l'alcool notamment, de très près. J'ai accompagnée un ami du mieux que j'ai pu, dans ce combat quotidien contre cette dépendance. Les souffrances engendrées, les instants de lucidité, de volonté et les moments de chute brutale, de descente aux enfers, je les connais. Je ne savais pas du tout à l'époque que si j'avais rencontré cette personne, c'est qu'elle m'apportait un *sacré miroir*. J'aurais pu y voir le reflet de ma *dépendance* à moi.

Mais voilà, la dépendance affective, c'est vicieux. Les signes sont moins visibles, voire invisibles. Ils sont émotionnels et non physiques. Pour mes amies, je ne pense pas que ça avait été très visible, sauf en cas de rupture amoureuse où c'était comme une petite mort. Mais dans le couple ou dans mes relations amoureuses en général, cette dépendance était un filtre qui m'avait empêchée d'être vraiment moi.

C'est clair, comme toute dépendance, celui qui est concerné, ne voit pas. Et puis, on n'en parle pas, de cette drogue-là ! Il n'y a pas de centre de désintoxication affective ! Alors que faire, par où aller ?

C'est pour cette raison que j'ai décidé de témoigner, de ce qu'est la dépendance affective et de la souffrance qu'elle provoque. Elle peut contribuer à perdre une vie à rechercher l'homme idéal sans jamais le trouver bien sûr, car tant que nous sommes en souffrance, la vie nous envoie plutôt des personnes qui vont nous renvoyer des reflets pour que nous évoluions et grandissions. Ça je l'avais bien compris.

Je me sentais enfin libre de rencontrer l'amour. Le vrai. Pour le rencontrer, il avait été nécessaire que je me libère des blessures de la dépendante que j'étais. Lise Bourbeau a écrit un livre sur ce sujet, que je vous conseille. *Les Cinq Blessures* aide à identifier les blessures que nous portons chacun en nous et sur nous car notre morphologie en dit long. Pour moi, ce livre était déjà un grand pas pour *comprendre* mais il m'a fallu nettoyer le passé, dans le corps, pour que les effets soient visibles dans ma vie ! Je crois que nous sommes des êtres complexes, dont le le corps est trop souvent mis de côté. Sans ce nettoyage en profondeur, au niveau émotionnel et corporel, nos comportements automatiques restent et nous revivons les choses encore et encore, de plus en plus violemment.

Finalement, grâce à l'épreuve d'avoir à nouveau perdu *l'homme de ma vie,* ma vie affective prit un autre tournant ! J'étais pleine de gratitude pour lui, pour cette *histoire d'amour*, pour la vie !

Et si je pouvais ainsi transformer toutes les épreuves de ma vie *en cadeaux ?*

C'est plus fort que moi !

« J'te promets une histoire différente des autres
J'ai tant besoin d'y croire encore »
- Jean Jacques Goldman, *Je te promets.*

J'étais en guerre contre moi-même.

Maintenant que j'avais conscience de ce qui me faisait souffrir dans mes relations amoureuses depuis toujours, je devais m'en sortir.

La souffrance liée à la rupture d'avec Xavier s'est éteinte du jour au lendemain, ce qui fut la preuve pour moi, qu'on avait touché le juste point en séance avec cette découverte d'un frère jumeau.

J'avais compris, dans ma tête, j'avais senti le soulagement dans mon corps et pourtant tout n'était pas si simple.

J'avais toujours été comme ça. Dans toutes mes relations, j'avais toujours demandé à ce que l'autre soit là pour moi. J'avais toujours voulu que l'autre me montre son amour. J'avais toujours voulu faire les choses avec lui. Je m'étais toujours sentie abandonnée lorsqu'il avait quelque chose de prévu et qu'il partait sans moi. J'avais toujours envoyé des sms pour être rassurée en retour. Ces comportements faisaient partie de moi, alors comment m'en défaire ?

J'eus la chance de rencontrer Marion, qui m'a mise entre les mains un livre extra, ni philosophique, ni profond mais tellement vrai ! Ce livre s'appelle *Pourquoi les hommes adorent les chieuses* de Sherry Argov. Ce livre, venant après des quantités de livres profonds, intenses, riches de sens, arrivait comme une détente ludique. C'était sans compter sur le fait que ce livre détenait des mots tellement proches de ma réalité, qu'il était exactement fait pour moi.

Je me reconnus dès les premières pages, établissant le portrait robot de la femme qui veut trouver le grand amour. J'appris que ce type de femme dont je faisais clairement partie, faisait fuir les prétendants ! Et que nous étions nombreuses, Mesdames !

Par exemple. Alors que je mettais les petits plats dans les grands dès la première invitation, voulant séduire l'autre, j'appris qu'une bonne pizza à emporter était sans doute le meilleur repas à servir à un homme à conquérir. Messieurs, ne vous sentez en aucun cas vexés, je vous assure que quand on croit qu'il faut montrer qu'on est parfaite dès le premier soir pour donner envie à un homme de revenir, et bien c'est une nouvelle « légère » et caricaturale, mais tellement libératrice !

Ce livre plein de bon sens, m'accompagna l'année qui suivit. J'avais décidé de rencontrer des hommes, pour en établir un panel suffisant qui me permettrait de mieux comprendre ce qui m'attirait chez certains et me révulsait chez d'autres. Je décidais de profiter du miroir que chaque rencontre avait à m'offrir.

J'avais toujours été sur le mauvais chemin, alors il me fallait tout réapprendre de zéro.

Apprendre à connaître mieux les hommes, à m'intéresser vraiment à eux et à leur fonctionnement fut une expérience très enrichissante ! J'en profitais pour tester et expérimenter les conseils du livre, un peu à la manière de recettes de cuisine, le résultat obtenu était proche de ce que décrivait le livre : incroyable mais vrai, ces trucs fonctionnaient !

Je m'amusais de ces expériences qui, je vous rassure, s'en tenait à quand écrire le premier sms, comment répondre à une invitation... Merci Marion, de m'avoir offert ce livre incroyablement simple voire simpliste, qui peut devenir une véritable Bible pour toutes les femmes en quête de l'Amour. Il me semble qu'à l'école, dans les programmes, il devrait y avoir ce genre d'enseignement : comment vivre en tant que citoyen, c'est bien, mais comment vivre au quotidien avec le sexe opposé, c'est vital !

Je profitai de cette période de célibat pour plonger au plus profond de mes expériences passées. Je voulais en tirer les enseignements qui me permettraient de rencontrer enfin La bonne personne. Je voulais me nettoyer de ces comportements de dépendante et pour cela, l'expédition ressemblait à de la spéléologie. J'ai plongé dans les méandres de mes comportements les plus sombres.

Je recontactais les moments de ma vie où j'avais eu des comportements disproportionnés par rapport aux faits.

Bien sûr, il y avait eu la rupture avec Xavier que je connaissais à peine et aussi les excès de colère et de cris. J'avais parfois hurlé et lancé des insultes aux hommes avec qui j'avais vécu. J'avais souvent critiqué les moindres faits et gestes de ces hommes, n'étant jamais satisfaite, j'avais mon avis sur tout et je leur exprimais comme si je les prenais pour des idiots. *Oui j'avais fait tout ça*. J'avais honte mais c'était plus fort que moi.

Je sentais aussi avec quelle soudaineté, ces comportements négatifs pouvaient survenir, alors même que je me sentais dans l'amour. Pire que ça, c'est telle une allumette que l'étincelle partait, suite à une remarque de mon compagnon. Et me voilà transformée en tornade, en femme mesquine et méchante. Était-ce vraiment *moi* ?

J'avais appris dans les différentes conférences et livres, qu'en moi il y avait la petite fille blessée dont il faut s'occuper, le corps, l'esprit, le mental, l'âme et l'ego.

Tout cela me paraissait lourd à gérer pour une simple fille comme moi. Mais bon, chemin faisant, je sentais comme certaines choses que je croyais trop difficiles ou impossibles avant, étaient devenues réalité, alors, cette fois, il en serait ainsi.

Je me rendais compte que j'avais beau suivre les conseils pour les premiers rendez-vous, si quelqu'un me plaisait vraiment, les comportements anciens avaient tendance à refaire surface. Et l'échec avec eux !

Je m'étais jurée de ne jamais passer par internet pour faire de rencontres et pourtant, parce que cela me dérangeait, j'ai fini par me dire : « Puisque je n'ai pas du tout envie de le faire, je vais le faire ».

Je mettais en pratique le principe selon lequel toute émotion négative était une potentielle source d'apprentissage, alors je me lançais. Je ne croyais absolument pas que l'on puisse trouver un prince charmant sur un site fait comme au supermarché : les rayons, les têtes de gondoles, tout y était ! Je trouvais cela terriblement dégradant.

En en discutant avec un cousin, il m'apprit que ça faisait rire les mecs, ce truc là. La légèreté leur plaisait. Ah oui ? Eh bien, je n'avais rien compris, c'est clair, car pour moi, rencontrer un homme était une chose sérieuse, qui demandait respect et investissement. Ok ok j'en apprenais donc de plus en plus et me lançais dans l'aventure des sites de rencontres.

Heureuse d'avoir testé l'expérience, au bout de quelques mois, je sus que j'en avais fait le tour. J'avais retenu la leçon : légèreté ! La vie est un jeu ! et le jeu dans ma vie amenait son lot de joie et de sourires, alors ce que j'avais appris était génial, mais suffisant.

Je pris la décision, après ces 6 mois de me concentrer sur moi et ma nouvelle carrière professionnelle et me fis cette promesse. J'avais quitté mon travail d'architecte pour me dédier à l'accompagnement et au coaching par la créativité. J'avais aussi des projets et rêves à réaliser : partir au Canada, faire un stage pendant mes vacances, lancer un site internet...

Bref, j'avais largement de quoi m'occuper et j'étais enthousiaste rien que de penser à tous ces projets. En fait, en août 2015 c'était clair : Je n'avais pas besoin d'un homme dans ma vie, « Je suis heureuse et libre, ainsi. » Quel soulagement d'oser me dire cela aussi clairement ! Ce n'était pas la résignation que je connaissais, genre *aucun homme n'est fait pour moi, je finirai toute seule alors autant abandonner mes recherches, mais plutôt J'ai confiance que si je dois rencontrer un homme et fonder une famille, cela m'arrivera sans effort !* Et puis franchement pas maintenant, c'est pas le moment. Maintenant c'est *moi d 'abord !*

Je m'aperçus à quel point j'avais toujours mobilisé un coin de ma tête, en forme de radar à hommes. Ou que j'aille, cette partie de moi était à l'affût de l'homme « potentiel ». Me libérer de ces pensées polluantes me fit le plus grand bien.

En fait, j'avais arrêter de chercher, j'avais *lâcher prise.*

Lâcher prise ? Je détestais cette expression ! On me la rabâchait régulièrement aux oreilles mais aussi dans les magazines à la mode... Lâcher prise est la clef !

Bah oui facile, mais on fait comment pour lâcher prise ?

Je suivais une formation en art thérapie depuis un an et justement ce jour là, la formatrice nous proposa un exercice original. Sur des plaques en verre, avec pour seuls instruments des cures dents, trombones et de l'encre de chine nous devions, sur une musique, laisser aller notre créativité. Guidée par les mains et le noir au bout de ma brosse à dents, c'était très agréable.

De fil en aiguille, au cours de la séance, des choses remontaient à ma conscience. C'était pas si facile au début de fermer les yeux, de me laisser aller. Puis la musique m'avait portée.

J'avais lâcher prise ! J'avais osé ne pas regarder et fermer les yeux, sans intérêt pour le résultat. Je m'étais laissée porter par les notes. Je sentais que dès qu'il y avait de la musique, mon corps et mon esprit réagissaient autrement. Plus détendue, plus rien n'était grave ou difficile. J'étais là et je profitais de l'instant, de ce beau cadeau !

Que c'était bon de lâcher prise !

Le fait de l'avoir expérimenté dans ce contexte ludique et créatif a eu des impacts évidents sur ma vie. A la manière d'une baguette magique, mon inconscient avait entendu le message : je me sens bien quand je lâche. Et de plus en plus, je lâchais. J'acceptais les choses telles qu'elles étaient dans certains domaines de ma vie. J'étais déjà convaincue par la force des outils de l'art thérapie mais encore une fois, j'étais émerveillée de pouvoir passer des moments si plaisants, en m'amusant et régler autant de choses dans ma vie grâce à ça ! Cela me confortait dans le fait que je voulais diffuser ces outils géniaux et légers au monde entier !

Le fait de lâcher, d'accepter, de revenir à mon corps, me donnait un accès de plus en plus fréquent à l'âme en moi, cette part qui aime rire, danser, chanter. C'est cette part de moi qui est pleine d'amour pour moi et pour l'humanité. Lorsque je vivais des instants avec cette part de moi, je sentais comme rien d'autre n'avait d'importance. Ni mon travail, ni mon emploi du temps, ni les hommes, ni les difficultés avec ma famille. Cela n'existait même plus en fait. Dans cet état de profond bien-être, je n'avais besoin de rien. Je mis en place dans ma vie des rituels, de danse, de lecture et de méditation tous les matins. Depuis que j'étais rentrée d'Inde, j'avais pris l'habitude de me lever à 6h pour méditer mais j'avais un peu abandonné avec l'arrivée de l'hiver. Je me sentais tellement plus vivante quand je me levais tôt et que je passais un temps pour moi, que je repris motivation et courage : j'allais courir au réveil, 5 minutes puis je faisais des étirements puis je méditais, je dansais, je dessinais devant les portes au hasard de mon chemin** puis je me préparais pour commencer ma journée de travail, pour donner vie à mes projets. En 2016, je trouvais encore plus de motivation à courir aux aurores en distribuant du bonheur au pied d'une porte au hasard de mon chemin.*

Me connecter à cette part paisible en moi m'a permis de me rendre compte qu'à plein d'autres moments, dans les interactions avec les autres

* DBAMP : Du Bonheur A Ma Porte sur Youtube : https://youtu.be/2uRU1icG8aI

notamment, je n'étais pas dans cet état. Face à certaines situations, je ne voyais pas d'autre solution que de travailler dur, que de convaincre, forcer les choses, répondant à cette part de moi qui disait : Pour y arriver il faut en baver !

Dans cet état, le stress montait, le sommeil était moins récupérateur et je sombrais sans m'en rendre compte dans une période où je me plongeais tête baissée dans mes listes à rallonge, laissant loin derrière moi cette part de calme et de paix que j'avais rencontré.

C'est ainsi que je fis la rencontre avec l'ego en moi.

Il répondait à ce perfectionnisme que je devinais, à cette envie et besoin de bien faire, de faire dans l'urgence car sinon, plus tard, il sera trop tard ! Mais personne ne me le disait et puis j'aurais été la première personne à dire à une amie :

« Prend le temps, garde confiance, tout ça va se mettre en place tout seul, si c'est ce que tu veux vraiment. »

Mais plongée dans la situation, c'était beaucoup plus difficile pour moi d'y voir clair !

J'avais rencontré cette part de moi, lumineuse et je pouvais commencer à observer quand elle disparaissait au profit de ce petit juge intérieur qu'est l'ego. J'observais à quel moment exactement, les choses prenaient un autre tournant. A quel moment le vent tournait. J'observais mes pensées mais aussi mon mode de vie, mon sommeil, ma nourriture. Plein de choses influençaient cet état mais surtout l'ego était réveillé en un claquement de doigt dès que je me sentais en danger. Danger de ne pas réussir, de ne pas être aimée, de ne pas avoir d'argent ? C'est ça, dès que j'avais peur de quelque chose, je pouvais être sûre que ce n'était pas l'âme en moi qui a profondément confiance, mais bien cette part qui veut me protéger des agressions extérieures. Celles-ci réveillaient donc l'ego. Telle une alarme de réveil qui se déclenche. Je passais du calme ensommeillé au bruit assourdissant.

Et en fait, comme un réveil, j'apprenais que, s'il avait été enclenché, il pouvait être désactivé ! Simple comme principe !

Le tout était de prendre conscience de ce qui l'avait réveillé, de dialoguer avec cet ego, cette part qui avait peur pour moi et une fois rassuré, il repartait se coucher !

Alors que j'avais dénigré et détesté cette part de moi, j'apprenais jour après jour que c'était en communiquant avec elle, en lui demandant ce dont elle avait besoin, que tout s'apaisait et que le cours normal de ma vie pouvait reprendre. Sans stress, sans peur, sans jugement.

L'ego est un terme qu'on emploie un peu négativement. « Quel ego surdimensionné, il a celui-là » ...

Dans notre société, on dirait que certains ont un ego et d'autres non. Eh bien non, l'ego est en chacun de nous. C'est cette part de nous qui enfant nous a protégé des agressions extérieures. Par agressions, j'entends ces choses que nous avons perçues enfant et qui ne nous convenaient pas. En fait, nous grandissons parfois dans des environnements où nous avons l'impression que pour être aimés, il nous faut être comme ci ou comme ça.

Dans mon cas, c'était de faire « comme un garçon » pour être aimée de mon père et « comme aurait fait Chloé » pour être aimée par ma mère. Mais en fait, cela aurait pu être aussi, par exemple, si ma mère avait été médecin, que je fasse médecine en espérant être encore plus aimable à ses yeux. L'ego alors se construit pour nous protéger de ces attentes extérieures que nous croyons percevoir .

Mais ce qui est une protection enfant peut devenir une prison adulte. Cette fameuse cage aux barreaux dorés certes, nous nous y sommes sentis bien tout un temps. Maintenant que nous voulons vivre notre vie et réaliser nos projets, l'ego nous alerte régulièrement sur les risques. Il a peur, peur que nous retombions dans le panneau, peur que nous ayons mal à nouveau; c'est pour cela qu'il met des défenses en place. Ces défenses prennent la forme de comportements vifs, de colère ou de replis...

Or, il a besoin d'être reconnu pour ce qu'il a fait de bon pour nous et d'être remercié et rassuré. Communiquer, rentrer dans un dialogue avec lui par exemple, c'est ce que je vous propose à la fin de ce livre, dans les ateliers de la METAMORPH'OSE. Je vous mets sur la voie pour créer une relation consciente afin de ne plus être dirigé par l'ego et ses automatismes :

Un exemple :

Mon homme me dit : « Je vais contacter mon ex ».

Je réponds : « Ah bon et pour quoi faire ? » Alors qu'avant j'aurai réagi instinctivement en me terrant dans un silence, me sentant rejetée par lui ! *C'est sûr que s'il dit ça c'est qu'il ne m'aime pas.*

Imaginez-vous que vous êtes enfant. Vous avez un meilleur ami, plus âgé et plus sage que vous. A l'école vous êtes parfois chahuté par d'autres enfants. Cet ami est toujours là pour vous, pour vous défendre ou vous consoler. Il vous protège et vous rassure qu'il sera toujours là pour vous. Vous grandissez, au collège, il est toujours là. Vous savez que vous pouvez compter sur lui ! Quand il y a quelque chose qui ne vous convient pas, il prend votre défense face aux grands et agressions extérieures. Il vous aide à devenir celui ou celle qu'il vaut mieux être pour ne plus être embêté. Il vous donne des tuyaux, des conseils !

Imaginez maintenant que vous êtes adulte, marié et dans un milieu professionnel qui vous plaît. Bon, parfois des tensions dans le couple vous mettent hors de vous, mais le calme revient. Seulement cette fois là, votre conjoint vous gonfle, à toujours vous demander la même chose. Vous vous sentez agressé.

Devinez qui fait surface ? Votre cher ami ! Comme il l'a toujours fait, il va vous défendre, quitte à mettre les coups de pieds de votre adolescence dans le front du coupable ou dire un truc du genre

« De toute façon, tu me fais toujours des réflexions, j'en ai ma claque de toi.» Car plus jeune, il valait mieux s'éloigner de ceux qui faisaient souffrir. L'ego vous emmenait sur sa mob, prendre la poudre d'escampette en plein champ et ça vous rendait libre et heureux! C'est tentant !

Oui mais là, face à cette personne que vous aimez profondément, peut-être que l'ego y est allé un peu fort . Vous n'avez pas envie de fuir cette personne que vous aimez, juste de mieux vous faire comprendre et respecter par elle...

Voilà comment l'ego peut devenir vraiment collant, possessif et violent.

Mais cet ami, ne pensez vous pas qu'il serait simplement plus judicieux de lui parler ? De lui expliquer que, dans cette situation précise, vous n'avez pas besoin de lui. Rassurez-le et montrez lui que vous savez agir et vous défendre seul.

C'est ainsi, en prenant conscience de sa présence, juste en observant, puis en tentant de créer le contact avec lui que j'ai mieux compris ce qui m'était arrivé, toutes ces années.

Ayant dû me protéger pour ne pas trop souffrir enfant, de l'absence, du rejet et de l'abandon, il m'avait surprotégé. Nous avions, ensemble, créé une équipe soudée dans laquelle il avait pour mission de repousser tous les dangers, de m'aider à fuir les personnes et situations qui me faisaient du mal, de mettre à l'abri de l'environnement hostile, l'âme pure que j'étais, enfant, cherchant simplement l'amour de mes proches. Il m'avait aidée à mettre en place une zone de contrôle, en faisant passer un entretien poussé à toute nouvelle personne ou chose qui voulait s'approcher de moi. C'est ainsi que je me suis retrouvée seule car les entretiens n'étaient sans doute pas fructueux et présentaient des risques pour mon équilibre, celui que nous avions créé ensemble lui et moi.

Dans les couples, il avait gardé sa place, contrôlant ma vie, mais aussi celle de l'autre et notre vie commune. Perdre le contrôle, c'était perdre pied et aller vers quelque chose d'inconnu, donc pas question de lâcher cette part de moi qui m'avait sauvée la vie !

Voici comment l'ego a dirigé ma vie un grand nombre d'années, jusqu'à ce que la communication, l'écoute m'apparaisse comme la meilleure solution. En fait, si tout-à-coup il apparaissait, c'est qu'il y avait danger d'après lui. Puisqu'il le faisait pour me protéger, c'était à moi de lui poser les nouvelles règles du jeu. Ce que je fis. Et petit à petit, il trouva une nouvelle place tout aussi proche car il a besoin de moi comme j'ai besoin de lui; mais cette fois, il me laisse conduire le scooter et prends place à l'arrière.

Il n'a pas les commandes, ni le GPS pour définir la direction. J'ai repris la maîtrise de ma vie, c'est-à-dire repris contact avec ce que je veux pour moi et j'ai lâché le contrôle d'un maximum de choses. Mais je ne vais pas vous mentir, ce chemin est un apprentissage, c'est en testant que les choses avancent, c'est en tombant que je m'aperçois que mon ami vient de me faire un croche-pieds...

Mais je ne lui en veux pas. Lui en vouloir serait en vouloir à une part de moi et une part de moi, c'est moi, alors lui en vouloir, c'est m'en vouloir. Le climat de tension et de guerre intérieure, je l'ai vécu et je sais qu'il ne laisse derrière lui que le désert relationnel et sentimental. Alors, j'ai décidé d'aimer cette part sombre de l'égo.

Coupée de la source d'amour autour de moi, ma mère m'ayant abandonnée, mon père ne m'ayant jamais dit « je t'aime » ou pris dans ses bras, ma sœur ayant disparue de mon paysage, les hommes m'ayant quittée, je n'avais aucun autre choix pour survivre, de trouver en moi cette source d'amour infini. Celle qui coule en chacun de nous, être humain car la vie même est amour. M'aimer moi, aimer toutes les parts de moi, c'était trouver l'indépendance affective. Me sentir aimée de l'Univers, c'était me libérer du besoin d'être aimée à tout prix. Je commençais à construire cette réalité, mais surtout, je l'expérimentais jour après jour.

Certains me demandaient : « Tu dis que la clef est de s'aimer, *mais comment fait-on pour s'aimer ?* »

Chapitre 7

Pas à Pas

Comment trouver la confiance ?

Transformer

« Mais savoir donner, donner sans reprendre,
Ne rien faire qu'apprendre, apprendre à aimer.»
- Florent Pagny, *Savoir aimer.*

Tout au long de l'enfance et de l'adolescence, j'avais tellement vécu dans le néant et l'absence de l'Amour que je n'y croyais pas. Je ne savais pas ce que c'était. Et ici, je ne parle pas de l'amour amoureux auquel je ne comprenais rien non plus. Je parle de cet amour qui aide un enfant à se construire. Un sourire, des bras, des câlins, des partages, des échanges, de l'écoute, de l'attention, du soutien, tout cela construit l'amour et donne des bases à l'enfant.

Sans cet amour, l'enfant ne trouve pas de repère, il se construit en compensant. Il érige un fonctionnement, des comportements qui font grandir trop vite, liés à l'égo.

A 17 ans, alors que mon père se séparait de Monique ma belle-mère, j'avais apprécié le temps passé avec lui. J'avais espéré que ce temps à vivre à deux, nous permettrait de nous rapprocher. Mais pas plus que ça. J'avais fait l'effort de regarder des séries qui ne m'intéressaient pas, pour être avec lui ou préparer des canards à l'orange que je détestais moi-même. Je voulais me montrer à la hauteur, je voulais lui montrer que j'étais devenue une femme et que je savais prendre soin d'une maison, puisque cela semblait très important pour *être* une femme à ses yeux.

Je me réjouissais donc, même si je passais le bac à cette période et que je n'avais pas beaucoup de temps entre la préparation des repas, le ménage, le repassage et les révisions. Je courais d'une activité à l'autre dans l'espoir de lui faire plaisir et j'aspirais à la fin des examens pour passer un peu plus de temps avec lui, seul à seul.

Un jour, ma sœur et lui m'emmenèrent à Lille, me promettant une surprise. Nous sommes arrivés à côté de l'immeuble de mon père, dans lequel vivait ma sœur, boulevard Victor Hugo, et sommes montés dans la maison voisine.

Tout en haut, dans un studio à la mine défraîchie, tenu par deux personnes âgées, mon père et ma sœur, postés devant moi, m'annoncent que cet appartement est pour moi. Pour commencer mes études d'architecture.

Le choc. *Moi*, je veux profiter du temps avec *mon père !* et eux, sans me consulter, avaient imaginé *mon* futur en m'expulsant là !

J'ai dû avoir une mine déconfite car mon père et elle ont eu l'air vexés et m'ont lancé :

« T'es jamais contente ! C'est dingue ça, tout le monde rêverait d'avoir cet appart ! »

Eh bien, pas moi.

Je me sentais rejetée, écartée de la vie de mon père. Nous avions enfin l'occasion de nous rapprocher et lui me mettait dehors, à nouveau !

J'en pleurai et les mots ne sortirent pas au repas qui suivit. Il ne pouvait pas entendre mon point de vue. Et ils avaient décidé pour moi. Comment ma propre sœur pouvait-elle participer à de telles décisions ?

Et de quel droit ? Tous deux devant moi, annonçant la nouvelle qui *devait* me faire sauter de joie, ils avaient l'air d'un couple parental. Je ne comprenais pas quelle place ma sœur occupait et quel rôle elle jouait alors. Il m'apparut qu'elle se prenait pour ma mère et cela me fit ressentir beaucoup d'injustice et de colère.

Ces émotions bien enfouies en moi, je verrouillai la fermeture éclair, celle qui ne laisse sortir aucun mot, sous peine de représailles paternelles. La peur que ses réactions m'inspirait, me faisait toujours choisir le silence, mon seul recours. Faire comme si... accepter.

De toute façon, je n'avais pas d'alternative.

Néanmoins, je tenais à dire à ma sœur la souffrance qu'engendrait leur décision. Je voulais mettre des mots sur ce que cette surprise merveilleuse pour eux, réveillait en moi. Injustice et rejet. On ne m'écoutait jamais.

Me souvenir de ces moments d'extrême solitude m'a aidée à les transformer. En groupe de thérapie, j'ai connu les méthodes de ce qu'on appelle psychodrame et constellation familiale. Cette méthode permet un peu à la manière d'une pièce de théâtre de rejouer une scène difficile ou traumatisante de notre vie pour la transformer. La scène que je fis rejouer à d'autres personnes sous mes yeux, était donc cette scène du studio qui allait devenir mon logement. J'avais à peine 17 ans le jour de la première et cette fois j'en avais 29.

Je plaçai les personnages de l'histoire et expliquai les grandes lignes de ce qui s'était joué ce jour là. J'exprimai les émotions qui m'avaient traversée et la scène se joua, à nouveau sous mes yeux.

Tout était là. C'était comme si j'avais mon père et ma sœur en face de moi. Les participants incarnaient les attitudes et comportements étonnamment proches de ce que j'avais vécu. En revivant ce moment, mes larmes purent cette fois sortir. Elles coulèrent abondamment sur mon visage.

L'accompagnatrice, Christine, arrêta la scène et j'eus du temps pour expliquer tout ce que je voulais, ce qui se passait alors en moi, les émotions qui étaient là... Et puis elle me demanda, de quoi j'avais besoin. Je partageai au groupe que j'avais besoin d'exprimer mon point de vue et d'être entendue. Je voulais être concertée dans ce choix important dans *ma* vie.

La scène reprit et cette fois, je laissais les mots sortir.

« Je voulais juste avoir du temps avec toi, papa...c'était l'occasion rêvée pour moi, de mieux te connaître. Dans cette situation, je me sens anéantie car j'ai l'impression que tu ne m'aimes pas, que tu te débarrasses de moi. »

Les doublures eurent leur mot à dire. Se laissant traverser par ce qu'ils ressentaient, ils étaient invités à dire ce qu'il se passait en eux dans cette scène.

En réponse à mes mots, je reçus des nouveaux points de vue.

« Ma sœur » exprima combien elle se sentait coincée là, à côté de notre père. Qu'elle se trouvait comme collée à lui et avait besoin de se sentir un peu comme la femme, la mère. Elle exprima son malaise dans cette position et s'éloigna un peu.

« Mon père » lui, écouta jusqu'au bout mon monologue ce qui déjà était une nouveauté incroyablement libératrice pour moi. Il dit quelque mots, sur le fait qu'il se sentait perdu face à moi, qu'il ne savait pas comment me faire plaisir ni quoi faire.

Ces mots m'apaisèrent.

La scène rejouée, avait permis de clarifier et de transformer la fin. Un peu comme un film dont on peut décider de faire mourir le héros ou pas. J'avais décidé que l'héroïne vivrait. Elle avait le droit de dire son désaccord et de se faire entendre.

J'avais rendu justice à l'Emmeline sans défense postée devant ces deux personnes autoritaires. Revivre certains événements de cette manière, c'était libérateur !

Je me sentais apaisée et plus forte.

Si j'avais su dire non une fois, je pourrais le faire une seconde fois.

C'est dans ces mêmes exercices de groupe que je me suis retrouvée actrice pour une autre personne. Je jouais alors la mère qui avait abandonné son petit garçon sur le bord de la route. Moi, j'avais eu la chance de me libérer grâce à ces expériences et j'étais emplie de gratitude pour ceux et celles qui s'étaient prêtés au jeu. Ils avaient accepté de jouer mes bourreaux, j'acceptais volontiers de jouer le bourreau de quiconque, pourvu qu'il puisse sentir le bien que cela faisait, de transformer.

La mère que j'incarnais, était au volant de sa voiture. Elle s'était arrêtée soudainement et avait dit aux enfants de sortir de la voiture. Cramponnée au volant imaginaire, j'avais senti le désespoir s'emparer de moi. Je sentais comme je n'avais pas le choix. Ils seraient tellement malheureux avec moi. J'étais incapable de m'occuper d'eux. Je me sentais vide, incapable, au bout du rouleau.

J'allais démarrer en trombe, laissant mes enfants sans défense sur le bord de la route, sans regarder dans mon rétroviseur.

Mais Christine arrêta la scène à cet instant.

Chacun s'exprima sur ce qui se passait, à l'extérieur comme à l'intérieur de lui. Cette scène permit au garçon abandonné de poser des mots sur les ressentis et émotions face à cette mère qui s'en va. Le garçon abandonné, s'offrait une deuxième chance, une chance de parler, de dire sa douleur, sa peur, son incompréhension, sa colère.

Mal à l'aise dans mon rôle, j'annonçai que je me sentais avoir pris la meilleure décision possible dans mon état. Je me sentais vide et incapable de m'occuper de mes enfants et j'avais senti que c'est ce que j'avais de mieux à faire. Jouer cette scène m'avait procuré l'occasion extraordinaire de comprendre une mère qui laisse ses enfants sur le bord de la route et symboliquement, celle qui claque la porte me laissant sur le trottoir, choquée et perdue.

Je me sentais soulagée de mieux comprendre ce qui avait pu se passer pour que ma mère ait ce geste de désespoir. Ce moment intense participa grandement à me faire avancer. Elle avait fait du mieux qu'elle pouvait. Un jour, je pourrai peut être pardonner son geste à ma mère.

Ces expériences inimaginables quelques temps avant, étaient des cadeaux magnifiques pour moi et les autres. J'apprenais que je pouvais transformer les épreuves de ma vie pour avoir moins mal. *Je peux me libérer des barreaux de cette vie de horrible.* J'étais capable de vider encore et encore mon sac de tous ses mots, ceux qui m'avaient profondément blessée. Je pouvais rendre les mots à leur expéditeur, leur dire mon désaccord et tout cela dans un cadre bienveillant. J'apprenais que me libérer, même dans une scène, un jeu comme au théâtre, m'allégeait dans la vraie vie.

Face à mon père et ma sœur, je me sentais plus forte. Je sentais que j'avais ma place pour dire « non » ou « pas comme ça ». Je prenais confiance en moi. Je pouvais vivre ma vie comme je l'entends !

Peu importe que les autres changent ou non, *je* pouvais *moi,* tout changer !

J'avais des rêves

« Dans notre monde à nous
Le soleil est partout dans chacun de nous »
- Charts, *Notre monde à nous.*

Cet enthousiasme était bien là.
Mais aussi les creux de vague.

Les instants de doute, je pensais : *Rien n'avance comme je voudrais, Je me sens toujours aussi coincée dans une vie sans plaisir, sans joie...*

Je replongeais ainsi, dans mes croyances négatives et mon passé victimisant pendant de longues périodes.

J'ai toujours aimé les contes pour enfant et cela commence souvent ainsi :

« Elle était belle, généreuse et sincère. Elle adorait les dimanches après-midi et aimait se balader au bord du lac pour y espionner les canards. C'était là qu'elle se sentait le mieux, loin de la ville. »

Vous avez sans doute déjà tous lu une histoire de ce type. Moi, plein. Une histoire ou un conte commence avec la description plus ou moins précise d'un personnage, à travers ses qualités, ses traits de personnalité. On fait état de ses émotions et de ses valeurs profondes.

Son histoire, à cette *princesse*, n'a rien de différent de la mienne et de la vôtre. En fait, elle EST ce qu'elle est. Tout est pur, tout est beau. Comme vous et moi.

Puis elle vit des épreuves et rencontre des difficultés : une belle mère acariâtre, un prince charmant qui n'arrive pas, une méchante qui tente de l'évincer du royaume... *Quelle différence entre elle et moi ?*

Aucune différence. Nous naissons tous, en être unique et merveilleux. Notre histoire nous est propre, personnelle et intime. Elle nous caractérise, dresse un portrait de nous. Mais en fait, quel portrait ?

Bébés, nous sommes la vie incarnée, le bonheur de nos parents, famille et amis. Les yeux adultes se posent sur ces nourrissons et se disent : «waouh, à cet âge, tout est possible ! ». Oui, tout est possible.

Mais, moi, maintenant que j'ai vécu ce divorce, que j'ai eu ces parents là, que ma mère m'a abandonnée, que je ne rencontre pas l'Amour, que je fais un boulot de contraintes, que je n'ai jamais eu les enfants dont je rêvais... Eh bien pour moi, *tout est impossible.*

Devant ce nouveau né, avec nostalgie, je pense : « A cet âge tout est possible. Si seulement tout pouvait être réécrit...»

Oui mais non.

« C'est impossible, la vie est comme ça, c'est mon destin, c'est ce que je mérite. Nous ne naissons pas tous égaux. Ma vie est *compliquée...*»

Des croyances et des phrases de ce type, je pourrais en écrire des pages et des pages ! J'ai des carnets entiers de mots et de phrases de désespoir. Je baissais régulièrement les bras devant les épreuves qui m'arrivaient, encore *à moi.*

Vous en connaissez sans doute des phrases qui plombent : Je suis comme ça, je n'y peux rien ! Je ne peux rien changer ! J'y arriverai jamais !

CHAPITRE 7 - PAS À PAS

A cause de mon enfance difficile, abandonnée par ma mère, j'avais du grandir seule. Je ne voyais pas d'avenir. Pas d'avenir heureux. La simple énonciation de ce mot *heureux* ne m'évoquait rien. Je m'efforçais de vivre un jour après l'autre mais facile à dire !

Je regardais l'avenir, *Oh pitié, qu'est ce qui va encore m'arriver ?* J'avais peur de tout. De la vie, des autres, de rater, de faire mal, de ne pas trouver un homme qui m'aime (que j'aime, je ne me posais même pas la question !).

La vie continuait ainsi. J'avais tenté de m'en sortir, mais elle allait passer à travers moi, sans même que je me sente en vie. Je n'avais aucune en*vie*.

Oui, j'avais bien rêvé, à 7 ou 8 ans. Et depuis, plus rien. Ces rêves de gamine de devenir peintre, danseuse, chanteuse étaient des sottises de petite fille, rien de sérieux. C'était ce dont rêvent toutes les petites filles, habillées de rose, dans leur robe de princesse.

Moi, j'étais plutôt déguisée en pirate ou en clown et pourtant, secrètement, je rêvais de devenir une grande artiste.

« Au placard les souvenirs qui font du mal ! », voilà ce que j'en avais fait, de mes rêves. Pour mon bien.

Comme je vous l'ai dit, déposer les grains de sable de mon histoire, m'avait redonné l'envie (entendez « en vie ») de chanter.

J'ai renoué avec le chant en prenant des cours à La Voix Lactée à Lille. Les méthodes étaient efficaces et les cours adaptés à mes besoins.

Grâce à ces cours, j'avais intégré un groupe, j'osais chanter seule sur scène dans les bars malgré la trouille qui me clouait, immobile sur scène. J'avais dépassé, amélioré ma présence et ma voix, car j'étais soutenue par les autres élèves et amis.

Entre nous, tout était plus facile. Je retrouvais cet espèce de cocon bienveillant qui me faisait du bien et me permettait de laisser éclore ma voix. Je trouvais un peu plus de confiance et d'assurance dans les prestations, laissant les fausses notes et trous de mémoire derrière moi.

Oui, les premières fois, j'avais oublié tout mon texte, j'avais rougi, j'avais grimacé... Morte de honte sous le regard du public, j'avais été au bord des larmes.

Je contactais enfin après 3 ans, le plaisir de chanter. Lâcher la pression et l'envie de faire parfaitement avait ouvert une porte nouvelle vers l'avenir.

Je voulais chanter, encore et encore, c'est pourquoi j'avais intégré un groupe de reprises rock. Un beau travail de trouver sa place dans un groupe de 6 hommes ! Deux chanteurs c'était parfait pour moi, je pouvais donc rester un peu discrète en retrait et apprendre du chanteur à mes côtés.

Je me sentais bien car je n'étais pas toute seule au devant de scène. Je le remercie de m'avoir boostée autant. Il avait une énergie à revendre et je m'en inspirais pour prendre ma place dans le groupe. Magnifique expérience que j'employais comme un cadeau de la vie pour transformer et m'aider à traverser mes difficultés, ma timidité...

J'ai pu me voir aussi, sous un autre point de vue pour la première fois. Nous filmions les quelques concerts que nous jouions et j'avais l'occasion de voir vraiment ce que je dégageais. Je vis clairement les décalages entre ce qui naissait en moi : confiance, amour de moi et ce qui paraissait au monde : coincée dans mon corps, raide et peu expressive.

Encore une belle piste de travail s'offrait à moi !

Sans m'en rendre compte, je réalisais peu à peu ce rêve, de devenir chanteuse ! Oui, après tout je n'avais jamais dit que je voulais gagner ma vie en tant que chanteuse.

J'avais rêvé d'*être chanteuse.*

J'étais chanteuse.

Merveilleux !

Je sentais comme ces petites choses additionnées les unes aux autres, dans le respect de moi, construisaient l'amour de moi. J'avais vidé le sac, le contenu pollué et polluant de mes entrailles et j'avais de la place pour y mettre ce que je voulais, ce qui me nourrissait. Quel bonheur ! Je devais en fait, accepter mon passé tel qu'il était et me concentrer sur le présent et l'avenir. L'énergie que j'économisais à ne plus penser et me morfondre dans mon passé, je pouvais la mettre au service de ce que j'aimais, comme le chant !

La métamorphose de la larve avait commencé 3 ans auparavant. Et maintenant, la chrysalide craquait sous la force développée grâce aux épreuves : les ailes de la coccinelle étaient bel et bien là !

Après tout, la coccinelle accepte son identité ronde et rouge et surtout *ses points noirs* !

Mes points noirs, je pouvais décider d'en faire une faiblesse ou une force ! J'avais décidé.

Dans ma tête et surtout dans mon corps, grâce à la réhabilitation de ce mot en kinésiologie, d'être la *force incarnée* !

« Attention, Mesdames et Messieurs, dans un instant et sous vos yeux, la grande, la magnifique, la fabuleuse, voici ...».

Non pas besoin de mascarade, de maquillage, d'effets spéciaux.

Je m'étais déshabillée de mon passé et je me montrais nue et authentique.

C'était *juste moi*. Et quel bonheur !

Confiance

« Happiness hit her
*Like a train on a track »**
- Florence and the Machine, *Dog days are over.*

J'avais des rêves et les réaliser remplissait mon cœur et mon corps de bonheur. Des petites choses comme chanter, boire un verre avec des amies régulièrement.

Et des grandes choses comme, voyager, visiter la Bolivie et aller en Islande. Tout était bon à noter dans mes carnets de rêves. Tout, sans exception. Plus de censure, plus de « oui mais ».

J'étais la seule à pouvoir croire en mes rêves pour qu'ils deviennent, peut-être un jour, réalité.

C'est ainsi que je me suis offert une robe de *Sonia Rykiel*, un bustier *Chantal Thomas* et de multiples petits week-ends pour découvrir l'Europe. J'avais mis *ma* priorité. Plutôt que d'avoir une belle voiture

* « Le bonheur l'a frappée, comme un train sur une voie » [Notre traduction]

et de m'acheter plein de fringues, ayant servi surtout à compenser mon manque d'amour et de confiance, je décidai de mettre l'argent dans ces expériences et moments de vie, avec la conscience que cela guérissait quelque chose en moi. Je méritais la vie, je méritais de me faire plaisir. Même plus que cela, j'en avais *le droit* !

En m'offrant ces quelques choses matérielles mais surtout ces expériences, je nourrissais la part de moi qui avait besoin de rêver. Je pouvais rêver, j'en avais le droit et en plus, je réalisais certains de ces rêves. En fait, j'investissais sur moi-même. Je me donnais de la valeur et construisais l'estime de moi. Et cela me donnait encore plus confiance.

Quelques mois avant le décès de mon père, j'avais eu l'intuition de partir m'occuper d'enfants quelque part dans le monde.

J'avais demandé un congé sabbatique de 8 mois à mon cabinet d'architectes pour partir quelque part en volontariat. Je ne me sentais plus à ma place dans ce bureau ni dans ce métier d'architecte. Était-ce un des nombreux masques que j'avais portés pour faire plaisir et être ce que les autres voulaient que je sois ? Mais à cet instant, j'étais prête à remettre en question cette carrière. Mon père décédé, je ne me sentais plus cette pression de continuer coûte que coûte. Que cela plaise ou non à mon patron, que je sentais bien être un symbole de l'autorité masculine, je partirais huit mois pour faire le point et réfléchir à ma vie future.

Le projet m'a pris littéralement la tête pendant six mois avec David et de moi à moi. Jusqu'à ce que, dans la peur, je décide de faire le grand saut. *Si j'attends encore, il ne se passera rien !* Mais poser huit mois de congés, sans savoir ce que j'allais faire m'angoissait.

Le 5 septembre 2013, j'écrivis LA lettre de départ en congés à mon patron, que je ne lui donnai qu'une semaine plus tard.

Le 6 septembre 2013, dans ma boîte mail, j'avais un email d'une association qui parlait d'une mission début 2014 en Inde.

Quinze jours plus tard, je savais avec qui je partais, où, quoi, comment.

CHAPITRE 7 - PAS À PAS

C'était inimaginable que la vie m'ouvre si vite les portes vers ce rêve ! Jamais je n'aurais pu saisir l'occasion de partir trois mois si je n'avais pas vécu et transformé les épreuves et souffrances en cadeaux.

Incroyable mais vrai. Il fallait que je saute pour que le parachute s'ouvre et que les informations m'arrivent !

Le départ était prévu pour l'Inde dans le but d'accompagner des enfants en orphelinats grâce à la créativité. Je quittais mes collègues en plein mois de décembre pour préparer un sac minimaliste, réalisant déjà un défi fou : UN sac à dos pour trois mois dans un pays inconnu !

Février 2014, l'aventure commence. J'étais en couple avec David, resté en France, il me soutenait du mieux qu'il pouvait.

A Pondichéry, je rencontrai des personnes géniales, ouvertes et généreuses. Les gens là-bas, n'avaient pas grand chose, mais étaient prêts à tout m'offrir ! Quel exemple !

J'avais pris cette aventure comme un sacré challenge, de dépasser encore des peurs, des croyances, notamment celle que j'étais incapable de vivre en Inde, sans confort, de manger épicé, de supporter la chaleur... Bien accompagnée le premier mois, j'ai pu trouver des repères et des marques pour continuer les deux mois qui suivirent, rassurée.

Le 11 mars 2014, je devais fêter mon anniversaire à des milliers de kilomètres de chez moi. J'ai vu que je pouvais sombrer dans une lassitude, me reconnectant avec ma solitude profonde, seule, abandonnée de tous en ce jour important pour moi. Ou alors, je pouvais m'aider, être une bonne maman ou amie pour moi et voir ce que je pouvais me faire comme cadeau d'anniversaire qui me ferait *vraiment* du bien.

Le *hasard* mit sur mon chemin, un stage à côté de Pondichéry intitulé « Art thérapie et Yoga ».

Je n'avais jamais pratiqué ni l'un ni l'autre et me dis que si c'était le seul stage proposé cette semaine-là, je pourrais y trouver du réconfort.

Je connaissais les bienfaits de pratiquer en groupe et puis peut-être que je rencontrerais quelques nouvelles personnes et que cela redynamiserait mon séjour, après le départ de la personne qui m'avait si merveilleusement accompagnée pendant le premier mois.

J'ai effectivement rencontré de chouettes personnes dont Tammy, sud africaine et Laurent, français expatrié à Singapour. C'était assez génial d'être 10 autour d'une table représentant 10 pays du monde ! Les deux animatrices elles, étaient gentilles mais insipides.

Je n'étais pas experte mais les années de stages, ateliers, conférences, thérapies, groupes que j'avais pratiqués me laissaient clairement apparaître que ces deux-là n'étaient pas heureuses dans leurs vies et faisaient ces activités plus par dépit que par passion.

L'une donnait des cours de yoga car elle *devait gagner sa vie* et les livres qu'elle écrivait *n'étaient jamais publiés.* Et l'autre, venue de New York, avait l'apparence d'une business woman en tailleur dans un marché aux fleurs indiens ! Elle a commencé par nous parler des ses problèmes d'argent, bref un cadre très particulier selon moi pour un stage de bien-être, développement personnel et spirituel dans une ville dédiée à cela : Auroville. *La ville d'Aurore.*

Très sensible à l'écoute et l'empathie, je finis le week-end assez choquée par le manque de bienveillance et d'accueil à l'égard des participants. De plus, moi qui me réjouissait de voir ce qu'on pouvait faire entre art thérapie et yoga, nous faisions une heure de l'un puis une heure de l'autre, sans aucun lien.

Avec Tammy, formée au Yoga, nous refîmes avec bonheur tout le stage dès le dimanche soir ! Nous nous sommes défoulées, rêvant à tout ce que nous aurions pu faire autour de ces thèmes géniaux. Nous nous sommes laissées aller à rêver à un stage génial que nous animerions peut-être un jour.

Ce week-end là, j'ai rencontré aussi Laurent, photographe entre autre. Dès le lendemain, nous nous sommes mis en chasse de quartiers où des habitants fêtaient *Holi*, cette fête du printemps haute en couleurs, célébrée dans le nord de l'Inde. J'avais appris qu'ici à Pondy, seules quelques communautés sortaient dans la rue ou célébraient entre amis.

Les cheveux dans le vent, chacun sur notre mobylette, j'avais osé pour la première fois conduire un de ces engins et en plus en Inde ! Waouh ! J'appréciais ces nouvelles sensations, de liberté !

C'était comme si, à chaque fois que j'avais douté, que je n'y croyais plus, que je me sentais perdue, une chose incroyable arrivait, me montrant le chemin à suivre.

Indécise pendant des années, j'expérimentais que lorsque que je posais une action claire comme cette lettre de départ en congés, je recevais des cadeaux du ciel.

C'est quand je n'y croyais plus que tout se produisait ! Je me sentais comme portée et entourée d'une main géante.

Celle de l'Univers ?

Quand Corps rencontre Esprit

« Are my wings strong enough to bear
The winds out there ? » *
- Noa, *I don't know.*

Ce lundi-là, jour du printemps, sous la chaleur écrasante, Laurent et moi tournions en rond sur nos mobylettes, dans le quartier de prédilection des célébrations de Holi, nous avait-on dit.

Mais rien. Alors que nous nous arrêtons au bord de la route pour regarder une espèce de plan à l'indienne, un scooter passe, lancé à toute vitesse dans le virage. Quelle surprise ! Les deux hommes d'une cinquantaine d'années sont recouverts de rouge !

Je cours au milieu de la route, espérant les arrêter, en risquant ma vie (les routes en Inde c'est quelque chose à expérimenter !). Stoppés, je leur demande où trouver une célébration de Holy

« We are searching a Holi's celebration. Do you know where ? » Dans

* « Mes ailes sont-elles suffisamment solides pour supporter les vents d'ici ? » [Notre traduction]

un indo-anglais courant là-bas. Une vraie rencontre à l'indienne. En quelques minutes, nous voilà suivant le cortège, ils veulent nous faire partager la fête qui se tient chez eux puis en ville.

Quelle journée formidable ! Accueillis comme des rois, nous avons fait la rencontre de toute la famille, puis couverts de poudres aux couleurs spectaculaires, nous avons gagné la ville à bord d'un camion. Comme si nous étions sur un char, nous dansions au son des Boum/ Ting que produisait un gars sur la remorque. Nous étions une trentaine, autant dire que notre arrivée en ville n'est pas passé inaperçue ! Et avec deux européens à bord, encore moins !

Ils allaient en équipe de trois chez les commerçants qu'ils connaissaient, originaires du nord de l'Inde, les faisaient sortir et leur faisaient couler sur la tête un liquide rose qui dégoulinait jusqu'aux pieds.

L'ambiance était bon enfant, on s'arrêtait prendre le *chai** dans l'échoppe de rue d'un copain à eux, puis d'un autre. Nous découvrions une autre facette de l'Inde.

J'eus le droit au rose évidemment ! Toujours partante pour ce genre de chose, j'avais prévu les vêtements adéquats. Enfin je pensais ! (Ils sont encore intacts dans le placard : roses fushia après 3 ans !)

Le soir, je fus prise de frayeurs lorsque les joints d'un blanc immaculé de la douche de ma chambre à la *guesthouse*, se teintèrent un à un de rose ! Ma peau, elle, resta rose fushia un bon mois, et mon visage rose/ rouge le lendemain à la crèche eut son petit effet auprès des enfants et des grands !

Après avoir quitté le groupe, Laurent et moi avons fait des séances photos, profitant de ces couleurs et matières extraordinaires. Cette journée était l'une des plus intenses et mémorables de mon séjour !

Pradeep, celui qui était le plus bavard des deux acolytes rencontrés sur le bord de la route était aussi un des chefs de la bande, très apprécié.

* Thé au lait sucré typique en Inde

Quelle chance incroyable de les avoir croisés ! A moins que ce ne soit pas la chance... Mais le destin !

Pradeep nous prit sous son aile et nous proposa de nous faire découvrir son magasin d'antiquités et aussi ses rencontres entre amis : le matin au parc, ils pratiquaient le *Osho* tous ensemble.

Pradeep nous accueillait comme si on se connaissait depuis des années et c'était presque « bizarre ou louche », je me souviens avoir pensé.

Mais l'opportunité était trop belle pour refuser d'y faire un tour.

Rendez-vous à 6 heures du matin au parc, à dix minutes en scooter de là où je dormais. Je n'ai jamais été une lève tard, mais 6h, faut pas déconner ça fait super tôt... Je partais vers 8h d'habitude...

J'avoue que le soleil levé quand je partais le matin, était déjà très chaud et n'offrirait pas de pause jusqu'au soir. Ainsi tester la fraîcheur matinale me séduisit.

Je me motivai donc à les rejoindre au parc avec Laurent.

Nous rencontrons sept hommes entre cinquante et soixante ans, heureux de se retrouver là, à l'aurore. Les sourires et rires sont déjà de la partie ce qui fait oublier l'heure très matinale.

J'apprends que le Osho, est une méditation dynamique.

Moi, la méditation, j'avais déjà essayé mais franchement, je n'y arrivais pas. Impossible de me poser en tailleur, au calme et de me laisser aller à vider ma tête de toutes ses pensées. Après cinq minutes, je me rendais compte que je n'avais pensé qu'à mon boulot et aux mails que j'avais à faire dans la journée. La méditation ce n'était pas pour moi.

Pradeep avait expliqué que c'était « Un type de méditation fait pour les occidentaux ! »

J'avais ri,

- « Ah bon qu'avons-nous de spécial les occidentaux ? »

- « Vous ne savez pas lâcher la tête ! » ...

Ah je dois dire que je me reconnaissais bien là, alors pourquoi ne pas essayer cette méthode !

Il met la musique à partir d'une clef USB sur une petite enceinte et nous montre les cinq mouvements qu'il va nous inviter à faire pendant des périodes de plusieurs minutes. Les yeux bandés, si nous le voulons, nous voilà en train de respirer à fond et très vite puis de sauter à pieds joints et crier « OoopOooopOooop » au milieu du parc, devant la statue centrale qui lentement, prend vie au rythme du soleil levant.

Puis nous lançons nos membres tels des pantins.

Puis, arrive la dernière étape : *Bob Marley* élance sa voix à travers l'enceinte pour nous emporter dans son rythme planant « Sunday morning, over the rainbow...» Pradeep nous invite à danser, à laisser la musique nous emplir.

Enthousiaste, je perds un peu mon sourire lorsqu'il annonce la suite : au sol, exercice du papillon, puis quelques abdos et un aller-retour en courant...

J'avais l'air d'être plus âgée que ces hommes, la honte ! Assise en tailleur, impossible de descendre mes genoux vers le sol et après un aller en courant, j'étais déjà au bord de l'asphyxie !

Pradeep m'encouragea et je décidai malgré cette honte de revenir le lendemain pour me dépasser.

J'ai partagé avec cette belle équipe deux mois d'aurores, avec des pauses le week-end.

J'avais de moins en moins de difficultés à me lever le matin et j'appréciais le rythme qui se mettait en place. Démarrer mes journées ainsi, avec une telle montée en énergie, n'avait plus rien à voir avec le premier mois passé ici ! J'acceptais d'écouter le besoin de sieste l'après midi et de me coucher tôt. En fait je m'étais toujours couchée tôt ces dernières années mais pour autant je me levais un peu K.O. le matin. J'expérimentais que me lever plus tôt que d'habitude, me mettait plus en forme que de traîner au lit en attendant que le réveil sonne !

Et dire qu'une semaine avant je doutais, seule dans ma chambre, de pouvoir rester à Pondy. J'avais peur que le temps soit long et ennuyeux. Merci à ces moments de coup de mous, car ils m'ont poussée à me mettre en action pour me trouver ce stage à Auroville.

De fil en aiguille, j'ai rencontré de fabuleuses personnes, Tammy et le Yoga, Laurent et la photo, Pradeep et le *Osho* et ce n'était que le début ! Comme quoi, se mettre en action en valait vraiment la peine. Un peu comme de donner la pichenette sur le premier domino d'une série posée sur le sol : une petite impulsion de départ sur le premier et ils s'entraînent les uns les autres, avec fluidité, accélérant le rythme et provoquant l'émerveillement. C'était formidable. J'étais pleine de gratitude envers moi d'avoir osé une petite chose. Je me sentais grandement récompensée !

Je participais à des ateliers, dans un lieu de culture indienne pour expatriés et touristes*. J'appris quelques recettes de savoureuse cuisine indienne, je fis mes essais en yoga et suivis une formation en médecine ayurvédique. Passionnant ! J'appris que cette médecine des plus anciennes est celle du bien-vivre en équilibre corps/alimentation/esprit.

Alors que le *Osho* me faisait me sentir plus légère et moins oppressée par des pensées incessantes et inintéressantes, j'appris à mieux cerner mes besoins alimentaires, de sommeil et d'activités physiques. Je vous parle de cette méthode en annexe de ce livre mais je peux déjà vous dire combien elle m'a donné des clefs pour mieux me connaître et accepter mon fonctionnement et mon rythme de sommeil. Je lisais en fonction de mon profil *Kapha* qu'il était primordial que j'aie un rythme régulier de repas et repos. Que j'avais besoin de huit heures de sommeil mais pas plus et qu'il était vital pour moi, ma santé et mon énergie que je me bouge, que je pratique une activité physique régulière.

J'avais toujours détesté le sport, me faisant porter malade chaque semaine au collège mais ce que je faisais tous les matins était un très bon compromis. Sans compétition et endurance, la croyance que j'avais construite que le sport n'est que ça, tombait à l'eau. Je voyais ces personnes de trente à quarante ans mes aînés prendre plaisir dans un cadre idéal, à se connecter à leur santé et au sourire de partager tous ensemble. Ces séances terminaient à l'échoppe où nous dégustions le

* www.pondicherry-arts.com

sacro-saint thé au lait épicé : le chaï.

L'amitié qui liait ces hommes me touchait et je rêvais de rentrer en France et de transmettre cette méthode en la partageant autour de moi. Motivée à continuer le rythme de 6h du matin, c'était sans compter sur le décalage de météo et de motivation occidentale à s'éveiller avant le soleil par plaisir !

Je me sentais plus légère, plus disponible et plus encline à la joie. Je sentais les courbatures des exercices du matin mais j'accueillais et pour la première fois je trouvais cela positif. Je sentais qu'une relation entre mon corps et mon esprit prenait place en moi. Une histoire d'amitié prenait place comme celle de ces hommes qui s'entraînent, se soutiennent et se félicitent. Mon corps et mon esprit allaient dorénavant faire équipe.

J'ai appris chaque matin à prendre le temps, de regarder le soleil briller, de sentir sa chaleur et sa lumière colorée. Ce temps était devenu sacré. Loin du lever-déjeuner-douche-départ au boulot, cette heure que je m'accordais chaque matin changeait ma vie. J'en profitais pour danser, chanter et observer les oiseaux sur la mer, depuis mon petit-déjeuner en terrasse sur le toit de ma chambre.

Quelque chose de paisible m'atteignait, et mes journées denses mais sans stress, s'écoulèrent à toute vitesse, laissant derrière moi la croyance que « deux mois seule ici ça va être long ! »

J'avais expérimenté beaucoup de nouvelles choses et je voyais que celles-ci participaient à faire tomber mes croyances.

Je ne suis pas sportive ! Je ne sais pas me lever facilement avant 8 heures. Je ne pourrai jamais manger épicé ! Et voilà que je cuisinais épicé !

Je ne supportais pas la chaleur.

Je n'avais pas les moyens de faire des activités sur place (on m'offrait de participer gratuitement à ces séances *Osho* avec Pradeep comme coach)...

Bref, je découvrais que le monde dans lequel je croyais n'avait rien avoir avec la réalité. Ce monde dans lequel j'avais peur de rencontrer de nouvelles personnes, dans lequel je doutais que les gens puissent être généreux sans rien attendre en retour, dans lequel aussi je me sentais seule et coincée dans une vie, n'était que ma propre création.

Si j'avais créé ce monde là, celui de mon passé, je pouvais sans doute en créer d'autres, non ?

Là où j'avais décidé de croire que tout allait bien se passer - même si je n'y croyais pas à 100% - , j'avais reçu des surprises magnifiques faisant de mon séjour bien plus qu'un voyage humanitaire et solidaire. J'avais appris et reçu peut-être plus que ce que j'avais donné. Je m'étais mise au défi, de réaliser un truc fou dans ma vie, au moins une fois et finalement, en le vivant, je rêvais d'en faire plein d'autres ! J'apprenais que c'était peut-être le sens même de ma vie. Chanter, danser, rire, rencontrer, partager ! Et si c'était si simple ?

Je rentrais en France, emplie de volonté, de courage et d'espoir que je pouvais changer ma vie et que ça commençait par prendre soin de moi, de mon corps, faire de nouvelles expériences, oser l'inconfort et persévérer.

J'avais expérimenté que donner de soi, à des enfants dans le besoin, me remplissait d'amour et donner plus de sens à mes journées que de travailler dans un bureau devant mon ordinateur. Je prenais plaisir à voir sourire, chanter, danser et vivre des enfants. Rencontrer de nouvelles personnes avec leurs passions et leurs apprentissages, m'enchantait. J'avais senti que le chemin de la vie n'est qu'un grand magasin aux rayons riches et abondants, pourvu que je veuille bien y entrer !

Il était clair que j'avais changé psychologiquement et physiquement (10 kg perdus en 6 mois sans efforts). Ma vie allait changer même si je ne savais pas par où commencer. Trouver une association près de chez moi pour offrir mon temps, des chants et des sourires à des personnes qui en ont besoin ? Trouver un autre travail qui aurait plus de sens pour moi ?

J'avais trouvé quelques pistes et je remplis ainsi un carnet de listes de ce que je pourrais faire et de ce dont je rêvais. La liste de mes rêves s'étoffait surtout de voyages, de découvertes et de moments inoubliables. Je m'étais préparée à revenir, à revivre à l'occidentale, laissant derrière moi la richesse de l'Inde, acceptant d'être née là à Lille et que je pouvais faire tout ce que j'avais fait là-bas, *ici et maintenant.*

Et vous, c'est quoi vos rêves ? Faites-en la liste spontanée ici :

Chapitre 8

L'accueil

Comment accepter l'inacceptable ?

Les cycles de vie

« Moi je tords le clou et je perce la crise
J'envoie en l'air ce qui me grise.
Je redécore la terre
Je peints de mots sincères »
- Noni, *Je tords*

Comme je vous l'ai expliqué dans le chapitre *Quand corps rencontre Esprit,* j'ai découvert beaucoup de choses sur moi et mes besoins relatifs à l'alimentation, au sommeil et à l'activité physique grâce à la médecine de *l'Ayurvéda.*

Sur mon parcours, j'ai rencontré d'autres expériences qui m'ont permis de comprendre que nous sommes des êtres vivants et que, comme tout élément du vivant, nous sommes contraints par des cycles.

Pour les femmes, il est peut être plus facile à comprendre, puisque les règles rythment leur vie dès l'adolescence. Messieurs, qui en êtes dépourvus, je pense que vous avez déjà perçu des changements chez les femmes qui vous entourent : des modifications d'humeur, de communication, de besoins. Vingt-huit jours, la durée du cycle féminin est aussi celle du cycle de la lune qui passe de pleine à pleine en passant par décroissante, nouvelle et croissante, dans le même temps. Ce qui n'est pas pratique, d'après moi, c'est que notre calendrier lui est à 30 jours par mois en moyenne, donc les lunes tombent à des jours et des dates sans cesse différentes, pas simple de s'y retrouver. (Alors que je commençais la rédaction de ce livre, j'ai appris que notre calendrier originel était lunaire sur base de 28 jours. L'évolution ne va pas toujours vers la simplification !)

J'ai eu l'occasion de faire pendant trois mois, *un calendrier lunaire**. Il s'agit d'un cercle sur lequel on indique pendant vingt-huit jours ses humeurs ou états particuliers. Moi qui souffrais d'être parfois très sociable et parfois K.O. avec un besoin de repli, j'ai réalisé grâce à ce calendrier que ces périodes étaient cohérentes entre elles. Aux mêmes périodes, j'avais le même type d'humeur et de comportement.

Je fis ces recoupements mais je n'étais pas prête à accepter de vrais changements dans ma vie. Il aurait sans doute été judicieux que je prenne ce calendrier en référence pour organiser mon agenda. Mais dans un travail salarié demandant tous les jours la même énergie, la même quantité de travail, c'était bien beau de constater que quatre jours par mois, j'aurais besoin de calme et de repos, c'était malheureusement incompatible avec le rythme constant imposé par mon emploi. Et puis, au fond, je ne voyais pas ce que cette prise de conscience pouvait m'apporter. A part peut-être un soulagement positif « Ah c'est normal, c'est mon cycle, il est comme ça ».

En parallèle, dans la formation en art thérapie, je lisais le fabuleux livre de Anne-Marie Jobin**, et découvrais que la créativité avait son cycle, elle aussi. Nous passions tous de manière normale par les phases d'été, automne, hiver et printemps. Ce qui fait que des idées peuvent jaillir à

* Vous aussi apprenez à appréhender votre cycle, téléchargez et complétez votre calendrier gratuit disponible sur : livre-metamorphose.com/LesOutils.html

** Créez la vie qui vous ressemble, Anne-Marie Jobin, 2013.

foison un temps puis on peut se sentir en phase descendante avec moins de motivation pour les mettre en place jusqu'à se sentir bloqué. Ensuite, naturellement des solutions nous apparaissent et nos projets peuvent alors se concrétiser, tels des bourgeons qui, à leur rythme, éclosent dans l'environnement propice.

Clarifier

Dès le commencement, l'art thérapie avait beaucoup de sens pour moi. C'était comme si j'avais fait cela depuis longtemps, que ça faisait partie de ma vie. Et ce me fût bien utile.

A ce moment précis, je traversais la difficile période où je me demandais comment j'allais quitter mon travail pour faire ce que j'aime dans les meilleures conditions. J'étais prête, un peu comme dans les starting-blocks, pour courir un marathon sans entraînement. Il allait me falloir beaucoup d'énergie, de temps et cela serait à coup sûr, pénible. Gonflée à bloc, résignée à me faire violence pour en finir avec ce boulot et cette situation en cul-de-sac.

L'automne lui, était là, sur les arbres. Et moi, j'étais sur le point de tout changer dans ma vie et de me mettre en action, prête à bondir et rebondir à la moindre occasion. Il me fallait des solutions, je ne pouvais plus supporter cette situation dans un boulot qui ne me convenait pas et surtout, je sentais que c'était maintenant ou jamais. Je ne sais pas, peut être connaissez-vous ce sentiment d'urgence, celui qui donne l'impression que tout est à faire tout de suite.

Eh bien dans cette énergie, j'essayais de me motiver tous les jours, gardant mon rythme de cet été en Inde : à 6 heures debout pour la méditation dynamique au parc, puis enchaînement de la journée...

J'entrais dans l'hiver avec cette énergie solaire et arriva ce qui devait arriver : l'accident. Cheville gauche foulée. Tout s'écroula.

Avec tout ce que j'ai à faire, comment vais-je faire ?

Habitant au 4ème étage sans ascenseur, en béquilles, j'étais dans une colère contre moi-même de n'avoir pas suffisamment fait attention, en dansant, la veille. Je pratiquais la *Biodanza* en groupe et cela m'apportait beaucoup de bien-être. Mais ce soir-là, lancée dans mon énergie, j'en avais oublié mon corps qui, lui, criait « stop ! ».

Je me sentais sabotée, bloquée dans mes projets. Un coup du sort pas drôle du tout. Sans autre choix que d'*accepter* mon état et pourtant je n'acceptais pas, réfléchissant déjà aux stratagèmes que je pouvais mettre en place pour m'activer pour la suite à donner à ma carrière professionnelle.

J'avais prévu rendez-vous sur rendez-vous et quelques jours plus tard, je dus me soumettre à l'évidence : j'étais épuisée avec ces foutues béquilles et que je n'avais plus le choix, je devais m'*arrêter*.

J'avais en moi ce sentiment que si je ne faisais pas les choses là, maintenant, je ne les ferai jamais. J'allais rater l'opportunité, le coche, le destin... Bref tout le mental s'y mettait pour me faire croire que cette période forcée allait être un sacré bâton dans les roues de mon avenir. *Pourquoi moooooi ? Pourquoi maintenant ??? Pitié !!*

Après quelques jours, je finis par accepter d'être cloîtrée au 4ème étage chez moi. J'accueillais le froid et l'hiver dehors, comme je tentais d'accueillir l'hibernation en moi. Je ne pouvais plus profiter des arbres dans le parc, de toute façon, et c'est vrai qu'il y faisait très froid les dernières fois où j'y étais allée. La nuit encore bien installée, ce n'était pas non plus des plus motivant pour me mettre en route le matin en courant jusqu'au parc. En fait, à y penser, j'avais beaucoup moins envie de faire ça de cette manière depuis quelque temps. Qu'est-ce qui faisait que je n'avais pas entendu cette idée avant ?

J'étais trop aux prises avec mes questions du boulot et l'envie de me sortir de ce pétrin pour écouter le bon sens en moi. Je forçais chaque jour, pensant mieux y arriver. Et pourtant, grâce à cette cheville en vrac, j'étais en arrêt maladie pour quelques semaines, j'avais du temps devant moi et du repos forcé. Ce qui ne m'enchantait pas beaucoup.

Puis je me suis demandé ce que je pouvais faire, là où j'étais, pour préparer l'avenir ?

J'avais des outils extraordinaires que je mettais déjà au service des autres mais je n'avais pas encore vu comme il m'était facile de les utiliser pour moi et mes problématiques actuelles.

Je me suis donc organisé une série d'exercice et d'ateliers d'art thérapie, sur les thèmes qui me posaient le plus souci.

Comment quitter mon boulot face à un patron qui refusait le départ amiable ? Dans quel ordre faire les choses ? Qui aller voir ? Comment gagner de l'argent pour vivre et payer mes factures ? Quelles sont les priorités? Quels choix faire?

Entre peinture, feutres et pâte à modeler, je fis des découvertes époustouflantes. Le ciel devenait plus clair, plus lumineux, j'apercevais des solutions, je voyais les priorités*.

Je posais jour après jour mes souhaits en fonction des conclusions de ces ateliers et je recevais des coups de fil surprenants. Comme celui qui me proposa d'accompagner dans une association un groupe en art thérapie alors que je n'étais *qu'en formation.*

Agir

Un soir, j'eus une révélation très claire : la première chose à faire était de réduire mes frais, le plus gros poste était mon appartement avec son loyer et ses charges.

Je décidai de chercher un autre endroit où aller et de monter une colocation pour partager les frais de location. J'adorais mon appartement alors ce n'était pas une décision simple, mais elle apparut de manière tellement évidente dans mon œuvre d'Art Thérapie créée ce jour-là. Je devais trouver un nouveau logement pendant que j'étais sous contrat CDI et donc avec un « bon dossier ».

Le lendemain, je devais manger avec un copain mais mon état et mes béquilles me conduisirent à lui dire que j'allais rester au chaud au lieu de passer une heure pour prendre un bus pour le rejoindre.

* C'est grâce à ces questions, qu'Oassa et moi avons créé une série de stages sur « Créer la vie qui m'inspire ! ». Retrouvez les infos sur www.LesAteliersDeLaCreativite.com/stages

Il me dit alors qu'il venait me chercher en bas de chez moi et me raccompagnerait !

« Des béquilles ne vont pas reporter un rendez-vous fixé des mois à l'avance ! »

Je profitai de l'occasion de le voir pour m'offrir un moment à l'extérieur de mon nid chaud où j'avais peu de visites et où je m'enfermais trop souvent dans mes peurs.

Au cours de la conversation, je lui dis que je viens de décider de chercher une maison pour monter une colocation au plus vite. Quelques minutes plus tard, il m'annonce qu'il part vivre dans l'est pour suivre son amie suite à une mutation.

Un déclic, je lui demande :

« Et vous habitiez où ? »

« Lezennes. Une charmante maison dans un esprit petit village. »

Intéressant !

Et pile, en face de l'agence dans laquelle je bossais depuis 8 ans ! me dis-je.

Il continue :

« Si t'as du temps, je te la montre, on ne sait jamais, les proprios pourraient être intéressés qu'il y ait déjà un repreneur pour le bail ! »

« Ok, allons-y. »

Dans un charmant quartier, il ouvre la porte d'entrée et là, au premier coup d'œil, je vois LA maison dont je rêvais. Elle répondait à tous les critères que j'avais posé pour ma prochaine maison même si je n'avais pas imaginé que ce serait pour ce moment de ma vie. Plafonds hauts, sol en parquet clair, l'espace devant moi est spacieux et surtout la maison est très lumineuse. Un dôme au dessus du salon inonde de lumière jusqu'à la table de séjour située en plein milieu de la pièce.

Nous avons regardé le montant du loyer et des charges, c'était jouable. Je pouvais avoir deux pièces pour moi, une chambre et un atelier car j'en rêvais depuis longtemps et une chambre pour un colocataire. Cette maison était *parfaite*. Mieux que ça, elle était *la* maison.

Maintenant que j'avais la maison, j'étais motivée pour trouver la personne avec qui la partager.

Quinze jours plus tard, elle était trouvée. Oassa avait reçu un mail d'une connaissance qui cherchait une colocation car elle se mettait en route vers de nouveaux horizons professionnels et avait besoin de changer d'environnement. Je la rencontrai et la coloc se mit en place.

Comme par hasard, l'installation dans la maison eut lieu au printemps.

Accueillir

J'avais enfin accepté que cette période hivernale soit en fait une période de préparation des choses, sans urgence et que j'étais obligée de ralentir car mon corps ne pouvait plus suivre, toujours cloué à ses béquilles.

Et finalement en acceptant, en moins de temps que je croyais qu'il n'en faudrait, j'avais déménagé dans une superbe maison, augmenté mon confort de vie et économisé sur mon loyer. Tout était parfait.

En fait, quand je ne forçais pas, il se passait autant de choses, voire plus que quand j'y mettais toute mon énergie et que je m'épuisais à mettre les choses en place ! Quelle révélation !

A propos du cycle des saisons, comme par hasard, c'est au printemps qu' un an plus tard, je décidai de suivre l'intuition d'aller vivre à Nantes quelque temps.

Les saisons nous invitent à passer à l'action autant qu'à se recueillir, cocooner et poser les idées avant de revenir à l'action. Et c'est d'ailleurs en plein hiver que j'écris ce livre devant la cheminée, au chaud.

J'aurais pu me morfondre encore et me plaindre que l'Univers m'en voulait et que c'était pour cela que j'étais comme punie, enfermée chez moi ces longues semaines. Mais, à bien y regarder, sans cette cheville, je n'aurais pas rencontré les deux personnes extras qui m'ont raccompagnée chez moi le soir de l'accident (dont une est devenue mon coach plus tard), je n'aurais pas pris le temps de faire ces exercices d'art thérapie, j'aurais peut être pu manger avec ce copain mais nous n'aurions pas visité sa maison et en plus, sans les exercices et les prises de conscience, je n'aurais absolument pas vu le lien entre moi et la maison qu'il quittait, sans cette cheville qui m'a stoppée, je n'aurais pas vécu si vite dans cette maison, je n'aurais pas quitté mon boulot et je n'aurai peut être pas écrit ce livre. Qui sait ?

Accepter les situations et épreuves m'a permis de voir qu'en chacune d'elles il y a un bénéfice ! Mieux, un véritable cadeau ! Ma vie est un cadeau et je vous assure que depuis que je la vois ainsi, grâce à tout ce que j'ai mis en place avant, tout est devenu fluide et facile. Il y a toujours de nouvelles épreuves mais elles ne m'atteignent plus de la même façon !

À contre courant

Par exemple, je suis arrivée à Nantes juste avant l'automne avec la ferme intention de commencer à écrire le livre dès mon installation. J'étais dans l'énergie estivale, du déménagement, de l'action... Eh bien, le Jour 1 du défi d'écrire un livre : "tout va très bien, je suis ravie de me lancer devant mon ordinateur." Et ainsi de suite jusqu'au Jour 8 où, patatras...

Le rythme que je m'étais imposé sans m'en rendre compte m'avait mise K.O.

Bah oui, je faisais mon rituel de 6h à 7h puis calée comme le sont les horaires de trains, à 7h10 je faisais des réponses à des mails, à 8h, je me préparais, 8h15, petit déjeuner, à 8h30 j'écrivais, à 9h30 je tournais mes vidéos, à 11h 30 je préparais le repas... et ainsi de suite.

J'ai tenu une semaine. Le choc fut grand, parce que pendant quelques minutes, je me suis dit *Mais allez bouge-toi, tu es motivée pour tout ça, ça demande de la discipline !*

Oui mais c'était sans compter sur le fait que des arbres, les feuilles tombaient sur le sol, que le soleil était plus bas, que je venais de changer de région et de me *déraciner...*

J'accueillais cette pause forcée car mon énergie était proche du néant. Au bout de quelques jours, j'acceptais que je ne pouvais pas tenir, qu'il me fallait du repos. Mais sans pour autant me dire que je voulais peut-être en faire trop entre le livre, les vidéos, les citations, les articles et les inspirations sur la page *Facebook* Les Ateliers De La Créativité... J'avais tellement envie de transmettre et donner aux personnes en chemin mais la rivière ne coule jamais à contre courant.

Pendant un mois, alors que j'avais contacté une belle motivation pour l'écriture de ce livre, je n'écrivais plus un seul mot.

J'ai pris alors soin de ce qui se passait dans mon corps, en moi et autour de moi, *acceptant* la situation du mieux que je pouvais. Et sans réelle raison apparente, doucement je compris que je devais lâcher des projets, que je ne pouvais pas tout faire en même temps. Et c'est au mois de décembre, après avoir pris le temps de travailler mon *enracinement,* en m'offrant des balades en forêt presque chaque jour, que le ciel dans ma tête s'éclaircit.

Le 31 décembre, je trouvais la clef : ma priorité était le livre et j'y consacrerai mon énergie et mes pensées et seulement à ça. En plein hiver, c'était le mieux que je puisse faire. J'avais en tête cette vision de moi en train d'écrire ce livre dans cette maison alors j'acceptai de me dédier à ce projet.

Accepter les cycles dans notre vie est donc la base de tout. Cela permet de se pardonner quand on traverse une période de creux, plus sombre, qu'elle soit annuelle ou exceptionnelle, on sait qu'elle ne durera pas.

Répétition

Mon dernier coup de mou a eu lieu en novembre. Je sais bien que ce mois de novembre est souvent chargé en émotions. En effet, si je reviens sur les moments les plus difficiles de ma vie, c'est en novembre qu'au bout du rouleau, j'avais pris mon premier rendez-vous chez Christine.

C'est en novembre que Guillaume est parti me laissant perdue. Et il y a plusieurs années, j'ai aussi fait du lien avec une date de décès. Chloé est décédée le 28 novembre 1981.

Le hasard pourrait-on se dire.

Oui, on peut croire cela. Ou autre chose. On peut croire que l'automne est la période où nous fêtons la Toussaint et que ce n'est gai pour personne. Certes, cela joue peut-être aussi mais je vous conseille la lecture du livre *Le calendrier des émotions**, qui met en évidence ces cycles qui peuvent avoir une grande influence sur notre histoire personnelle et notre énergie à certaines périodes.

Prendre conscience de ces liens m'a permis d'accepter, de voir venir, ou parfois, quand je suis en plein dans ma période sombre, de lever le nez un certain jour et regarder le calendrier. *Ah oui... c'est vrai, c'est le moment.*

Et le fait de savoir que c'est une période qui a donc un début et une fin, me soulage et me rassure beaucoup.

Comprendre et accepter que, 3 jours avant les lunes**, je suis très susceptible et qu'il me faut être douce avec moi-même, ne pas trop m'en demander, c'est génial. Je dis comprendre et accepter car, j'ai beau vivre les règles depuis l'âge de onze ans, il m'a fallu dix-huit ans pour faire le lien entre les moments de disputes dans le couple et l'état des hormones. Je ne m'étais jamais intéressée à ce cycle. C'était là, comme pour toutes les femmes, et simplement, il *fallait* faire avec. Point.

Me pencher sur le sujet pendant 3 mois lors de mes calendriers lunaires et me rendre compte que toutes ces humeurs, mauvais jours... étaient prévisibles, ça changeait tout. Je pouvais, en les acceptant, faire de mon mieux pour ne pas foncer tête baissée dans le boulot, ne pas prévoir trop de choses ces jours là, « ne pas chercher la petite bête » avec mon compagnon. En fait non, ne pas chercher la petite bête, ce n'est pas possible pour moi. C'est comme si un nouveau neurone, celui de « la petite bête », jamais satisfait, faisait son show pendant ces trois jours. Le savoir m'a permis en revanche de prévenir la situation pour éviter les drames.

....

* Le calendrier des émotions, John R. Sharp, 2012.

** Les Lunes sont le joli nom que donnent les Algonquins (peuple amérindien), aux menstruations féminines.

« Écoute, chéri, ces trois jours-là, je vais être chiante, pinailler sur tout un tas de petits trucs. Je le sais. Je ne peux pas faire autrement pour l'instant. Pourrais-tu, si c'est possible pour toi, ne pas les prendre en compte, ne pas rebondir dessus, ne pas laisser l'ego sortir et le prendre pour toi ? C'est juste moi et mes hormones qui faisons du ménage. » Ça, c'était dit.

« D'ailleurs, ces jours là, je suis chiante et susceptible mais en fait, j'ai très besoin de sentir ta présence et tes attentions. J'ai l'air de mettre de la distance, mais paradoxalement, c'est pour être cajolée, prise dans les bras. »

Et avec une pointe d'humour...

« Oui, je suis originale, non ? »

Eh bien, cela a tout changé. Il me faut souvent rappeler à l'approche de ces journées :

« Attention, on arrive à la période, tiens-toi prêt ! »

Mais je traverse cette période beaucoup plus sereinement qu'avant. J'ai pu en tirer la conclusion nécessaire au bonheur : PERSONNE n'est comme moi !

C'est pourquoi connaître ce dont j'ai besoin (quantité de sommeil, nourriture appropriée à mon organisme, quantité d'activité physique vitale, fréquence des balades en nature, ...) et apprendre à me connaître à travers mes comportements et fonctionnements, m'a permis d'écrire mon mode d'emploi. Ainsi en le communiquant clairement à l'autre, j'en ai retiré des relations épanouies, équilibrées et harmonieuses avec les amis comme dans le couple.

Je ne vais pas vous mentir, j'ai mis des années à trouver les pièces du puzzle et à les placer une à une à la bonne place. Mais c'est un chemin passionnant. Celui de me connaître et de pouvoir m'apporter ce dont j'ai besoin à des moments précis pour alléger mon quotidien.

La nourriture était un véritable problème pour moi. Je devais manger régulièrement. Le problème se posait lorsque nous partions faire une balade quelques heures ou un week-end de tourisme. Au moment où je disais « J'ai faim. », en fait je voulais dire « C'est urgent, je dois manger dans le premier truc venu ». Mais au lieu de cela, nous cherchions l'endroit parfait, et puis ça ne convenait pas à l'autre et puis cela finissait en dispute et la fin de journée était foutue.

Je croyais simplement que tout le monde vivait la même chose, que tout le monde avait faim, et que, quand quelqu'un disait j'ai faim, ça voulait dire, comme pour moi, que l'énergie commençait à manquer. Mais je n'avais pas les mots pour exprimer cela. Cela provoquait de l'incompréhension.

A force de souffrances et de disputes, j'en suis venue à prendre à manger avec moi à chaque départ, pour pallier un minimum pour pouvoir patienter le temps de trouver un endroit où manger.

En ce sens, l'Ayurvéda m'apprit que mon *dosha** *Kapha* m'invitait à manger à des heures régulières et ne pas sauter de repas. Lorsque par curiosité, je lus les caractéristiques des autres doshas Vata et Pita, je m'aperçus que, pour d'autres, il était bon, voire vital, de ne faire qu'un repas par jour, de ne pas dormir plus de 6 heures... Cela m'a comme donné la légitimité d'être différente. Je comprenais qu'il y avait plein de manières d'être, avec tous ces détails de vie quotidienne. Grâce à cette prise de conscience, j'ai accepté d'être comme je suis et de prendre soin de ces besoins que je ne jugeais plus bizarres. J'étais normale, même si l'autre ne comprenait pas mes baisses d'énergie, au bord du malaise, alors que j'avais mangé seulement deux heures auparavant.

J'acceptais aussi que l'autre fonctionne différemment de moi. J'arrêtais d'attendre de lui qu'il me trouve la solution en urgence parce que lui, ne ressentant pas l'urgence, ne voyait pas pourquoi prendre le premier restaurant venu, était vital.

J'apprenais à m'accepter et accepter mes spécificités. Accueillir ces particularités, ce qui me rendait unique, m'aidait à me responsabiliser et donc à prendre mon indépendance face aux autres. Je n'attendais

* Découvrez vous aussi votre doshas et apprenez en plus sur votre rythme. Accédez au test facile et rapide ici : livre-metamorphose.com/LesOutils.html

plus de l'extérieur que l'on comble mon besoin, j'avais compris que tout venait de moi. De cette belle expérience, j'en retirais des relations plus sereines. L'autre n'avait plus ce poids inconscient sur les épaules de devoir prendre soin de moi alors que je ne connaissais pas moi-même mes besoins. J'acceptais mon unicité, celle que je suis venue incarner sur Terre. Je devenais actrice de ma vie et je voyais la scène s'éclaircir, de dégager devant moi petit à petit, un peu à la manière d'un local rempli d'objets vétustes, en plein déménagement. Je découvrais des zones inconnues, de la confiance dans un petit recoin que je n'avais jamais vu, derrière les cartons encombrés du passé. Une miette d'amour sous une étagère, un seau de ressources sous une table branlante. Les déménageurs intérieurs s'activaient et je me sentais comme l'artiste qui se prépare à entrer en scène.

Ma vie commençait.

L'environnement

« And when I feel like I'm a victim
I will come running home to you »[*]
- Skunk Anansie, *Tracy's Flaw.*

J'ai pu expérimenter qu'en prenant soin de mes besoins, j'allais de mieux en mieux. Être à l'écoute de moi-même était riche et très nourrissant. De plus en plus, je pouvais me dire : « Je suis fière de moi».

J'expérimentais encore que, face à certaines personnes, je me vidais littéralement de mon énergie et que je ressortais de certains échanges à ras du tapis. Avec ma mère par exemple, je me disais, *je ne vais pas la laisser tomber et ne plus la voir du tout ?*

Je pouvais faire le constat que, si je n'allais pas très bien, la voir me mettait encore plus bas. Il m'était difficile de remonter la pente après ça, voyant à nouveau le verre plus vide que plein. Je vivais ses remarques comme des critiques alors que je souhaitais une simple marque de

* « Et quand je me sentirai être la victime, je rentrerai en courant vers toi » [Notre traduction]

soutien. « Chouette », « C'est bien de faire ce que tu aimes » ...

Mais au lieu de cela, j'avais droit à :

« Mais comment tu vas faire pour vivre ? », « Tu vas pas y arriver, c'est impossible comme créneau, le développement personnel », « Y'a pas d'avenir ».

Je me laissais atteindre en plein cœur. Mais non, je savais bien au fond de moi que c'était ce que je voulais faire et je le ferai qu'elle le croit bien ou pas. Mais le découragement s'emparait de moi engendrant le stress, la pression de ne pas y arriver, suffisamment bien, suffisamment vite... Le perfectionnisme revenait à la surface et les jours et semaines qui suivaient étaient fatigants et stressants.

Je m'apercevais que, si je voyais ma mère dans un bon jour pour moi, je pouvais sans mal, changer de sujet de conversation, si le sujet et ses peurs apparaissaient.

En fait, elle ne changeait pas d'un rendez-vous à l'autre mais l'énergie dans laquelle j'étais, changeait tout. Donc, je mis en pratique de plus en plus les conclusions de ces expériences.

Si elle m'appelle, je décroche le téléphone si et seulement si, je me sens dans la bonne énergie pour recevoir sans prendre ses mots pour moi. Et à l'inverse, quand je vais très bien, que je suis nourrie dans mes besoins de ressourcements, de sommeil, de détente, d'activités physiques, je peux même avoir l'élan de l'appeler pour lui demander de ses nouvelles.

Je sentais comme cette conscience était un véritable acte d'amour envers moi. Me faire passer avant les autres, je n'avais jamais connu ça et c'était bon. Et en plus, la conséquence directe, c'est que les rencontres étaient peut-être moins fréquentes mais de meilleure qualité.

Je fis de même avec toutes les personnes auprès desquelles je ne me sentais pas ressourcée. Avec ma sœur, je choisis mes moments de rencontre et d'appel avec plus de conscience et de minutie. Et je me sentais mieux. De mieux en mieux.

Ces prises de conscience me permettaient aussi de prévoir des rendez-vous importants, à l'avance, en sachant mieux à quelle heure de la journée, je suis plus apte à donner le meilleur de moi mais aussi, dans quel genre d'endroit. Si je choisis un endroit que j'aime bien pour une rencontre, pensez-vous que cela peut influencer mon humeur, mon état, mon stress ? Oui ! Pour moi, ça marchait !

Alors, oui, c'est un peu égoïste, pourrez-vous me dire et contrôlant aussi, de tout choisir, de tout calculer et prévoir à l'avance. Oui, c'est sûr, à cette période, c'était sans doute tendu en moi. Je devais faire attention à moi. Mais c'est cela, *expérimenter* de nouvelles choses.

J'avais tellement souffert de ne jamais me sentir à ma place, de laisser les autres choisir pour moi par peur de m'exprimer. Au fond, je préférais ressentir le mal-être. Je ne faisais pas mon possible pour respecter mes besoins.

Mais là, je devenais une bonne mère pour moi. Une maman veille sur les besoins de l'enfant, veille à ses besoins vitaux et aussi à son rythme, ses cycles, son environnement. Eh bien, à 30 ans, j'apprenais à le faire pour moi-même. Et telle une jeune maman un peu tendue, qui impose que le bébé doit dormir exactement deux heures l'après-midi, manger 150 ml de lait X fois par jour, dormir uniquement dans son lit parapluie, dans le noir... et bien, je prenais à cœur de prendre soin de moi pour la première fois, avec ma maladresse et ma naïveté. Je me chouchoutais et je me consolais quand j'en avais besoin avec mes propres ressources.

J'écrivis des pages de trucs à faire, à lire, à écouter, à créer quand je n'irai pas bien ou que je sentirai l'énergie en baisse. Je faisais ces listes quand j'allais bien. Car, quand je traversais un épisode difficile, je me laissais aller et m'enfonçais encore et encore dans mon malheur. Quand j'étais dans le creux, je ne trouvais aucune solution, aucune belle idée ni besoin ne venait à mon esprit. Je savais ce qui me faisait du bien mais quand je me sentais mal, c'est comme si, cette part de moi, disparaissait et que je ne me souvenais de rien. Je végétais dans cet état et ce n'est que lorsque j'en sortais que j'avais cet éclair. *Ça m'aurait fait du bien de prendre un bain avec une musique douce, des bougies, de faire un petit atelier et créer une œuvre pour me reconnecter à moi.* J'aurais pu. Mais dans l'instant, je ne savais pas quoi faire pour moi, c'était une autre Emmeline, abattue, fatiguée, victime...

Je me jugeais. Je m'en voulais de ne pas être capable de me souvenir que j'avais tout pour aller mieux mais, en fait, je faisais alors pire que mieux. J'entrais dans un cercle vicieux et au plus je me sentais nulle, au plus je me sentais encore plus nulle !

Un conte, celui des deux loups, raconte ceci :

Un vieil homme cherokee veut apprendre à son petit-fils ce qu'est la vie :

- « En chacun de nous, il y a un combat intérieur. » dit-il au jeune garçon.

- « C'est un combat jusqu'à la mort et il se tient entre deux loups. »

- « Le premier est ténébreux, il est la colère, l'envie, le chagrin, le regret, l'arrogance, l'apitoiement sur soi-même, la culpabilité, le ressentiment, les mensonges et l'ego. »

- « Le second est lumineux. Il est la joie, la paix, l'amour, l'espoir, la sérénité, l'humilité, la gentillesse, la bienveillance, l'empathie, la générosité, la vérité, la compassion et la foi. »

Le petit-fils réfléchit pendant un long moment. Puis, il demande à son grand-père :

- « Quel est le loup qui gagne ? »

Le vieil homme sourit et lui réponds :

- « Celui que tu nourris. »

Je tentais de faire de mon mieux pour accueillir ces pensées et les laisser s'échapper me répétant : *Je fais de mon mieux.* Je choisissais de nourrir le loup qui me ferait du bien.

Je concentrais donc mon énergie pour prévoir des rencontres ressourçantes assez régulièrement pour me nourrir et nourrir cette part de moi qui avait envie et besoin d'entendre des choses positives, de sentir que je n'étais pas seule, que d'autres personnes avançaient sur ce chemin peu fréquenté...

Je prévoyais conférences, activités, soirées entre amies... C'est ainsi que j'ai rencontré la *Biodanza* ou la danse de la vie. Cette activité m'a été d'un immense soutien dans la période où je voulais quitter mon emploi d'architecte et que je n'y arrivais pas. C'est sûr, c'est pendant une séance de *Biodanza* qu'était arrivé l'accident de cheville mais aussi là que, chaque semaine, dès que j'ai pu, je suis retournée faisant ce que je pouvais avec mon corps tout en me ressourçant de bonnes énergies.

Du fait des musiques, des personnes présentes, de l'atmosphère bienveillante, de la facilitatrice au grand cœur, tout était parfait pour m'offrir un sas de « bon » dans la semaine .

Du bon pour le cœur, pour l'esprit et le corps. La *Biodanza* a l'art de la douceur, de l'accueil de l'âme et de la chaleur de l'Humanité dans toute sa splendeur. J'y ai trouvé une force, un amour à chaque séance, repartant toujours en meilleur état que je n'étais en arrivant. Et je me remerciais de venir les jours où j'aurais préféré rester chez moi au chaud, car ces jours-là, il y avait toujours un message très fort pour moi qui me portait pour la semaine qui suivait...

Nourrir mes besoins de relations et d'activités ressourçantes était donc devenu vital. Alors que j'avais toujours cru ne pas mériter ça, restant sur la rive, le flot de la vie coulait à présent jusqu'à moi, chargé d'ondes positives et des petits bonheurs.

Les âmes nourrissantes

« Who will I turn to ?
*now I'm a virgin state of mind. »**
- Sarah Bettens, *Virgin state of mind.*

Sur ce chemin de conscience de mes besoins, de qui je suis et de l'amour de moi, j'ai rencontré des aides précieuses. Ces personnes, de par ce qu'elles sont, m'ont ouvert les yeux sur ma nature profonde.

Depuis la rencontre avec Christine, premier guide sur mon chemin, j'avais compris l'importance à donner aux rencontres. Il ne s'agissait pour moi, en fait, pas tant de rencontrer une personne particulière mais de me laisser guider encore par la vie qui m'avait posé ce cadeau au bord du chemin. Je l'avais ouvert et j'avais profité de tout ce qu'il contenait : empathie, compassion, écoute, expression, communication, amour. Ce cadeau avait une valeur inestimable.

* « Vers qui vais-je me tourner maintenant que je suis dans un état d'esprit vierge ? » [Notre traduction]

J'avais compris que, m'offrir ce genre de cadeau, était l'unique solution pour m'ouvrir encore et créer une vie qui me convienne mieux où j'espérais pouvoir dire un jour, de tout cœur : « Je suis heureuse ».

Ainsi dès 2011, je participais à ces conférences, je prenais des rendez-vous avec la masseuse, la kinésiologue, l'ostéopathe, le magnétiseur... Je ne cherchais pas, j'allais vers ce qui se présentait à moi.

L'Inde, trois ans plus tard, m'avait offert son lot de surprises en mettant le yoga et l'art thérapie sur mon chemin pour mon anniversaire qui plus est.

J'étais rentrée en France au printemps 2014, avec ce souvenir de l'atelier mais surtout les merveilleuses rencontres que j'avais pu faire grâce à celui-ci. Laurent, Tammy et sans eux pas de Pradeep ni de cours de *Osho* ! Bref, tout s'était merveilleusement enchaîné, une chose après une autre, comme si tout était écrit ou dirigé par un scénariste grandiose !

A mon retour, j'avais la tête dans des considérations plus terre-à-terre : *Comment je fais pour quitter mon boulot et qu'est-ce que je pourrais bien faire comme nouveau métier ?*

En juin, le jour où j'ai quitté David, je suis allée vivre à nouveau chez ma chère amie Charlotte qui m'accueillit à bras ouverts. Je n'étais pas en joie de cette rupture mais une part de moi était soulagée. Je ne sais pas expliquer mais j'allais enfin me concentrer sur moi et ce que je voulais vraiment et cela me rendait heureuse. Et, à la fois, j'étais paniquée car l'horizon me paraissait bien flou.

Quelques jours après m'être installée provisoirement chez Charlotte, je décide de prendre un bain. Je savais que le bain est un besoin fondamental pour me détendre et je l'assume pleinement ! Sans baignoire, un logement n'est pas pour moi. Je suis poisson en astrologie, peut-être que ce besoin d'eau me vient de là. *Qui sait ?*

Je m'installai dans le bain bien chaud à la lumière de la bougie. J'avais préparé un carnet dans lequel j'avais pris l'habitude de noter ce qui m'arrive, afin de m'en alléger. Mon corps se délassait des pieds à la tête, la chaleur traversant ma chair en profondeur.

Je me pose la question intérieurement : *Emmeline, que veux-tu faire de ta vie, maintenant ?* Et là, sans explication rationnelle, j'ai la vision de moi à 6/7 ans, cachée dans le cellier de la maison, dansant entre la machine à laver et les produits d'entretien.

Je me suis vue et entendue dire : « Un jour, je serai danseuse, chanteuse et peintre ! ».

Ce rêve d'enfant, je l'avais laissé dans ce cellier, après le divorce, la vente de la maison. J'avais laissé dans cet endroit froid et peu accueillant, toute ma magie et mes rêves. C'était ma boite aux trésors à moi, enfouie dans ces lieux, peut-être même à la portée d'un nouvel habitant.

Comment était-ce possible que je m'en souvienne, là, dans ce bain, à cet instant qui n'a peut-être duré que quelques secondes ? Comment était-ce possible que ce moment ait traversé les années, jusqu'à moi, Emmeline adulte de 31 ans. Incroyable. Sous le choc, l'émotion me prit au milieu du ventre et mes larmes se mêlèrent à l'eau chaude du bain.

J'étais face à la promesse que je m'étais faite.

J'avais abandonné cette petite fille et ses rêves !

Je pris mon carnet et écrivis ce qui venait de se passer.

L'appel de cette petite fille en moi était intense et hurlant. Répondant à la question, *Qu'est-ce que je veux faire de ma vie, maintenant ?* La réponse était claire : reprendre contact avec qui je suis vraiment et le faire vivre à l'extérieur de moi.

Je me mis à écrire ma lettre à l'Univers avec mes souhaits d'avenir. J'avais pris l'habitude de ces courriers. Le premier, c'était Christine qui m'avait conseillée de le faire en 2010. J'avais posé cette liste, avec les caractéristiques de l'appartement idéal que je cherchais après la rupture avec Jean, à côté de mon lit, la voici :

- baignoire !!!
- appartement traversant lumineux
- grande terrasse
- vue dégagée sans vis-à-vis

- 1 chambre
- pour moins de 650€

Quelques jours plus tard, grâce à une annonce trouvée par Charlotte dans un journal, je visitai un appartement avec un séjour traversant donnant sur une terrasse de 20m^2 sans vis-à-vis, vue sur le parc de La Madeleine. Une grande chambre en mezzanine sous les combles avec beaucoup d'espace et de lumière. Le tout pour 590€ + 50 € de charges communes soit 640€ au total. La salle de bains avait une baignoire. Scotchée, tout y était ! Cela n'avait rien à voir avec tout ce que j'avais visité jusque là ! C'était incroyable. Je venais de trouver ma perle, mon nid, le nid de *ma renaissance*. Le propriétaire était charmant et mon dossier était passé de suite. J'avais eu *mon coup de cœur* !

Cette expérience de la lettre à l'univers m'avait donné envie de continuer. Pendant de nombreuses années, j'avais fait des demandes pour rencontrer l'homme idéal pour moi et pourtant, cela n'avait pas marché. Et j'étais à nouveau célibataire à 31 ans, loin de mes souhaits d'adolescente de famille et d'enfant.

Mais j'acceptais d'en être là où j'en étais, sentant comme ma vie était devenue riche, même sans l'homme idéal.

Ce soir là dans le bain, je couchais donc sur le papier mes souhaits parsemés de gouttes d'eau. Pour l'écriture de ce livre, j'ai recherché ces carnets et en voici un extrait.

20 juin 2014 :

L'homme de ma vie : Je veux une vie sexuelle épanouie. Je veux rencontrer des hommes. Je veux faire mon expérience dans les 6 prochains mois à 1 an.

Je veux rencontrer d'ici un an, un homme communicant, généreux. [...] Il aura un emploi du temps assez libre. [...] Je veux un homme qui écoute et qui me parle. Il aimera discuter de la relation. [...]

Mon nouveau métier : Dans 3 à 6 mois, je vais démarrer quelque chose de vital pour moi. Une activité, une formation épanouissante. Je veux être créative tous les jours, je veux vibrer pour ce que je fais. [...] Je veux pouvoir faire du chant, de la peinture, du modelage, du piano, crier, danser, chanter, bouger tous les jours. [...] Je veux travailler, être vivante mais avoir du temps pour moi et pour notre couple, notre famille, celle que nous allons fonder.

Ma vie relationnelle : Je souhaite aller vers les autres, rencontrer de nouveaux horizons, d'autres métiers pour m'enrichir dès maintenant. [...] Je souhaite, dans mon nouveau métier, aider les autres.

Les larmes me montent aux yeux en relisant ce carnet. Il y a 3 ans, j'ai en quelques lignes décrit toute ma vie d'aujourd'hui. Je n'en savais rien, évidemment. Quel bonheur et quelle joie de me rendre compte du chemin accompli et de la magie qui entoure mes projets et mes pas.

Le lendemain de ce bain inoubliable, j'avais rendez-vous avec une amie pour manger. Elle est une formidable coach pour moi depuis que je la connais ! Je l'avais rencontrée lorsque j'avais l'entreprise de mode *Me Creation* (elle était tutrice de stagiaires que j'avais accueillis).

Ce jour-là donc, à la terrasse du *Mother*, au pied du parc Jean Lebas, je lui confiais donc mon manque de visibilité quant à l'avenir. J'avais vécu une parenthèse géniale en Inde qui avait beaucoup de sens pour moi, mais maintenant, que faire de cela et quoi faire pour gagner ma vie si je quittais l'architecture ?

Elle me questionna, m'aidant à y voir plus clair et soudain elle dit : « Mais tout ce que tu me racontes me fait penser à une femme que j'ai rencontrée il y a peu, qui fait de l'art thérapie. » *Art thérapie...* tiens donc... Ce terme revenait ici, à Lille et me renvoyait à ce fameux week-end de stage à Auroville. D'ailleurs, c'est cette même amie qui, un an avant que je décide de partir m'occuper d'enfants, m'avait parlé d'un reportage extra qu'elle avait vu sur Auroville. Très drôle tout ça. Pas de hasard.

Dès le lendemain, je commençai à chercher sur internet les formations dans la région. De déception en déception, je lisais les pages d'introduction des sites de formation, de l'Université ou du privé.

Il fallait : « Venir du domaine médical » *Ok c'est pas moi du tout.*

« Pratiquer un art » *Ok pourquoi pas.*

Et c'est à peu près tout.

Je m'indignais de lire qu'on pouvait devenir thérapeute sans avoir fait un travail sur soi ! Comment peut-on aider les autres, les accompagner, si on ne se connaît pas soi-même et qu'on ne s'aide pas ? Était-ce une part de moi qui croit que tout le monde va forcément mal, je ne sais pas, toujours est-il que je ne me voyais pas partir dans un cursus universitaire avec des personnes qui ne connaissaient rien au développement personnel ou à la thérapie. Je ne me retrouvai pas du tout dans ces sites de formation.

Une formation privée m'attirait beaucoup plus sur Lille. Mais là, c'était la durée et le budget qui me semblaient exorbitants. En appelant la directrice, je compris qu'on pouvait se faire financer une partie mais j'avais bien en tête aussi ma réalité avec mon patron à l'agence. Je doutais qu'il soit d'accord pour m'accorder parfois plusieurs jours par semaine pour suivre cette formation sur 3 ans. Je me sentais désenchantée de lire et de croiser toutes ces informations qui ne me remplissaient absolument pas de joie.

Je ne sais pas, peut-être qu'avec ce que j'avais vécu dans mon bain, je voulais recontacter ou sentir la petite Emmeline en moi qui allait sauter de joie, si nous trouvions elle et moi la bonne piste quant à notre avenir. En tous cas, nous en étions loin, de déception en incompréhension, je perdais espoir.

Puis, dans la soirée, en discutant avec Charlotte, j'eus l'éclair de me dire : *« Ah, mais je n'ai pas regardé les formations en Belgique. »*

Le lendemain je regardai sur internet, tombai sur le premier site qui proposait une formation en art thérapie. J'appelai la formatrice, Ann-Catherine et sa voix me sembla douce et ferme à la fois. Je sentis quelqu'un qui sait ce qu'elle veut avec en même temps beaucoup de bienveillance.

Je la questionnai sur le type de candidats acceptés « En suivi thérapeutique pour eux-mêmes ? » La réponse fut affirmative car elle faisait passer un entretien individuel pour voir où en était la personne et ce qu'elle venait chercher dans cette formation. Elle décidait ainsi qui était apte et qui retenterait sa chance au prochain cursus.

Alors que je posai toutes les questions pratiques, elle m'annonça : « La formation démarre dans 7 jours et il reste une place. »

Mon cœur chavira, sourit, rit. Je sus que j'étais au bon endroit, au bon moment, avec la bonne personne. *C'est trop fort pour être hasardeux. La synchronicité est tellement belle que je sens des tremblements dans mon corps.* La petite Emmeline est en train de me sourire !

L'évidence

Premier jour officiel de cette formation : assise sur une chaise, l'enseignement commence.

Je suis exactement là où je devais être. En quelques heures, tout ce que je suis et ce que je fais depuis toujours, prenait du sens. Toutes les ramifications de moi étaient ici, sur cette chaise, rassemblées en une seule personne. Tout prenait *son* sens. Tout ce que j'étais pouvait aider les autres. Je découvrais tout au long de cette formation que l'empathie, l'écoute active ne sont pas innés chez tout le monde. J'appris que certains doivent redoubler d'efforts pour se centrer sur l'autre, être dans l'instant présent et savoir s'oublier soi quelques instants pour vraiment écouter l'autre.

Ma facilité à exprimer dans des œuvres et à en faire l'auto-analyse me surprit de plus en plus, sans m'étonner pour autant. Je prenais simplement conscience que ces qualités dont j'étais dotée, avait un sens profond, dans l'accompagnement des autres à ouvrir leurs ailes. Ce moment a été magique pour moi.

Tout ce que j'avais toujours été, avait enfin un sens clair et précis !

Merci à toutes ces âmes nourrissantes qui m'ont guidée jusque-là, Christine, Oassa, Karine, Pradeep, Sandra, Charlotte, Fatima, Ann-Catherine et tellement d'autres ! Merci aussi à cette accompagnatrice en Inde, dénuée d'empathie dans ce qu'elle proposait en *Art-Thérapie.* Elle m'avait permis de sentir à la fin de ce week-end là, que je pouvais le faire aussi bien, moi aussi.

Sans savoir quel avenir m'attendait, maintenant je comprenais mieux le sens de tout cela !

Merci la vie !

Ceci est votre espace, laissez aller votre cœur et votre plume !
Qu'est ce qui vous parle, vous inspire, dans ce dernier chapitre ?

Qu'allez-vous mettre en place dans votre vie ?

Chapitre 9

L’ouverture

Qu’elle est la formule magique ?

La mort en face

« Ouvre-toi mon cœur, Ouvre un petit peu plus,
Jusqu'à embrasser la terre entière »
- Jean Pierre Meyran, *Abrete Corazon.*

En 2005, je partais dans le cadre d'un programme Erasmus faire ma 5ème année d'études d'architecture, en Allemagne. Sacrée aventure pour le couple que nous formions Guillaume et moi. Nous nous étions mis d'accord sur le fait que la chance que nous avions eue de nous rencontrer tôt, ne devait pas empiéter sur nos ambitions respectives. Il venait de me demander en fiançailles, lorsque l'été s'acheva, scellant notre amour à tout jamais.

La voiture pleine, j'étais prête à franchir les 1000 kilomètres qui nous sépareraient pendant les dix prochains mois. La peur et l'excitation au ventre, je me préparais tant bien que mal à laisser l'homme de ma vie, seul.

Le grand départ était imminent.

Une amie de l'école d'architecture, Stéphanie, allait être en Erasmus à 200 kilomètres de là où j'allais. Nous avions donc proposé de faire la route à trois et les deux déménagements en même temps, plus simple et plus sympa au vu du long voyage !

Chose faite, nous voilà partis pour la traversée de l'Allemagne par les autoroutes, d'ouest en est.

Guillaume tenait à conduire. C'était un homme sur qui je pouvais compter, qui voulait nous mener à bon port au volant de cet utilitaire commercial blanc au confort spartiate, mais au volume parfait pour y loger une année de vie. Enfin deux, avec les affaires de Stéphanie.

La nuit tombée, nous nous sommes arrêtés sur une aire d'autoroute pour manger. Aux alentours de minuit dans mes souvenirs. La nuit était bien noire. Les phares crevaient l'obscurité de tous côtés.

Nous repartions le ventre rempli. J'insistai pour que Guillaume laisse sa place à Stéphanie pour la conduite car il avait l'air fatigué. Il refusa. Comme j'insistais, il accepta. Persuasion féminine.

Je ne savais pas que j'allais m'en mordre les doigts.

La voiture se lança parmi les bolides, avec mon amie aux commandes. Passagère, je faisais guide routière et accompagnatrice de voyage. Nous aimions beaucoup parler toutes les deux, de tout et de rien. Alors la conversation allait bon train. Elle me regardait par moments comme si nous étions à la table d'un café pour un goûter d'après-midi. Soudain, lancés sur la voie de gauche, je vis s'approcher dangereusement la glissière de sécurité. Stéphanie me regardait.

« Attention » ai-je crié, voyant la glissière bien trop près de la carrosserie depuis mon siège passager.

Quelques secondes et un coup de volant ont suffit à mettre la voiture sur les rails d'un train fantôme. Lancée vers la voie de droite, en diagonale, le coup de volant suivant la ramenait vers l'autre voie, tout à gauche. Un cauchemar, lorsque je vis que l'on fonçait tout droit sur un poids lourd. Ma tête restait froide, bizarrement mes yeux ne perdaient pas une miette de la scène. Puis la glissière à nouveau. Puis le retournement. La camionnette se coucha et glissa sur la voie de gauche. Je me souviens de tous les détails. Du fracas à l'arrière, des choses à mes pieds qui se sont envolées par la fenêtre.

La camionnette lancée à vitesse folle, racla le bitume encore et encore sur des centaines de mètres.

Le grincement de la carrosserie sur l'asphalte crissant dans mon oreille droite, me rappelle de rester droite sur mon siège au risque de voir mon bras déchiqueté sinon plus. Soudain, je pris conscience de la place que nous occupions, la voiture arrêtée, sur la voie de gauche. Derrière nous, les véhicules à pleine vitesse sur cette voie sans limitation kilométrique étaient nos pires ennemis.

Les vitres explosées, je vis les phares arriver vers nous. Assise, raide, sur mon siège, je n'ai rien vu d'autre. Un mot. Tout le monde répond, nous sommes sains et saufs.

Nous sommes sortis en escaladant, par la vitre du conducteur, un homme nous tendait la main. Il avait vu notre véhicule zigzaguer et avait pris les devants en se mettant au travers de la route, couvrant nos arrières. L'accident était donc signalé. Les bolides ainsi alertés, avaient trouvé sur la voie de droite, une issue.

Nous nous sommes retrouvés, hors de la voiture, entre les glissières de sécurité, au milieu de l'autoroute dans la nuit noire aux mille et un phares.

La police est arrivée. Les mots incompréhensibles se sont enchaînés en Allemand. Quoi ? Qui ? Nous étions perdus.

Je regardais la scène, ayant du mal à me rendre compte que c'était nous, dans cette voiture, que nous étions là, il y a quelques secondes, entre la vie et la mort. Sauvés. Mais maintenant j'avais la sensation d'être en enfer. J'étais très préoccupée. Guillaume avait la veste déchirée et le bras douloureux. Sa tête aussi avait tapé contre la vitre, on pouvait y voir du sang. Ma raideur sur le siège m'avait évité ce sort ou pire.

Seul le pot de *Nutella* d'un kilo offert par mes amis avait explosé en vol et mes affaires personnelles étaient éparpillées sur la route. L'ordinateur et les bagages coincés au millimètre dans le coffre étaient restés soudés. Seules quelques bricoles avaient volé dans l'habitacle.

Merci à la rigueur de Guillaume qui avait chargé cette voiture avec minutie ! Merci à la pause autoroutière de nous avoir offert la chance de vivre cet accident avec tonicité. Eh oui, quelques minutes plus tard, endormis contre nos vitres respectives, Guillaume et moi, y aurions laissé beaucoup de sang et peut-être la vie.

Le calvaire a continué, ne sachant pas où dormir, ni quoi faire avec cette voiture qu'un ami de mon père avait prêtée. Quelques appels auprès de l'assurance nous permirent d'apprendre que la voiture était assurée au tiers et donc pas du tout pour les dégâts de ce type et encore moins à 1000 kilomètres de son propriétaire. La seule porte coulissante était bloquée, chiffonnée par la glisse nocturne. Le calvaire continuait. Je ne savais pas quoi faire. Guillaume tentait de garder son sang froid entre deux filles désorientées. Où dormir ? Comment ne pas sombrer dans la panique ?

Je n'ai pas dormi de la nuit. Le crâne de Guillaume ensanglanté me préoccupait. Un coup, une bosse, mais avec un peu de sang aussi ? Et une hémorragie cérébrale peut se produire des heures plus tard. Il me fallait veiller, être sûre qu'il n'y avait rien de grave, que mon homme allait bien.

De garage en garage, de mauvaises nouvelles en réelles difficultés, nous avons fini par louer une voiture pour acheminer les affaires à Leipzig et Dresde. J'étais terrifiée à l'idée d'annoncer à mon père cet accident, de lui demander de l'aide. *J'allais me faire tuer*. Enfin, je ne sais pas trop quelle mort aurait été plus facile.

Nous avions déjà perdu plus d'une journée, bloqués au même endroit, à proximité du garage où avait été emmené ce qui restait du véhicule.

Le week-end arrivait. Allais-je encore avoir le logement attribué par la fac ?

Nous sommes arrivés trop tard, à 18 heures ce vendredi là. Les bureaux étaient fermés, laissant une peur glaciale en moi. Qu'allais-je faire ?

Heureusement j'avais le numéro de téléphone de la personne qui était en Erasmus l'année précédente à Dresde. Il m'aida en nous trouvant un endroit où dormir ce vendredi soir. Je devais attendre l'ouverture de l'université lundi matin.

La ville était fantomatique. La nuit. L'odeur du charbon emplissait les narines. Les bâtisses aux façades salies et noires créaient l'atmosphère d'un film à la Hitchcock.

Nous avions débarqué dans un cauchemar. Nous étions seuls dans un grand appartement aux plafonds hauts et dénués de lumière et de chaleur. Dans toutes les pièces, l'appartement donnait l'impression d'être squatté. Des tas de vêtements, aux odeurs nauséabondes, d'aliments oubliés dans un coin, s'amoncelaient dans la chambre. Celle-ci devenait le lieu propice à ce cauchemar grandissant.

Impossible que Guillaume me laisse ici. Je voulus repartir avec lui. Mon cœur ne pouvait pas en vivre plus. Il ne survivrait pas.

Mais la réalité était différente. Pas le choix. Je ne pouvais pas faire demi tour. Je ne pouvais pas changer d'avis, j'en serais morte de honte. Tout était organisé. L'école en France ne me reprendrait pas. Mon père me traiterait de mauviette et n'accepterait pas, prenant ça pour un caprice.

Sur le quai de la gare, mon cœur déchiré, j'avais du dire au revoir à mon fiancé. Je me terrai jusqu'au lundi où je reçus un logement en cité universitaire, entre des chinois, des japonais, des polonais et des français. Pas un mot d'allemand. Je ne resterais pas ici, impossible. *Je suis venue pour être en contact avec la culture, rencontrer des personnes d'ici. Pas pour parler un anglais minable entre étrangers cloîtrés dans leurs petites vies.* Décidément, qu'est-ce que je faisais là ?

Pas le choix. Je me secouais violemment, pour oser répondre aux annonces de recherches de colocataires. Je visitais des logements dans des états proches de l'insalubrité. L'horreur continuait.

Puis au détour d'une fin décembre morose, à la veille de repartir pour la France pour les fêtes, je rencontrai Kathleen et Susie, qui m'accueillirent avec cœur pour partager leur appartement. Mon séjour s'en est vu transformé. Heureusement que je m'étais sauvée moi-même, en me secouant juste ce qu'il fallait et en osant rencontrer les autres.

En cours d'arts plastiques, j'avais rencontré Sabine, avec qui j'avais sympathisé même si je ne comprenais pas tout ce qu'elle me disait. Elle était de la région, avec un accent très fort et je me sentais perdue parfois mais elle connaissait ce sentiment d'être étrangère, ayant elle-même fait un Erasmus. Emplie de patience à mon égard, elle voulut bien travailler avec moi et notre équipe présenta une réponse à un concours universitaire sur le thème *Utopie und Bewegung**. Autour de la créativité, nous avions trouvé un langage où chacune avait son rôle à jouer. C'était ma première belle expérience à Dresde.

Un dimanche, alors que je n'avais rien d'autre à faire, je décidai d'aller à la remise des prix du concours. Ce serait l'occasion de passer mon après-midi et j'étais curieuse de découvrir les œuvres des autres.

J'entends soudain, assise parmi une centaine de personnes :

« Sabine Herzer und Emmeline Zion ».

Je ne comprends pas.

Je demande à un voisin, toute perdue. Je me lève et les quelques personnes du public applaudissent. Je n'avais rien compris mais nous avions apparemment remporté le concours. Notre œuvre avait été choisie parmi la centaine d'autres. Étudiante avec très peu de moyens, Sabine allait en être folle de joie. Nous avions gagné une somme énorme pour notre portefeuille : 400€.

Incroyable. Quelle surprise ! Cet accueil en plein automne, me permit de me sentir un peu mieux et à ma place dans cette ville inconnue.

La vie est pleine de surprise. Et la mort, en face, laisse des traces.

Même si je n'en ai pas été consciente tous les jours, je sais aujourd'hui que, cette nuit-là, je suis passée par une belle porte. J'ai eu ma seconde chance. Qu'allais-je en faire ?

C'était une autre histoire.

* Utopie et Mouvement

Suivre mon étoile

« Ce stage est le plus beau cadeau de vie que je me sois fait !
Au-delà du thème, de l'approche et du cadre, tu accompagnes la vie au sein de ton Être. Cette bienveillance, cette humilité, cette simplicité et cet humour.... tu as reçu des dons et tu as su, à force de travail, en faire ta signature.
Je sors grandie, même si je ne sais pas encore comment faire avec cette nouvelle énergie, ces grandes ambitions, ces rêves venus jusqu'à ma conscience. J'observe que mon vêtement est devenu trop petit, je me débats encore un peu mais je sens que le jour est proche, où je créerai cette robe à ma taille...
Elle portera toute l'énergie de ce groupe, sous tes yeux et ta lumière.
Merci Arnaud d'être qui tu es.
Merci d'avoir écouté les signes, un jour, qui t'ont amené à proposer ce stage ! »

À Arnaud Riou, *Le 10 février 2015*

Après la rupture secouante avec Xavier en 2014 et la découverte de ce frère jumeau, je me retrouvai face à ma vie, vide d'homme. J'allais m'offrir un beau cadeau, je méritais bien ça avec tout ce qui s'était passé. Et après tout, je travaillais dur, je pouvais bien m'offrir une pause.

Je participais à des conférences sur Lille et j'eus la chance de découvrir Arnaud Riou, en conférence avec Marie Lise Labonté sur la relation amoureuse*. C'était très fort et riche de les voir sur scène nous évoquer des scènes typiques du quotidien en nous livrant des clefs de communication. J'avais bien aimé le feeling. Quelques semaines plus tard, j'avais reçu des nouvelles de l'agence de voyage organisatrice des conférences, il y avait au programme un nouvel an dans le désert marocain avec Arnaud Riou. Malgré la somme à investir, ma décision était prise.

Quelques jours avant le passage en 2015, dans la maison de terre, posée aux portes du désert, le groupe de participants au stage, avait pris place. J'occupais, seule, la chambre au rez-de-chaussée, prévue pour deux. La femme qui devait la partager avec moi, était coincée à l'aéroport en Suisse, avec une autre. Elles arriveraient le surlendemain, dans la nuit.

La journée, il faisait bon au soleil, mais les nuits frôlaient les zéro degrés et la chambre, dans la maison de terre, était glaciale. Je n'avais pas dormi de la nuit, lorsqu'une autre femme, seule aussi dans sa chambre pour deux, me proposa que l'on emménage dans la même chambre, pour que les deux femmes qui allaient arriver de Suisse dans la nuit, puissent s'installer et que, surtout, nous puissions dormir sans être dérangées. *Tentant.*

Mais en même temps, j'avais comme un pressentiment. Peut-être parce que je m'entraînais à écouter ces ressentis intuitifs. Je décidai, de laisser faire le hasard. *Si ces chambres ont été constituées de cette manière, cela a peut-être un sens.* Je fis le choix de laisser faire la vie au détriment de mon sommeil. Ce qui était un pas immense pour moi car toucher à mon sommeil, alors que j'avais déjà un manque de la nuit précédente,

* Organisé par Aora Voyages

me demandait beaucoup de courage.

Marion arriva dans la nuit, j'entendis ses pas. Le lendemain, je découvris ses yeux incroyables. Petite et dégageant une douceur époustouflante, elle avait l'air d'un ange. Et elle en fut un pour moi.

Précieuse sur mon chemin, Marion m'a permis d'ouvrir une porte vers le Céleste. A moi qui étais encore très cartésienne, elle confiait des secrets sur sa vie depuis son enfance. Des choses que je n'avais vues ou entendues que dans des films. J'entendais et avec tout mon cœur et toute mon empathie, je tentais de comprendre et d'accueillir. C'était *a priori* sans rapport avec ma propre vie mais si je la rencontrais, c'est que je devais la rencontrer. Très sensible à ses ressentis, elle s'autorisait à s'extraire du groupe, respectant ainsi ses besoins de silence, de recueillement. Elle m'épatait par sa force et sa douceur. Moi je n'en étais pas encore capable, mais elle était un bel exemple.

La magie de la vie opéra lorsqu'elle retrouva, au petit déjeuner, sa marraine perdue de vue depuis des années. Quel spectacle magnifique ! Hasard ?

Arnaud, en tête du groupe, nous suivions toute la *caravane* (constituée d'hommes et de chameaux) portant notre repas, les tentes, les couvertures. Nous traversions le désert depuis quelques jours déjà.

Pour ce soir-là, le programme était de poser le camp, profiter de la fête et du feu et dormir à la belle étoile pour ceux qui le voulaient.

Le campement était posé à l'abri des vents. Les chameaux dans leur coin, attachés à un arbre, les hommes s'affairaient à faire de l'endroit un havre pour le passage du nouvel an.

La nuit du 31 décembre était là. Dans le feu sacré, nous avons lâché nos croyances et souffrances, les laissant brûler sous nos yeux, puis nous avons chanté et savouré un délicieux repas. À même le sable, nous partagions sur d'immenses tapis, le festin de semoule et de légumes d'un couscous mémorable.

Le calme de la nuit prenant place, nous étions invités à nous trouver un endroit et à nous y installer pour passer cette nuit très symbolique.

Seule au milieu du désert, au creux des dunes, j'avais niché mon couchage. Je m'endormis pleine de gratitude d'avoir osé cette aventure extraordinaire.

En pleine nuit, ma vessie me réveilla. Je sortis difficilement de dessous les couverture et le duvet. La température extérieure frôlant les zéro degrés, le sac me protégeant la tête était recouvert d'une fine pellicule de gel.

Prenant mon courage entre les mains, je m'élançai hors du nid et me soulageai à proximité. Je levai la tête et là, je vis le spectacle le plus beau de ma vie.

Les étoiles étaient là. J'étais une étoile parmi les étoiles. Aucune distinction. Cette nuit du nouvel an, j'ai vécu une expérience nouvelle. Je faisais un avec ce ciel. Devant cette beauté pure et éternelle, je me rendormis paisiblement dans mon cocon duveteux, une étincelle dans le cœur.

De retour en France, un mois plus tard, j'étais revenue à mon désespoir, de savoir comment quitter mon boulot, la cheville dans l'atèle, je restais cloîtrée, sans internet ni contact au 4ème étage de mon immeuble sans ascenseur.

Un matin, pleine de gratitude, je décidai d'écrire à Arnaud. J'avais envie de partager cette expérience et de témoigner pour que d'autres fassent le pas de s'offrir un tel voyage inoubliable.

Motivée par cette idée, je trouvai la force de descendre marche par marche et de faire les interminables 500 mètres qui me séparaient de la médiathèque où je trouverai internet.

Ce témoignage est celui que vous avez lu en début de chapitre.

L'Aurore

« Le cycle éternel qu'un enfant béni
Rend immortel. »
- Debbie Davis, dans *Le roi Lion.*

Emmeline, Aurore, Alice. Voici mes trois prénoms.
Emmeline, parce qu'*Emma*, prévu pour moi, était trop court d'après ma mère lorsqu'elle a découvert mon visage. Et à vrai dire, Emma Sion n'aurait pas été un cadeau, entre équation et opération, les camarades s'en seraient donné à cœur joie.

Alice, parce que ma grand-tante Alice était une femme généreuse. Elle m'a accueillie des années pendant toutes les vacances scolaires. Elle et son mari Albert habitaient à deux pas de chez ma grand-mère, à Herzeele dans les Flandres. Le berceau de mon adolescence. Les Oui-Oui dans l'étagère au dessus de mon lit, les barres chocolatées pour mon goûter, les pièces pour mon argent de poche. Ce couple m'a gâtée sans rien me demander en échange. Loin du climat familial tendu, je m'offrais des instants de calme et je suivais mon grand oncle partout, en l'observant de loin nourrir les poussins ou enfiler son costume d'astronaute pour visiter ses ruches. Je suis fière de porter ce prénom.

Mais Aurore, je n'ai jamais compris. Ma sœur, elle, a des prénoms qui ont du sens, qui viennent de quelqu'un. Lorsque j'interrogeais ma mère, elle n'avait aucune explication.

« Peut-être était-ce à la mode ? » m'a-t'elle lancé.

Pfffff, trop nul comme réponse. Je n'aimais pas ce prénom car il n'avait aucun sens, à moins que je ne l'eus pas encore découvert ?

Lorsque Christine m'a fait intégrer un groupe thérapeutique, je ne savais pas à quoi m'attendre. Pourtant, j'en garde les meilleurs souvenirs de mon évolution. En compagnie d'autres personnes, elles aussi en chemin, j'ai goûté la richesse du groupe et je me sentais surtout moins seule. Du stage de « Naissance » au stage sur le féminin et masculin, j'ai parcouru un gros bout du chemin accompagnée de Christine et du groupe. J'en garde donc ce conseil, suprême pour moi, qu'un des aspects essentiels sur le chemin de la METAMORPH'OSE est la qualité de l'accompagnement et l'environnement.

Ce week-end là, le thème du stage était la *psychogénéalogie.*

Lorsque la psycho-généalogiste invitée par Christine avait saisi mon histoire pour dérouler un arbre généalogique devant les yeux du groupe, je n'avais aucune information précise à donner. J'avais des bouts d'histoire, de rencontres, j'avais des « on-dit » mais pas de certitude.

Et voilà que nous décortiquons ensemble, grâce à mes réponses à ses questions, sur une grande feuille de papier, les fratries, les dates de naissance, les faits importants... Nous sommes remontées sur trois générations alors que je n'avais que très peu d'informations. Rien que de voir les prénoms ainsi couchés sur le papier, je voyais soudain autre chose. Une famille en lien. Pas un lien affectif, car ce n'est pas parce que cela s'appelle famille que c'est l'endroit où l'on se sent le mieux. En tout cas pour ma part, c'était clair. Je dirais qu'il s'agissait d'un lien de cause à effet : un battement d'ailes d'un papillon à une période peut créer la tempête deux générations plus tard.

Mon père né sous X, portant le même prénom que son père. Ma mère, première fille de mes grands parents, appelée Claudia, comme la fille que mon grand-père laissait derrière lui en Allemagne. Agnès, Chloé et moi, enfants de ces parents imparfaits, humains.

L'histoire que j'entends est passionnante. Je sens comme cela me parle, en mon for intérieur. Je sens les mots vibrer en moi, apportant soulagement et sens à cette histoire de famille, à cet abandon que j'ai vécu. Ma mère est une enfant de remplacement d'une autre Claudia, laissée à sa mère. Mon père n'a jamais connu sa mère.

« Il y a une incapacité à gérer les enfants » me confie la psycho-généalogiste.

Incroyable. Je n'étais pas la première de cette famille à vivre l'abandon même si chaque époque en a une expression différente. Cela m'a traversé comme une vague de compréhension, de soulagement. Tout n'était pas contre moi, Emmeline mais se jouait à une échelle dont je n'avais jusqu'alors pas conscience ! Dingue, vraiment. En fait, ma mère est chargée d'une histoire difficile elle aussi, même si elle n'en a pas conscience. Tout à coup, j'ai pu la voir autrement que la mère indigne, égoïste et sans amour. Elle aussi avait souffert sans doute, elle aussi avait son lot de difficultés. *Elle a fait de son mieux.* Voilà ce qui m'a traversé la tête à ce moment-là. Je ne dirais pas que j'étais en train de lui pardonner mais de mieux comprendre comment elle avait pu agir de cette manière avec ses propres enfants. Une chape de béton se soulevait et je pouvais respirer plus profondément, les larmes aux yeux.

La spécialiste me dit soudain : « Je vois beaucoup de mésalliance dans cette famille. Votre père d'origine juive avec ce nom *Sion*, caché pendant la guerre, rencontre votre mère, enfant d'un soldat allemand fait prisonnier en France portant le nom de Stolzszus. Sans doute d'origine de l'est ou de la Prusse orientale. »

Deux peuples qui se font la guerre. Et deux personnes issues de ces peuples tentent de créer un couple dans l'Amour. Le poids des histoires familiales est parfois bien trop lourd, surtout s'il reste inconscient.

Ainsi, inconsciemment, deux êtres issus de schémas «en guerre» tentaient peut-être une réconciliation des peuples. Mais la mésalliance a gagné. Le couple n'a pas tenu le choc des tensions de l'inconscient collectif. En tous cas, cela ne l'a pas aidé à traverser les périodes difficiles.

Je ne sais pas comment expliquer ici par les mots, à quel point tout cela résonnait juste en moi. La bonne vibration, la bonne note, tintait à mon oreille. Mon corps s'ouvrait sous ces informations. Ma respiration devenait plus ample. Et mon mental comprenait. Ces informations donnaient du sens à ces ressentis enfouis.

Je sentais la fin de la séance arriver, une question brûlait mes lèvres : « Pourquoi je m'appelle Aurore ? »

Elle balaie de son bras le tableau blanc, rempli de cette histoire de famille et dit d'une voix dont j'entends encore l'écho, me laissant le cœur palpitant, sans voix :

« Sur cette famille, l’Aurore est née. »

Hasard ou synchronicité ?

« I feel connected to all that lives here and now
I clear my mind with an open heart »[*]
-Maricke, *My life is a dream.*

Je ne pouvais plus rester sourde aux signes et aux vibrations de certains mots. Comprendre Aurore avait répondu à ma question et avait donné du sens à quelque chose que je ressentais profondément en moi.

J'avais une mission et là, où je me sentais étrangère et mal aimée dans cette famille, j'allais accepter que j'avais un rôle détonateur pour amorcer le changement et faire que plus jamais ces abandons ne se reproduisent dans les générations futures.

Je ne savais pas ce que cela voulait dire ni même par où commencer. Après m'être posé des questions, je décidais simplement de continuer le chemin de développement personnel qui s'ouvrait à moi et qui me

* « Je me sens connectée à tout ce qui vit ici et maintenant. J'ai éveillé mon esprit en ouvrant mon coeur. » [notre traduction]

soulageait beaucoup. Le reste suivrait sans doute.

C'est ce qui m'amena à prendre la rencontre avec Marion comme un cadeau qui m'ouvrit vers le monde spirituel.

La rencontre avec Arnaud avait réveillé, en plus *du chaman**, la part joyeuse qui dormait en moi. Sa métaphore inoubliable sur les âmes me suit chaque jour. Celle-ci disait que tels des acteurs qui cherchent quel scénario ils ont envie de jouer, elles se lancent dans l'aventure de l'incarnation en connaissant le script. Mais à la naissance, on a tout oublié... *Tout cela est un jeu que j'ai accepté de jouer.*

« Du chaos naissent les étoiles » est la phrase qui m'a marquée. Cette idée de la transformation, de la métamorphose a donné du sens à ma vie. J'ai plaisir à ressortir cette phrase, en pensant à ce puissant enseignement dans le désert marocain.

Après avoir rencontré le chamanisme, je ne savais toujours pas vraiment mettre des mots mais je fus attirée l'été d'après par un stage en Bourgogne « Chant et chamanisme » animé par Jean-Pierre Meyran.

Mon intuition m'a amenée à m'inscrire alors que ma tête se demandait : *Qu'est-ce que je vais faire dans un truc sur le chamanisme ?* Le chant était le lien, le compromis pour que ma tête accepte de signer le chèque et d'y aller.

Ce séjour à Terre du Ciel fut riche. Chaque matin commençait avec du chant et des rires. Les après-midis, nous allions visiter des lieux, églises, forêts pour faire connaissance avec les esprits de la nature. Dubatitive je pense que j'aurais pu partir de là s'il ne s'agissait pas de Jean Pierre, cet homme plein d'humour !

Il racontait des histoires d'esprits, d'énergies, d'entités, tout cela avec une seule et même énergie. Celle de l'amour mêlée à la joie. Tout était léger, simple, drôle à l'entendre. Le vie n'est pas sérieuse. C'est un grand jeu. Pour la seconde fois, j'entendais ce message. *La vie est un jeu.*

Cela commençait à trouver écho en moi. Doucement mais sûrement.

Moi qui trouvais tout « grave », je revenais de loin. J'osais, sur la

* en écho au livre Réveillez le chaman qui est en vous d'Arnaud Riou paru en 2014.

demande de Jean Pierre, imiter l'ours puis le singe en plein milieu du groupe. Il a le don de rendre les choses drôles et simples. Un exemple pour moi. Au-delà de ses mots, c'est son énergie qui m'inspira beaucoup et sa manière d'être au monde, sa philosophie, sa sagesse. J'appris que l'on pouvait parler de choses sérieuses en riant et que je pouvais rire de moi.

Un des derniers exercices que Jean Pierre avait guidé, était la recherche de l'animal totem. Je me souvenais l'avoir fait quelques années plus tôt mais pas concrètement.

Le voyage chamanique, porté au son du tambour m'avait emmenée de suite dans une forêt où je levais la tête et apercevais un aigle majestueux. Je restais là, en présence de cet aigle, le laissant me montrer son envol, sa majesté. Étais-je passée à côté de l'exercice, si j'avais de suite vu cet aigle, puis ensuite plus rien ? J'avais pris des libertés face à la consigne mais je me fis confiance. C'est que ce voyage m'emmena exactement là où il devait : à mon aigle totem.

Lors de ce séjour en Bourgogne, j'avais des questions en tête. Je recevais des signes depuis quelques mois qui me portaient vers un voyage au Canada. J'avais reçu le signe *Canada* plusieurs fois. Sachant à peine placer ce pays sur une carte, je me demandais, en mon for intérieur, *C'est tellement vaste, où au Canada ?*

Un mois avant le stage, alors que j'étais sur la route vers la préfecture de Lille, je décidais de regarder en rentrant la carte du Canada. J'allais me laisser guider par mon intuition. Mais la vie avait mieux pour moi !

Dans l'infinie file d'attente pour le permis de conduire et carte grise, je me retourne et aperçois une connaissance. Julien, photographe, ami d'une amie, il était pour moi le symbole même du voyage. Sur facebook, je voyais ses photos aux quatre coins du monde où il couvrait des mariages princiers et autres événements mondains. Il parcourait le monde. Ce ne pouvait être un hasard. Lui qui était hier peut-être en Iran et demain à New York, il était là dans la même file d'attente que moi. Cet homme que j'avais rencontré dans ma période très timide, m'intimidait. Beau gars, j'avais eu un intérêt particulier pour lui à notre première rencontre, lors de l'inauguration d'un club quelques années auparavant. Il m'avait invitée à danser et je ne sais pas pourquoi mais j'avais toujours senti quelque chose de fort en lui : il avait quitté son job et son métier pour devenir photographe. Il paraissait si sûr de lui que cela m'avait impressionnée à l'époque.

Je pris mon courage à deux mains pour me retourner et lui faire signe. Il était au téléphone. Quelques minutes plus tard, il vient me dire bonjour et me demande un stylo. J'en profite rassemblant toute mon énergie pour lui demander :

« Quand je te dis Canada, tu penses à quoi ? »

« Incroyable que tu me demandes ça. Je viens de passer une semaine pour photographier un mariage et la famille des mariés est originaire de Vancouver. Ils m'en ont dit énormément de bien. »

Mon cœur sourit. Merci l'Univers. J'avais ma réponse. En rentrant je regarderais les vols pour Vancouver.

C'était l'été, j'avais quitté mon travail, et je ne percevais pas d'aide : était-ce le bon moment pour partir ? Le billet coûtait minimum 500€ sans compter les dépenses sur place, c'était inconscient !

J'étais partie en Bourgogne en me disant que la réponse viendrait sans doute et que je saurai quoi faire. Je me posais des centaines de questions pourtant. Comment savoir si vraiment je devais partir ?

Le dernier soir du stage, avec un des garçons du groupe, je déroulais tous les signes que j'avais reçus concernant le Canada. Je terminais :

« Alors, aujourd'hui, je ne sais pas quoi faire. Je dois y aller ou pas ? »

Les yeux ébahis, il me regarde et paisiblement :

« As-tu vraiment encore besoin d'un signe avec tout ce que tu viens de me raconter ? C'est fou, tous ces signes ! »

Rentrée à Lille, je regardai les billets d'avion les moins chers pour Vancouver. La meilleure offre décollait 4 jours plus tard ! Je cliquais sur Ok. Je me lançais seule dans ce voyage fou. Sans rien prévoir sur place à part l'arrivée, je préparai un sac à dos de 10 kilos maximum contenant aussi bien une tenue pour un séjour en pleine nature que pour un entretien de boulot en ville ne sachant pas ce que j'allais y trouver. J'eus même la place d'y ajouter mes cartes d'oracle qui m'apportent une aide précieuse et mon bol tibétain.

Je regardais aussi les propositions pour dormir chez l'habitant à Vancouver et l'île de Vancouver. J'avais connu le site *Couchsurfing* qui propose à des voyageurs de dormir chez l'habitant sur le « canapé » pour un court séjour. Décidée à faire attention à mon budget, c'était l'occasion de braver ma peur de dormir seule chez des inconnus. Je sélectionnai par intuition un profil.

Je lus à peu près ceci :

« Située au milieu de l'eau, ma maison est un véritable observatoire à aigles...»

L'animal totem que je venais de rencontrer une semaine plus tôt. Scotchée, j'envoie un message à cet homme, Dylan, pour lui demander quand il pourrait me recevoir.

Incroyable. Encore une coïncidence époustouflante, une synchronicité comme j'aime les appeler puisque je ne crois plus au hasard. Je n'ai pas eu à chercher des heures. Tout est venu à moi facilement. Il m'a suffit de cliquer.

Mon sac parfait sur le dos, ma motivation gonflée à bloc malgré les doutes, je m'envolai seule pour le bout du monde.

J'arrive à Vancouver, dans un premier logement que j'ai loué pour prendre le temps de me remettre du décalage horaire. Après ces deux nuits, ce serait l'aventure totale.

La panique prenant place avec la fatigue du décalage horaire, je décide de me poser pour faire le calme, trouver où dormir grâce à ma connexion wi-fi. Il faisait froid et pluvieux. Mon arrivée était loin d'être idyllique. J'avais grand besoin de cette pause. Je trouve un endroit pour manger végétarien dans le centre ville. Le cœur lourd, je me demande quel sens a tout ça. *Qu'est-ce que je fais ici ? Je n'ai pas de logement pour demain soir. Comment vais-je faire ?*

Consciente que je ne trouverai pas la solution dans l'instant, j'essaie de savourer mon plat lorsque le restaurant se remplit de monde. Sans doute la pause des bureaux alentours. J'ai bien fait d'entrer quelques minutes plus tôt. J'ai une table pour me poser. La file d'attente passe devant la table et un homme, me demande s'il peut laisser ses affaires et son manteau trempé.

« Of Course. » Je me force à lui sourire.

Quelques minutes plus tard, il engage la conversation me demandant ce que j'ai dans mon assiette et comment je trouve ce concept végétarien de spaghettis de légumes crus. Puis servi, il me demande s'il peut s'asseoir en face de moi.

En cinq minutes d'échange, je comprends avec mon oreille fatiguée qu'il voyage beaucoup, qu'il accueille parfois des voyageurs en *Couchsurfing*. J'y vois un espoir et lui demande s'il m'accueillerait le lendemain soir. Il accepte et me donne son adresse.

C'est fou, quelques minutes avant, je n'avais aucune solution, je perdais la foi et là, quelqu'un me propose son aide. Je profitai que le vent tourne pour reprendre un peu de courage et partir à la conquête de cette ville. La pluie avait cessé.

Le lendemain soir , assise à la table de mon hôte rencontré au resto, je tombe bouche bée devant le livre posé juste sur l'étagère derrière lui. Dan Millman, *Le guerrier pacifique*. Je l'ai lu au retour du Maroc et ce livre m'a transportée dans un autre monde. Je partage cette surprise à mon hôte qui de suite, rebondit sur le livre posé à côté. *Votre chemin de vie*, toujours de Dan Millman. Je ne le connais pas. Il m'explique le principe de cet ouvrage basé sur la numérologie. Je regarde donc ce que dit ce livre sur mon chemin de vie d'après ma date de naissance.

En anglais, je ne saisis que certains mots. 26/8 est un parcours de vie pour travailler le rapport à l'argent, la notoriété et la puissance. L'argent ?

J'avais pris mes dispositions avec le monde et moi-même pour dire haut et fort que «je n'ai pas besoin d'argent». Depuis le décès de mon père, je lui avais rendu ce qui lui appartenait et je souhaitais même sortir de la succession en tant qu'héritière mais il était trop tard quand je m'étais décidée. J'étais heureuse car pour les premières fois de ma vie, je vivais bien de m'être lancée dans ce voyage économique mais riche de découvertes. J'expérimentais justement que je n'avais pas besoin d'argent.

Et là, sur le sol de son appartement je lisais que je faisais fausse route. Je découvrais que tout l'art de mon chemin était d'accepter d'avoir de l'argent. D'être en paix avec lui et de le partager autour de moi. Je lisais cela, alors même que je vivais un voyage où je me mettais au défi de me prouver que je n'avais besoin de rien dans la vie et que je ne manquerais jamais de rien. J'avais traversé la terre pour tomber nez à nez avec moi-même et l'évidence de mon chemin de vie. Quelle ironie ! J'ai su que j'étais au bon endroit, au bon moment. Et c'était bon de sentir cela même si l'apprentissage était rude.

En fait, au bout du monde, je prenais conscience que tout est parfait. Qu'à tous moments, j'étais au bon endroit, au bon moment et que je recevais des messages des uns et des autres, comme si tous étaient les acteurs du film de ma vie, en écho au livre *La prophétie des Andes**. J'ai autour de moi, en permanence tout ce dont j'ai besoin pour avancer. Ma tête ne partageait pas cette croyance, me rappelant que je cherchais quelqu'un pour faire mon site internet et que je n'avais trouvé personne.

Peut-être qu'en fait je m'y prenais mal. Et peut-être que plutôt que de chercher des gens, je devais me concentrer sur tout ce que j'avais aujourd'hui et toutes les personnes qui m'entouraient pour trouver des solutions à mes difficultés. *Peut-être que tout est là, autour de moi mais je ne le vois pas ?*

Janvier 2016, je décidai de suivre l'intuition qui me disait d'aller à Nantes, je ne savais pas que j'écrirais un livre. En mars, j'avais fait le stage de Joe Dispenza** sur la loi d'attraction et je me mettais en route

* La prophétie des Andes, James Redfield, 2002

** www.drjoedispenza.com

vers la concrétisation de ce projet de partir. Sur le chemin, je découvris qu'une part de moi voulait écrire un livre dans une méditation lumineuse. Comment ne pas rire quand, au moment où, la date de départ annoncée, mon compagnon ouvre le magazine *Happinez* que nous venons d'acheter et tombe nez à nez avec une annonce : « Éditeur recherche écrivain en développement personnel ».

En bas, l'adresse indique « Nantes ».

Ok. Nous nous regardons. Nous avons compris : « Nous sommes sur la bonne voie. »

En route vers Nantes !

Quelques semaines plus tard, en juin, je participais à une formation en marketing. Consciente que j'avais à apprendre comment je pouvais transmettre mes messages et mes outils, j'avais fini par accepter la proposition d'une mon amie. Elle avait participé à ce séminaire riche et était ravie des outils qu'elle avait trouvés pour développer son projet.

Au cours de la formation, nous sommes invitées à noter nos objectifs professionnels à un an, cinq ans...

Je me laisse rêver : *dans cinq ans, j'aurai écrit mon premier livre ! C'est un bon moyen pour transmettre.* Nous devions associer une récompense à chaque objectif. *Et la récompense à l'écriture de ce livre sera... un voyage en Islande* ! Bah oui, c'est beau de rêver ! Ça fait maintenant des années que je veux y aller !

Assise dans le canapé à Nantes le 2 janvier 2017, je décide de mettre une date ferme de fin à l'écriture du livre que je suis en train d'écrire. Ce sera le 28 février 2017. C'est maintenant que ce livre a du sens. Alors oui, dans un an, j'écrirai sans doute les choses autrement car la METAMORPH'OSE continue. Mais si j'ai eu cette vision lors d'une méditation, c'est que c'est maintenant que je dois l'écrire. Moi qui procrastinais à merveille, je décidais de passer à l'action.

J'ai commencé en octobre dernier et il est bon pour moi de me poser un objectif clair afin de me motiver. Je décide surtout de cette façon, de mettre la priorité sur ce qui fait sens pour moi : transmettre au plus grand nombre la foi et l'espoir que l'on peut changer sa vie, que l'on a droit au bonheur même quand on a eu une vie malheureuse et qu'on a vécu de lourdes épreuves.

J'avais pris quelques magazines et renseignements sur l'Islande à Noël, pour m'apercevoir que ce voyage ne serait pas pour cette année car les aurores boréales se terminent fin mars. *Or jusque fin mars, nous serons très occupés avec un déménagement et des réunions à Paris, Annecy...*

Le 10 janvier, je tombe par hasard sur un voyage en Islande sur internet. C'est le descriptif rêvé pour moi. Comme si je l'avais écrit moi-même, mais en mieux. Il s'agit de voir les aurores boréales et de participer à des exercices de développement personnel. Les intervenants sont dans le domaine de la sculpture, la biographie, le chant et on y parle d'intuition. Je reste coi devant mon écran. Devinez la date de départ de ce voyage ? Le 1 mars 2017. J'en ris de stupéfaction.

C'est donc pile le lendemain du 28 Février, la fin du livre.

Je n'en crois pas mes yeux !

Et en même temps, la réalité revient à moi et il représente un beau budget, ce voyage, dans la période actuelle, *il n'est pas raisonnable de partir.* Je ne vais pas, en plus, laisser mon compagnon faire le déménagement seul et rendre la maison en mon absence. *Et je ne peux pas annuler une réunion très importante pour moi avec de grands entrepreneurs sur Paris.* Ça ne coïncide pas. Dommage. Il faut savoir lâcher prise !

Cette même semaine, je venais de clore un Plan Épargne Logement pour placer cet argent dans quelque chose qui ait plus de sens pour moi. Puisque je ne me voyais pas acheter un bien immobilier dans les années à venir.J'avais décidé sur les conseils d'un ami de placer cette somme chez Crédit Positif*, un projet solidaire.

Deux jours après la découverte de ce voyage presque parfait, j'ouvre mon espace web pour faire un virement de loyer et je découvre que

* Crédit Positif.com, fondé par Dimitri Mascaro Fiorini

l'argent du PEL est déjà sur mon compte. On m'avait dit 3 semaines.. Bizarre. Et le plus fou, c'est que les bénéfices accumulés depuis 25 ans sur ce compte s'élèvent au montant du voyage en Islande !!!

Dois-je y aller ?

Confortée par quelques autres signes de ce genre, je décide en conscience de faire le choix de ne pas être à ces autres rendez-vous, pour être à ce rendez-vous là, avec moi-même.

A la date où j'écris ce livre, je pars donc dans quinze jours pour une destination inconnue mais avec le sentiment profond que je serai là où je dois être avec les personnes avec qui je dois être. Je ressens la gratitude pour ce chemin parcouru qui m'amène là où j'en suis aujourd'hui. Et comme vous l'avez vu, je reviens de loin.

Et tout ceci n'est qu'un mince témoignage des centaines de signes que je reçois depuis quelques années. A moins qu'ils aient toujours été là mais que je ne savais pas les voir ?

Et vice versa !

« Il faut encore avoir du chaos en soi
pour pouvoir enfanter d'une étoile qui danse »
- F. Nietzsche, Ainsi parlait Zarathoustra.

J'ai découvert que dans ma vie, lorsque je suis calme et heureuse, je vois certaines choses que je ne perçois pas quand je suis stressée. Le brouhaha intérieur prend parfois toute l'attention. Un peu comme pour les sons. J'ai lu un jour que les sons ne s'ajoutent pas. Quand on ajoute un son, une musique classique par exemple et un autre son de la fête d'à-côté, eh bien, il en résulte que le son le plus fort écrase l'autre son. L'oreille ne peut pas percevoir la douceur de la musique derrière le fracas des voisins, pas plus que le corps ne peut entendre l'intuition dans un chaos de pensées et d'émotions intérieures.

Par chance, les moments de loisirs que nous nous accordons en général, sont des moments où il est plus facile de laisser les soucis au placard et de profiter de l'instant. Pour pratiquer un sport ou encore voir un film au cinéma, la tête s'allège, le corps se concentre sur le présent, le jeu ou les images. Ainsi l'énergie change, devenant plus fluide et on peut se sentir relaxé ou ressourcé.

C'est dans cet état d'être, relaxé, que les messages passent, de l'inconscient au conscient, du subtil au concret.

Dans le genre loisirs, moi, j'ai toujours aimé le cinéma et les histoires pour enfants car les messages sont positifs et clairs. Et surtout l'usage des métaphores y est magique.

Je prends plaisir depuis plusieurs mois à écrire des articles au sujet des films d'animation que je vois. Le monde change et une des preuves est, pour moi, que les films d'animation pour enfant délivrent des messages jusqu'alors peu connus. Quand de grandes productions s'y mettent, c'est assez incroyable !

Ainsi les dernières années nous avons pu voir sur les toiles *Le petit Prince, Le prophète, Kubo et l'armure magique, Kung-fu Panda 3, Vice Versa, Vaiana*[*]... et j'en passe. Les thèmes de la mort, des émotions, de la réincarnation, de l'énergie, du Chi, de l'Amour universel, des entités énergétiques... tous ces thèmes improbables il y a dix ans, inondent actuellement l'esprit des petits et des moins petits comme moi.

Génial ! Que les écrans et l'art cinématographique servent à ouvrir les cœurs et les consciences, est une immense joie !

La planète est dans un mouvement nouveau. Et j'aime la sentir bouger. Je me sens actrice, au même titre que des dizaines de personnes qui m'ont inspirée.[**]

Je m'allie à cette mouvance, à cette métamorphose. Nous sommes uniques. Si nous sommes sur cette terre, c'est parce que nous avons quelque chose à offrir à ce monde. Révéler qui nous sommes, nos talents, notre énergie, notre savoir, notre amour, c'est participer à un avenir ensoleillé pour nos enfants.

....

* Retrouvez mes articles sur ces dessins animés inspirants sur www.LesAteliersDeLaCreativite.com/ose-le-blog

** Je vous ai fait la liste de ces personnes inspirantes sur : livre-metamorphose.com/LesCoActeurs.html

Oui mais.

Vous allez me dire, et cette violence, partout dans le monde ?

Cette violence paraît s'accroître au regard des médias. Mais est-ce qu'elle s'accroît vraiment ? Je ne sais pas, sans doute que oui. C'est aussi ce que l'on décide de nous donner à voir qui la rend présente et menaçante d'après moi .

Je viens de lire le livre *Nos 14 novembre** écrit par une une femme douée d'amour infini pour la vie. L'homme de sa vie est parti le tristement célèbre 13 novembre 2016 au bataclan. Le message est clair et je me rallie à lui : Aimons-nous encore plus fort !

Si cette violence ressort de tous côtés, c'est qu'il y a danger. Eh oui, devant la croissance de l'Amour, la violence se sent en danger et réagit de manière spectaculaire pour ne pas faire oublier qu'elle existe.

Du chaos de l'Univers sont nées les étoiles. Rappelons nous de cela. Sans ombre, pas de lumière. Sans lumière pas d'ombre.

J'ai fait l'expérience de danser avec mon ombre, littéralement et je vous dis que c'est un des instants les plus magiques de ma vie. M'accepter moi, c'est accepter toutes les parts en moi, toutes les blessures non guéries, toutes les émotions non exprimées, toutes les choses que j'ai mal faites...

J'ai pris contact ces dernières années avec cette part lumineuse et on me l'a souvent renvoyée. « Tu es rayonnante ! ». Mais le soleil ne peut pas briller à nos yeux si les nuages restent devant, non ? Si on prend le temps de les enlever, de souffler sur ces nuages, un à un, alors on aperçoit la lumière solaire.

Mais le soleil est un astre qui brille quoi qu'il arrive, non ? C'est sa nature même. Quand il se couche pour nous, ce n'est pas qu'il arrête de briller, simplement qu'il brille pour d'autres, au bout du monde ! Est-il moins brillant parce qu'il y a des nuages ?

Nous sommes des soleils. Moi, vous, qui lisez, vos proches, vos amis... et vos ennemis aussi.

....

* Nos 14 novembre, Aurélie Silvestre, 2016.

C'est le propre de l'être humain, d'être lumineux. Mais les nuages sont parfois très épais, gorgés d'eau, noirs d'orage, de tempête, parfois même le brouillard total est là et empêche de se souvenir que le soleil existe.

Je n'ai pas fait en sorte de briller plus ces dernières années que les années d'avant. J'ai fait en sorte de chasser les nuages, de remettre du vent dans ma vie, du mouvement. Petit à petit, une éclaircie m'a donné envie de continuer et de faire confiance en la vie.

Puis le ciel est devenu bleu. Complètement bleu. Et parfois, dans les hivers de ma vie, des nuages passent par là, mais le vent souffle délicatement, les empêchant de stagner là, devant le soleil qui ne demande qu'à se montrer.

Alors quand les médias nous parlent de ces nuages noirs, de tempête et d'orage, gardons en tête que le soleil est là, brillant, éclatant, toujours ! Il ne faillira jamais. On peut compter sur lui. Jaune, chaud, lumineux.

Les nuages sont de passage. Madame météo nous indique qu'il est temps de s'occuper, chacun, des nuages qui cachent le soleil au-dessus de chez nous et que cela participera à dégager le ciel au niveau planétaire !

« Aimons-nous les uns les autres » comme on l'entend en occident certes, mais dans « Aimons-nous encore plus fort », d'Aurélie Silvestre, il y a un encore plus. Aimons l'autre encore plus fort. Et aimons la personne que nous sommes.

Cette maxime catholique *Aimer son prochain comme soi-même* souvent entendue, n'avait pas de sens pour moi. J'avais l'impression avec ces phrases de bon sens, que tout était dit, que cela était simple comme bonjour. Mais comment aimer l'autre si je ne sais pas m'aimer moi ? J'ai compris que la clef, est de m'aimer moi, en tout premier. Si vous avez déjà pris l'avion, vous sourirez peut-être de cette métaphore. Avant le décollage, l'hôtesse conseille : « en cas d'accident, se mettre le masque d'oxygène à soi, avant de le mettre sur le visage de son enfant ». Car si je ne me sauve pas moi-même, qui sauvera mon enfant ?

Je suis la preuve vivante qu'il ne s'agit pas de se cacher derrière le fait de ne pas avoir reçu d'amour enfant et que l'on ne peut donc pas en donner, savoir ce que c'est...

On apprend bien à faire du vélo, à parler plusieurs langues, à faire des calculs mathématiques abracadabrantesques qui ne nous serviront plus alors pourquoi ne pas apprendre à s'aimer ?

C'est ce que j'ai fait et c'est pour cela que je crois en vous, en chacun de vous. Si je l'ai fait, vous pouvez le faire. Si j'ai trouvé la force et le courage de ne pas abandonner, vous pouvez les trouver.

J'ai mis en place grâce à mon expérience cette méthode de la METAMORPH'OSE pour vous accompagner sur ce chemin. J'aurais voulu d'un tel accompagnement à l'époque et je ne l'ai pas trouvé, pas comme cela du moins. J'ai passé des années, j'ai expérimenté, cherché, trouvé et je veux partager cela avec vous, parce que c'est vous. Le fruit de ces années à apprendre à me connaître, à prendre confiance en moi et à m'aimer, pour vivre une vie heureuse et me sentir à ma place dans tous les domaines de ma vie. C'est un cadeau que je veux vous faire. Aujourd'hui tout cela est à votre portée, ici même. Et je vous accompagne, pendant les 5 mois qui vont suivre pour transformer votre vie car je sais que vous êtes merveilleux et que vous le méritez.

Pas le temps

20 semaines c'est long ?

Quel âge avez-vous ?

Vingt semaines c'est 5 mois. C'est quoi 5 mois dans votre vie ?

J'ai passé 6 ans, soit 72 mois, soit 288 semaines à chercher des outils pour m'aider à trouver la source d'Amour en moi pour vivre des relations épanouies avec moi-même, mes proches, un homme. Me libérer de mon histoire passée, avancer en dépassant mes blessures, exprimer ce que je suis, mieux communiquer avec mes proches, avoir confiance en moi, m'aimer, ne plus jamais me sentir seule et réaliser mes rêves... Tout cela devenait possible !

Je vous livre tous ces secrets dans ce livre. Je souhaite vous faire gagner du temps, transposer ces 288 semaines en seulement 20 semaines pour vous. Je vous fais cadeau de ces expériences et de ces outils car je crois en vous et je crois au *soleil que vous êtes*. Ça vous dit de gagner 268 semaines soit 1876 jours de vie, de bonheur ?

Je sais que le chemin est non linéaire, qu'il est parfois semé d'embûches, de rochers qui bloquent le passage, de rivières sans pont pour la franchir... Je sais. Et c'est parce que je l'ai vécu et non seulement appris dans les livres, que je vous guide par le biais d'ateliers que j'ai conçus sur mesure. Vous trouverez aussi toutes les méthodes que j'ai testées et les contacts des praticiens à côté de chez vous.

Vous êtes libres, de vous prendre par la main, de vous aider, de vous souhaiter plus de bonheur que vous en connaissez à ce jour. Je sais que si vous lisez ce livre, c'est que le soleil qu'il y a en vous ne demande qu'à sortir de derrière les nuages !

Ce voyage vers *qui je suis vraiment* est le plus beau voyage que je n'ai jamais fait. Et partir en voyage avec un guide touristique pour encadrer, c'est parfois plus rassurant dans un pays inconnu, avec des habitudes et une culture nouvelle.

Que perdriez-vous à essayer gratuitement un atelier ? Que feriez-vous d'autre si vous n'essayez pas ? C'est vous qui savez, ou plutôt votre corps, votre élan intérieur. Faites quelques secondes de calme, respirez profondément là maintenant. Comment vous sentez-vous ?

Demandez-vous, ai-je envie de suivre ce chemin ? Ai-je envie de me connaître mieux ? Ai-je envie d'avoir plus de confiance en moi ? Ai-je envie de rencontrer l'Amour à l'intérieur de moi et dans ma vie ? Ai-je envie de vivre une vie heureuse ?

Observez ce qui vient de se passer. Avez-vous eu un soupir, une inspiration ou expiration plus forte à un moment donné ? Ou avez-vous pu observer toute autre chose ? Notez*

Ce voyage, je l'ai entamé seule. Pas par courage ou par force. Juste par désespoir, par souffrance face à ma vie, mes échecs amoureux, mes maux dans le corps.

Je souhaite vous offrir le chemin le plus doux possible car là est la clef

* Retrouvez cette méditation guidée sur : livre-metamorphose.com/LesOutils.html

pour que la chrysalide s'ouvre. Une force tranquille. Ne pas forcer. Tout se passe au bon moment, au moment parfait. Il y a juste à accompagner, donner de la chaleur, de la sécurité, de l'Amour pour que l'éclosion ait lieu.

Ainsi va le voyage au cœur de vous.

J'ai vécu la solitude du voyageur et c'est pour cela que j'ai créé une ressource essentielle de soutien et de bienveillance avec le groupe facebook « Livre-METAMORPH'OSE » où chaque personne qui se met en chemin peut trouver amour et soutien les jours nuageux. Et aussi inspirer d'autres à se dépasser, à oser. Je vois ce groupe comme une grande ronde, un nid d'humanité dans lequel l'énergie circule abondamment pour offrir le meilleur environnement à toutes les METAMORPHOSEs. Rencontrons-nous, rencontrez tous les lecteurs sur cette page pour échanger !

Connaissez-vous cette vidéo de métronomes qui ont tous, un rythme différent au départ, et qui, petit à petit se synchronisent les uns après les autres, pour finalement créer l'harmonie. Vous pouvez la voir ici*, c'est fabuleux ! C'est la clef.

Se mettre en marche et se mettre au contact de personnes qui avancent elles aussi, est porteur, et un accélérateur très puissant. La vibration des métronomes comme celle de nos cœurs peut s'harmoniser créant ainsi un groupe, une communauté capable de diffuser l'amour tout autour d'elle et de vivre dans le bonheur au quotidien.

Le monde vit une transformation que l'on y croie ou pas.

Et nous sommes le monde.

Si nous résistons au changement, les risques sont grands : vivre dans la peur d'aimer, de s'aimer, vivre seul, se contenter d'une petite vie rangée, qui ne fait pas de vagues. Voir sa santé se dégrader ou encore tomber gravement malade. Avoir des relations conflictuelles, avec nos enfants, notre famille, nos amis, nos collègues...Avoir des regrets sur notre lit de mort...

* Vidéo disponible sur la chaine YOU TUBE «Les ateliers de la créativité» playlist « Livre-METAMORPH'OSE »

Je sais aujourd'hui que je n'aurai aucun regret.

Mais si nous acceptons ce changement, quels risques courons-nous ? Nous risquons de nous alléger, de vivre plus longtemps et en meilleure santé, profiter du temps que nous avons pour être avec les gens que nous aimons, partager et réaliser les rêves que nous avons.

Je vous comprends. La peur est grande. Faire des pas vers soi-même ce n'est pas simple. Vous avez lu ma peur, mes réticences dans ce témoignage de ma vie. Je les comprends et c'est pour cela que j'ai pu les dépasser.

Et si vous aussi le faisiez ? Pour vous ou inspirer vos enfants à vivre une vie heureuse.

Nous sommes nés, nous occidentaux au passé teinté de christianisme, pour en baver ! Alors si ça devenait trop facile, ce serait un problème, non ? C'est ce qu'on cherche à nous faire croire. Et j'y ai cru. Mais ce n'est plus ma réalité. Il y a autre chose, de plus facile, de plus paisible et de plus doux.

Le fondement de tout ce parcours est que la joie et l'humour sont des émotions et des indicateurs immenses pour savoir si nous sommes ou pas sur la bonne voie. J'ai enfin, après 31 ans de vie, trouvé la joie en moi. Le sourire devant un spectacle comique mais aussi, un fou rire devant une situation cocasse et aussi et surtout, le sourire à moi-même, lorsque le matin, au réveil, je m'accueille :

« Bonjour Emmeline chérie ! »

Je sens mon corps et mon cœur simplement se réjouir que je leur adresse ces quelques mots, avec toute ma sincérité. Je sais que je n'ai besoin de personne. Et parce que je n'ai besoin de personne pour combler mon vide affectif, j'ai rencontré l'Amour et je le partage avec vous qui l'accueillez.

Nous sommes des êtres doués naturellement d'amour et quand nous nous connectons à cette énergie universelle, face à nos proches, nos enfants, rien ne peut nous arriver. La confiance règne.

Et c'est ça la magie de la vie. Ouvrons ensemble notre cœur à cette magie des lendemains ensoleillés. Car tout est possible ! J'en suis la preuve et si ma mission de vie à moi est de transmettre ce message, ces outils et de vous aider à passer le cap, c'est pour faire éclore votre mission de vie, votre Évidence, *votre Vie Est Dense*, à vous.

Et votre vie danse ! Alors dansons-la !

Chapitre 10

L'envol

Et si le bonheur était là ?

S'aimer !

« Quand je m'endors contre ton corps alors je n'ai plus de doute
L'amour existe encore »
- Céline Dion, *L'amour existe encore.*

Le jour où j'ai décidé de me faire passer avant toute autre personne, je m'en souviens bien. J'avais été encore déçue dans une relation avec un homme et en rentrant de Vancouver, c'était limpide.

Dorénavant, je n'ai besoin de personne pour vivre ma vie et pour être heureuse. J'avais expérimenté que la main de l'Univers me rattrapait toujours à temps, me faisant juste expérimenter la foi et le *faire confiance.*

Si je devais rencontrer un homme, j'étais sereine : cela m'arriverait. Mais pas maintenant.

Là, c'était *moi d'abord.* J'avais perdu beaucoup de temps à chercher qui serait l'élu de mon cœur, que j'en avais oublié que je pouvais m'aimer moi sans avoir besoin de personne dans ma vie. Finis les compromis, les hommes qui collaient à-demi à mes projets. Je laisserai mon sort entre les mains de l'Univers.

Soulagée de cette décision, je sentais bien comme elle me faisait gagner en énergie. Récupérer cette énergie dispersée dans les recherches me procurait beaucoup de bonheur et je pouvais m'atteler à mon rêve de faire ce que j'aimais dans la vie : transmettre l'envie et les outils pour transformer sa vie. J'allais monter une entreprise et construire un site internet autour de la créativité et du développement personnel. C'est ainsi qu'est né le site Les Ateliers De La Créativité que je finalisais en 8 heures seulement, tant j'étais concentrée sur ma tâche et surtout, forte de la nouvelle croyance : je peux le faire ! J'avais perdu beaucoup d'énergie à chercher quelqu'un qui pourrait me libérer de cette tâche. Mais finalement *forcée* de le faire moi-même je prenais confiance dans un nouveau domaine auquel je ne connaissais rien. Il y avait un grand bénéfice à m'être lancée dans ce projet : je ne dépendrais de personne pour faire vivre le site internet et le jour où je travaillerai avec une personne compétente dans le domaine, je pourrais communiquer bien plus facilement, ayant expérimenté moi-même.

L'été 2014 sur les bords de l'Ardèche, j'avais rencontré Xavier au stage de clown mais aussi son frère, Victor, un grand mec fin, à l'air perdu. C'est l'impression que j'en avais eue.

Je l'ai de suite pris sous mon aile tel un petit oiseau. Il faut dire que c'est la rencontre de nos clowns qui a tout fait. Lui, c'était Traversin, en hommage aux longues heures bénies à dormir et moi Tata Simone, en souvenir d'une soirée en ville avec les clowns cette semaine-là. Ces deux-là se sont entendus parfaitement dès les premières secondes ! Et la semaine passa d'autant plus vite !

Après l'épisode difficile avec Xavier, j'avais coupé les ponts quelques temps avec Victor, ne voulant pas polluer les beaux échanges avec son frère à cause de ma souffrance. Je voulais garder cette jolie amitié naissante avec Victor, c'était important pour moi, enfin si nous devions garder le contact, cela se ferait.

Au printemps 2015, après avoir fait le deuil de la relation avec Xavier et compris ma dépendance affective, Victor avait repris contact m'annonçant qu'il passait un concours sur Lille et que ce pourrait être l'occasion de nous revoir. « Bien sûr ! ». J'étais ravie et l'invitai à venir à la maison pour le temps de son concours.

Nous passions des heures à discuter. Lui, céleste au possible, me renvoyait l'image d'un grand sage dans la peau d'un adolescent perdu. Et moi, à l'entendre, il me voyait comme une « pauvre Emmeline qui se prend trop pour une humaine ! ». Je riais quand il lançait ça. C'était tout moi, complètement aux prises avec mes problèmes matériels, terrestres. Tout lui : rêveur et voyageur nocturne, il planait dans un monde imaginaire. Pourtant nos échanges me faisaient beaucoup de bien. Nous nous apportions un autre point de vue à des lustres de ce que nous étions capables de voir. C'était très riche.

Et surtout, il incarnait pour moi une telle paix et une telle sagesse, que rien que sa présence apaisait mon univers.

Je me sentais chanceuse d'avoir rencontré un ami, un vrai. Bien plus jeune et ne m'attirant pas du tout physiquement, j'étais fière de cette amitié avec un homme.

Je découvrais comme je pouvais ressentir beaucoup d'amour pour un homme sans qu'il y ait d'équivoque sur la nature de la relation. Et cela me procurait beaucoup de paix et me nourrissait.

Nous avons gardé le contact, tous les 2 ou 3 mois, nous nous donnions des nouvelles. Et puis, je suis partie à Vancouver. Il avait très envie de voyager au Canada alors nous en avons discuté mais ce voyage, je voulais le faire seule, c'était important pour moi.

Et puis, lui étant du sud, je lui ai proposé de visiter la région nord et la Belgique la prochaine fois qu'il viendrait. Nous étions en décembre 2015. Le froid commençait à tomber mais surtout la pluie. Pour un véritable homme du sud et du soleil, l'acclimatation n'est pas si facile. J'avais loué un appartement sur la côte belge pour avoir le temps de lui faire découvrir Bruges, Bruxelles et si possible Gand.

L'aventure commençait ! Même si c'est ma région natale, je n'étais jamais allée vers cette côte-là et j'aimais découvrir les paysages avec Victor.

Nous avons beaucoup ri en sautant sur la terrasse pour nous réveiller à l'aurore, méditer dans le froid embrumé par notre souffle. Ces jours de vacances me firent le plus grand bien.

A Bruges, nous entamons une très belle discussion à la terrasse sur l'eau.

Je me rendais compte que j'adorais Victor. Mais cela me posait question.

Qu'est-ce pour moi l'Amour ? Ça m'a amusée de me demander : *En quoi Victor ne pourrait jamais être un homme pour moi ?* La réponse me scotcha.

Je n'avais pas de très bonnes excuses.

Juste qu'il ne portait pas de costume. Qu'il ne travaillait pas. Qu'il n'avait pas fait d'études.

La liste était à peu près de ce type.

Le choc n'était pas dans les questions elles-mêmes mais dans le recul que je pris soudain.

D'où me viennent ces idées préconçues ? En quoi cela est de l'Amour ?

Je ne projetais rien sur Victor mais face à une relation si riche, nourrissante et épanouissante, je me demandais pourquoi je n'avais jamais atteint cela avec les hommes dans ma vie.

Peut-être justement parce qu'il n'y avait pas de *relation de couple.*

Ou peut-être avais-je construit une liste de critères inconscients qui avaient mis à distance des hommes qui auraient pu en fait, me convenir.

Avoir un ami, de l'autre sexe, c'est très intéressant ! Il m'a offert un magnifique miroir.

La magie a continué car ayant mis de la conscience sur cette partie de mes croyances, je pouvais m'en libérer. Dans la soirée, alors que Victor méditait, je le vis l'espace de quelques secondes, avec des yeux très différents. Avec mes yeux de femme. Je voyais un homme, un vrai. L'espace de quelques minutes l'adolescent que je voyais, le petit frère pour moi, disparut.

J'ai refusé ces pensées, mis un couvercle autant que j'ai pu.

Mais tous deux avions déjà beaucoup trop appris à cerner l'autre pour ne pas s'apercevoir que quelque chose n'allait pas. J'étais pétrifiée devant ce constat : et si c'était lui ?

Non impossible. En plus, c'est pas du tout le moment.

C'est ainsi que l'histoire d'amour entre Victor et moi débuta. La vie est pleine de surprises.

Pour la première fois, j'avais rencontré un homme, dans ce qu'il était vraiment, bien avant d'imaginer une relation amoureuse. Au lieu de projeter sur un homme, que c'était *l'homme idéal* fait pour moi dès le début, car il avait l'air « communiquant » et « soucieux d'évoluer », j'avais rencontré un homme. Point. Nous avions appris à nous connaître vraiment loin de toutes attentes. Nous avions beaucoup discuté sur nos difficultés et notamment, avec les hommes pour ma part ! Victor savait tout de moi et de mes difficultés, dans son authenticité à lui, je savais tout ce qu'il vivait à l'intérieur.

La relation a démarré sans surprise. Nous avions déjà vécu ensemble quand il venait chez moi, nous avions déjà organisé un voyage, un emploi du temps, nous avions déjà établi des règles de fonctionnement et de respect dans la vie en communauté puisque je vivais alors en colocation.

Bref, en fait, nous avions fondé, sans le savoir, des bases, des fondations à une relation qui allait évoluer.

Conscients du temps et de l'implication que cela demande, nous passions des heures à communiquer *vraiment*, à nous dire ce qui nous convient et ne nous convient pas.

Pour la première fois, alors que j'en avais tant de fois rêvé, j'étais avec un homme qui voulait s'investir, prendre le temps pour la relation. Nous avions des rendez-vous amoureux pour échanger et nous encourager sur nos pistes d'évolution face aux besoins de l'autre par exemple. Dès que nous en sentions le besoin, je nous concoctais un exercice d'art thérapie et nous crééions chacun de notre côté afin de mieux nous comprendre ensuite, au moment des échanges sur les œuvres réalisées. Cela nous aidait énormément. Victor me répétait souvent combien c'était pour lui, le meilleur biais pour me comprendre.

Par exemple, avant notre dernier déménagement, cela lui a permis de voir pour quelles raisons je commençais à stresser et planifiais tout, et moi, j'ai vu comme lui était déjà dans le plaisir de l'après déménagement et que c'est pour cela qu'il avait l'air si relax.

L'exercice nous avait détendus tous les deux : j'ai pu lui demander de l'aide et il a pu m'aider à me détendre. Si l'un et l'autre, nous n'avions pas conscience de ce que nous cachions derrière le mot « déménagement », nous pouvions ne pas nous comprendre du tout et nous disputer longtemps !

Mais aujourd'hui, nous avions des outils. Et c'est parce que je suis convaincue de leur efficacité que je crée ces exercices sur mesure. Par le biais des ateliers, j'aimerai que chacun devienne autonome et créateur de sa vie en utilisant les outils quand et comme bon lui semble.

J'ai accompagné un couple récemment. Ils avaient vécu un grand moment d'incompréhension et cet événement avait déclenché de vives émotions pour chacun. En fait, avant de le déposer sur les feuilles, chacun était avec son point de vue de la scène. Une fois extériorisé, le film de ce qu'ils avaient vécu, était visible par l'autre, au-delà des mots, qui eux, peuvent blesser et réveiller l'ego dans un jeu sans fin.

Prendre du recul, aller sentir et comprendre ce qui avait fait surgir les égos de chaque coté, a été source d'apaisement et d'ouverture à l'autre. Les bases d'une nouvelle communication ont été posées et chacun devient alors responsable de ce qu'il fait peser ou pas sur la relation. J'ai appris récemment qu'ils continuent les rendez-vous et qu'ils adorent se retrouver.

Nous ne nous choisissons pas par hasard. Jamais. L'autre est un fabuleux miroir. Au début, nous voyons le beau, toutes ces parties de nous que nous aimons chez l'autre. L'autre est un peu comme nous et tout parait facile et magique. Puis le miroir devient de moins en moins flatteur car un jour ou l'autre, il nous renvoie aussi nos parts moins « jolies jolies ».

Ce que nous n'avons pas soigné de notre histoire, de nos anciennes relations amoureuses ou tout autre chose, ressurgit tôt ou tard. Si nous n'avons pas mis la conscience sur ces zones qui ne demandent qu'à être libérées, l'autre s'en charge inconsciemment. Chacun appuie sans le faire exprès exactement là où ça fait mal chez l'autre.

Et avec Victor, c'était aussi le cas.

Aucune relation n'y échappe. Mais j'ai décidé, j'ai fait le choix, de prendre cela comme un cadeau. La relation me permettait de voir ce que j'ai à libérer ou changer en moi pour vivre encore plus heureuse avec moi-même. Et cela ne coûte rien ! C'est génial ! On peut aussi payer un praticien ou thérapeute pour nous renvoyer ce qui a l'air d'être blessé en nous et qui a besoin d'être réparé. C'est un choix. Tout est juste et parfait. A chacun de choisir le parcours qui lui convient. Mais en prenant dans tous les cas, *sa* responsabilité.

C'est ainsi que la relation avec Victor s'est terminée. J'ai pris mes responsabilités. Si cette vie ne me convenait pas complètement, je pouvais en changer.

Aimer c'est aussi savoir laisser partir l'autre au moment venu. Et même là, j'ai pu proposer un atelier sur la rupture. Nous avons pu poser en conscience ce que nous souhaitions garder de cette relation, et la transformer. Nous avons choisi de voir le cadeau dans l'épreuve.

Rien ni personne ne transformera les choses difficiles de votre vie à votre place. Rencontrer un homme aussi extraordinaire soit-il, ne vous ouvrira pas le cadeau à votre place. Ce n'est pas son rôle de porter et de pallier à nos manques, nos frustrations, nos souffrances. Faire peser cela sur la relation, c'est éteindre à petit feu cette flamme qui a brillé au début. A coup de gouttes d'eau ou de lance à incendie, le résultat plus ou moins lent sera à coup sûr, le même : échec amoureux. Et cela n'est pas du négativisme. Juste le retour de mes expériences et découvertes, grâce aux différentes méthodes rencontrées sur le chemin vers l'Amour !

Le meilleur investissement

« Just keep following the heartlines on your hand
*Keep it up, I know you can »**
- Florence And The Machine, *Heartlines*

Le 12 février 2017. Comme chaque matin, je me plonge dans l'écriture du livre, un pas après l'autre, je ne lâche pas cette discipline tout en y mettant la souplesse et la douceur avec moi-même. Quoi que j'écrive, quelque soit le nombre de pages, de lignes, de mots, tout est parfait. L'important c'est que je crée de l'espace pour ce projet dans chacune de mes journées.

Ce matin-là est particulier, je pars animer une journée de stage « Créer la vie qui m'inspire ! » avec Oassa. Eh oui, notre relation toujours aussi magnifique et riche, a évolué ou plutôt, nous l'avons fait évoluer. Depuis plus d'un an, nous réalisons ce rêve, d'accompagner ensemble les

* « Continue à suivre la ligne de cœur dans ta main, continue, je sais que tu peux le faire. » [Notre traduction]

personnes en chemin, grâce à ce stage.

Ce matin-là, j'en suis au chapitre sur le hasard et les synchronicités. J'ai envie de démarrer en parlant du voyage que j'ai fait avec Arnaud Riou. Le premier gros investissement que j'ai fait sur moi-même. Plus de 2000 euros pour un nouvel an ! Ok une semaine, ok dans le désert, ok j'avais très envie, mais quand même. C'était la première fois que je me donnais autant de valeur et c'était énorme pour moi.

J'ai écrit en rentrant de ce stage un commentaire sur le site d'Arnaud Riou comme je l'ai raconté dans le chapitre Suivre mon étoile. Je me sentais, à ce moment, différente, grandie mais je ne savais pas mettre de mots. J'avais trouvé la motivation, malgré la cheville en vrac, car je voulais témoigner de mon état et encourager d'autres personnes à passer le cap d'un tel voyage initiatique.

Ce matin du 12 février, assise sur le canapé, seule l'horloge rythme l'aurore. Je recherche donc sur le site d'Arnaud ce commentaire et là... Et c'est là que je découvre que j'ai écrit ce témoignage le 10/02/2015, jour pour jour deux ans plus tôt.

Aujourd'hui, mon costume est cousu sur mesure. Je suis à ma place. J'anime un stage extraordinaire avec Oassa. Ma vie est magique. Arnaud a mis un coup de pouce dans la fourmilière de ma vie.

Chacune de mes cellules telles des fourmis, se sont mises en action, se sont aidées, épaulées en moi et avec moi pour créer la vie de mes rêves. Et même, la vie dont je n'osais pas rêver !!

Je n'aurai jamais cru un mot de tout cela, il y a deux ans. Terrée dans mon appartement, incapable de quitter le travail dans lequel je me sentais prisonnière, pas à ma place, j'étais loin de me douter qu'un jour, ma vie ressemblerait à cela. Et même, si quelqu'un me l'avait prédit, je lui aurai ri au nez, n'y croyant pas une seconde ! Les boules de cristal ce n'était pas mon truc !

Tout ceci me renvoie aux moments où je me torturais l'esprit à savoir si je faisais ou pas telle ou telle dépense. Pleine de jugements, je me disais

Ce n'est pas le moment et indécise née, j'ajoutais *Et si ce n'était pas le bon stage ?* A voir ce qui s'est passé en deux ans seulement c'est évident que ce stage était le bon, ainsi que tout ce que j'ai osé mettre en place.

Au début des rendez-vous avec Christine, j'avais fait le calcul que 50€ chaque consultation à raison de 3 par mois, m'avait offert un beau week-end de repos dans le Sud ou en Espagne. Une part de moi était bien tentée de se laisser aller à cette dichotomie. Je ressentais le besoin d'une pause, d'un repos. Alors un week-end off était vraiment ce dont j'avais besoin ! Je bossais comme une damnée sans même pouvoir en profiter. Et puis, quand je sortais d'une journée de stage avec Christine, je me disais : *C'est la meilleure dépense que j'ai jamais faite !* Au-delà d'un bien-être dans l'instant comme pouvait m'apporter quelques jours de vacances, cet investissement en temps et en argent me procurait une paix intérieure, un soulagement profond, durable à long terme.

Aujourd'hui, je continue à entendre cette petite voix qui me dit : « Ce n'est pas le moment », « C'est beaucoup trop cher ». Je l'écoute mais je ne la laisse pas décider pour moi. C'est là que tout a changé. Je l'écoute car il y a aussi parfois du bon sens et comme je l'ai expliqué plus tôt, il s'agit d'écouter et d'accepter toutes les parts en soi pour avancer. On ne peut avancer et grandir que dans un climat de confiance et d'écoute, de soi à soi en premier lieu.

Aujourd'hui, je me pose la question pour des stages de valeurs toujours plus importantes qu'il y a cinq ans. Les factures ont pris un zéro, passant de 50€ à 3000€.

En fait, j'ai compris et senti que c'est à moi de me donner la valeur que j'attendais que les autres me donnent. En osant dépenser beaucoup d'argent pour moi je fais un acte d'amour envers moi. Oui soyons clairs j'ai dû changer des choses à mon mode de vie pour trouver cet argent. Mais tout s'est fait petit à petit.

J'avais tellement besoin que l'on m'aime que j'avais comme priorité à Noël de faire des dizaines de cadeaux aux gens que j'aime. Je donnais en fait de l'amour, de la manière paternelle dont je l'avais reçu enfant, de l'amour matériel. Et j'espérais en recevoir en retour.

En construisant l'estime de moi, en apprenant à m'aimer, je me suis détachée sans m'en rendre compte véritablement du besoin d'être aimée. Et je n'ai plus eu les élans de dépenses excessives que je connaissais chaque mois de décembre, quitte à me mettre dans le rouge.

Je n'ai pas mis en place tout cela consciemment, mais les épreuves de la vie ont amené le changement à moi : en démissionnant, j'avais posé un acte fort symboliquement : je n'aurais plus d'argent. Je ne pourrais plus faire de cadeaux aux gens que j'aime. Je prenais un gros risque : que l'on m'aime alors moins en retour.

En fait, cela m'a permis d'expérimenter autre chose : je ne sais pas si on m'aimait ou non en retour, mais je n'y étais plus autant attachée qu'avant ! Je ne m'en voulais plus de ne pas faire de cadeaux à chaque enfant qui naissait autour de moi, à chaque amie, à chaque occasion.

L'argent que j'épargnais, je me le dédiais entièrement. Pour ce voyage au Canada, ce stage de chant... J'en profitais. Après tout, si je voulais recevoir des cadeaux inoubliables, plutôt que d'offrir des choses aux autres, je pouvais me les offrir. Peut-être même que moi aussi je le méritais ?

Et la magie c'est que lorsque la dépense est alignée avec ce que nous sommes profondément, le retour est presque instantané. Je m'explique.

J'ai souvent expérimenté de dépenser malgré la petite voix qui disait « Non !! On va manquer d'argent, tu sais bien. » Mais cette fois-là c'était une des premières.

Je venais de démissionner et n'avais trouvé aucune solution pour prendre le relais financier. J'avais postulé à des petits boulots comme de la garde d'enfants après l'école, car le but était que j'aie du temps dans la journée pour développer le projet qui me tenait à cœur autour de l'accompagnement par la créativité. Je comptais les sous au plus serré, en espérant qu'une solution vienne à moi. J'avais démissionné, je n'avais donc aucune chance de recevoir des aides de Pôle Emploi puisque je n'avais pas retrouvé de contrat pour montrer ma « motivation à travailler ». J'avais expliqué mon cas à une super conseillère qui avait compris, que rien ne servait de m'appeler pour des rendez-vous hebdomadaires car je menais mon projet de front et j'avais besoin d'y consacrer tout mon temps. Je n'attendais plus rien du système. Il m'avait fallu du temps pour lâcher cette sécurité et cette croyance que l'État m'aiderait.

Cette semaine là, un ami m'envoie un mail pour me proposer une séance de SCIO *Indigo** à Bruxelles. Je ne sais pas ce que c'est. D'après lui, ça a l'air intéressant. Il a souvent de très bonnes idées et ressources mais je suis dubitative car cela fonctionne à partir d'une machine.

Je suis plutôt pour l'humain et l'idée de la machine me rebute fortement.

Et puis 70 euros en ce moment, ce n'est pas du tout possible. C'est plus que mon budget pour vivre 10 jours.

Et en même temps, une part de moi, curieuse, me dit : *ça peut être intéressant de tester une nouvelle méthode, pour en parler à d'autres qui peuvent en avoir besoin.* Découvrir un nouvel outil et qui vient à moi, c'est une superbe opportunité. Ces deux femmes qui viennent à Bruxelles, sont du sud et mon ami me propose, en plus, de m'y emmener. Ce serait une belle occasion de passer la route à papoter, ça fait longtemps qu'on ne s'est pas vus.

Mais je passe d'une idée à une autre dans l'heure. Et je ne sais pas quoi lui répondre. Le départ est prévu vendredi soir. Je finis par lâcher ma peur de manquer d'argent.

« Ok, tu passes me prendre à quelle heure ? ».

Je me dis que si c'est sur mon chemin, je dois tenter cette nouvelle expérience.

La soirée est géniale, la découverte fabuleuse.

Le lendemain, pour la première fois, ma sœur tape à la porte de ma colocation. Je l'avais invitée pour un repas, ça faisait des années que ce n'était pas arrivé. Je faisais ma BA, souhaitant ne pas faire disparaître le contact. J'ouvre la porte.

* Remplacé par le SCIO-Eductor (Reportez-vous au glossaire complet de toutes les méthodes de la METAMORPH'OSE sur livre-metamorphose.com/LesMethodes.html)

Devant moi, elle me tend un billet. Non deux.

« Tiens, j'ai vendu cette semaine le canapé que tu m'avais donné il y a 3 ans. »

Je souris en mon for intérieur.

Devinez combien elle m'a donné ? 70 euros !

Je sais que j'étais hier soir au bon endroit.

L'Univers a beaucoup d'humour !

Cette situation est gravée en moi et son message aussi. J'y repense quasi à chaque fois que j'ai à faire un choix et que ma tête me dit « ce n'est pas raisonnable. »

Bien sûr, quand je dépensais des sommes astronomiques en vêtements, bijoux et que ça avait le sens de me faire oublier mon mal-être, personne ne me tendait l'argent le lendemain. Mais là, c'était un acte bon pour moi et mon évolution personnelle.

La surprise ultime arriva 6 mois plus tard.

J'avais rendez-vous avec ma conseillère Pole Emploi. Elle insistait sur un point :

« Remplissez le dossier pour faire la demande d'aide, pour ne pas regretter plus tard, on ne sait jamais ! »

Un truc supplémentaire à faire et administratif qui plus est, je soufflais intérieurement. *Je n'ai pas besoin d'ajouter ça à ma liste surtout que je n'aurai rien puisque j'ai démissionné !*

Je ne sais pas si c'est mon envie de lui faire plaisir à cette conseillère ou de croire que j'étais face à un signe de l'Univers qui allait me faire travailler sur mon dégoût de la paperasse administrative. Néanmoins, je me mis au travail, fouillant dans les derniers mois ce que j'avais mis en place professionnellement pour remplir ces quatre pages.

Peu motivée, je déposais quand même le dossier complété dans la boite aux lettres sans aucune attente. Finalement, j'étais heureuse de l'avoir rempli, ça m'avait permis de faire le point sur tout ce que j'avais fait depuis ma démission. A cette période, je n'avais pas l'impression d'avoir fait grand chose pourtant, je n'avais pas assez de place sur les pages prévues dans le dossier !

Le faire fut une réussite personnelle. De moi à moi, j'avais trouvé le bénéfice à cet exercice peu séduisant. L'apprentissage était riche, une fois de plus.

Cinq jours plus tard, de bonne humeur, je rentrais de formation en Belgique. Il n'y a pas souvent de courrier le samedi mais là, moi qui le laissait parfois traîner, je l'ouvre.

Incroyable mais vrai : « Vos droits à Pôle Emploi ont été ouverts. » Ils reviendront vers moi prochainement.

Quand il y a du sens à nos dépenses, autre que de fuir une « dépen(se) dance(dense) », tout s'éclaire.

J'ai bien compris le fonctionnement de l'Univers.

Je vous le confie ici. C'est l'un des plus grands secrets.

C'est seulement quand on saute que le parachute se déploie.

L'espoir

« Et quoique tu fasses
L'amour est partout où tu regardes »
- Francis Cabrel, *Je t'aimais, je t'aime et je t'aimerai.*

Bien sûr, tout ceci peut paraître un peu édulcoré, *la vie en rose*. Vous pouvez penser que c'est plus facile pour moi que pour vous et que j'ai des choses que vous n'avez pas... Mais je vous rassure, je suis comme tout le monde. Vulnérable. Je rencontre tous les jours encore des difficultés, des challenges, des défis. Le but de l'Humain est d'évoluer. J'évolue et chacun à notre rythme nous évoluons. J'ai acquis des outils et des réflexes sur mon parcours mais je vis encore de grandes prises de conscience et j'espère que cela continuera encore car je compte vivre encore longtemps !

Un exemple. Alors que j'animais avec Oassa le stage « Créer la vie qui m'inspire ! », la pleine lune agissait avec son énergie de transcendance.

Oassa était en train de faire une explication sur les valeurs et le groupe en citait un certain nombre. Installée dans la salle, légèrement à l'écart du groupe, je pus recontacter la valeur profonde et essentielle pour moi : l'Amour. C'était bon. Et pourtant à ce moment-là, je vivais autre chose, des questions me venaient.

Mais *est-ce par amour de l'Humanité que je suis là sur ma chaise et que je vis d'étranges sensations ?* Ma tête est embrumée, je me sens fatiguée et accablée par une énergie triste. Je suis pleinement là et en même temps pas là. J'étais avec chacun des mots prononcés par les participants et en même temps, j'étais observatrice d'une part de moi qui ne peut pas couper le lien. *Je me sens fatiguée, je pourrais aller me reposer un peu pour me préparer à mon intervention à venir ?* Mais l'importance et la bienveillance que je voue à ces personnes pour qui je ressens amour et accueil, m'empêche aussi de me lever pour prendre soin de mon besoin, de prendre l'air. Cette bienveillance envers les autres se transforme en pression sur mes épaules, me clouant sur place. *Mais j'ai besoin de repos, besoin de couper avec le groupe, de m'aérer la tête pour être à nouveau pleinement présente. J'ai besoin de me retrouver moi, pour mieux entendre et être là pour les autres.* Je suis consciente et pourtant.

J'en ai vécu beaucoup des situations où je poussais mes limites encore et encore car je voulais profiter, ne pas manquer une miette de ce qui se passe, ne voulant pas manquer la meilleure occasion, Le moment, le déclic, le message important à donner à chaque personne.

Épuisée, j'ai pu encore et encore travailler jusqu'à ne pas dormir et ne plus avoir de vie à côté, sous prétexte de bien faire, d'être professionnelle.

Sous prétexte de partager un maximum avec mes amis, j'ai poussé des nuits où j'étais malade, au bout du rouleau, jusqu'à six heures du matin, ne pouvant pas me faire passer avant mes relations. Je veux être là. *Ce qui se vit là, est trop précieux, ne peut pas être vécu de nouveau. Ne peut pas être rattrapé.*

Alors oui, le temps ne se rattrape pas. Je ne pourrais pas rattraper ce temps *perdu.*

Mais à quel prix ?

J'ai souffert et j'ai fait souffrir lorsque je me poussais hors de mes limites. Après un dîner chez des amis, à la minute où la porte de la voiture se fermait, le visage d'une autre Emmeline faisait surface. Une Emmeline fermée, à la voix froide, agressive, agacée.

Comment la Emmeline enchanteresse pouvait aussi soudainement devenir une sorcière méchante et perfide ?

Voilà ce que j'ai compris sur le chemin de ma croissance personnelle. Lorsque je prends soin de mes besoins vitaux, je vais mieux, je sais rester agréable avec les autres, ceux que j'aime.

Mais néanmoins, je vivais comme s'il y avait un bouton on/off à l'arrière de mon cou. C'était troublant.

Alors que d'autres peuvent passer une soirée au calme, dire qu'elles sont fatiguées et qu'elles vont rentrer se coucher, quitte à manquer la moitié de la soirée, cela me parait inconcevable, impossible à faire. Alors comment faire ?

Ainsi le lendemain du stage, dans la nuit, je me réveille en sursaut le plexus comprimé. Je me blottis contre l'homme que j'aime à qui j'ai montré la sorcière désagréable au coucher. Cette part d'ombre que je ne voulais plus jamais montrer aux gens que j'aime. Je l'ai fait. Je m'en veux. Je l'aime alors comment puis-je envoyer de tels messages de méchanceté.

Peut-être parce que cela fera toujours partie de moi. L'ombre et la lumière. Mais ce qui a changé c'est qu'avant je m'embourbais dans l'ombre, donnant toute la place à cette colère, ces reproches...

Une émotion est coincée là, au niveau du plexus. Je glisse un pardon dans l'oreille ensommeillée de mon homme. Et je fonds en sanglots. « Je suis au bout du rouleau ». Ce soir, la lune brille de tout son cœur, et moi, je pleure ma douleur.

Oui certes, je suis fatiguée, je viens de vivre un week-end génialement épuisant et intense. Mais cela me parait toucher bien plus loin. Ce cri de douleur qui déchire la nuit, vient de loin.

Cette ombre m'offre un cadeau, cette nuit là.

Ayant à peine dormi, ma journée s'annonce difficile. C'est une journée de repos mais dans cet état, rien n'est vraiment reposant. La tête dans un étau, le cœur serré, le plexus comprimé, je me demande par où commencer. Me reposer ? Mais la tête ne se débranche pas. Elle ne compte pas me laisser passer à côté de ce qui est là, dans mon corps. *Merci de ce cadeau* ! J'ironise encore.

J'écris et dessine ma douleur. Tout est flou. Tout parait n'avoir aucun sens.

Je finis par dessiner cette phrase nocturne « Je suis au bout du rouleau ».

Je me vois dessiner comme un rouleau de carton et la lueur d'espoir naît lorsque je me rends compte que cela veut aussi dire « Je suis sortie du tunnel » d'après le dessin clair devant mes yeux.

Un peu de soulagement. Je me sens toujours mal et dans le brouillard mais capable de me lever et d'affronter cette journée.

J'ai osé demander de l'aide à Oassa. Je sens que le jour est à la libération de quelque chose mais seule, je ne vois plus quoi faire.

J'ai vu à l'œuvre Oassa, tellement de fois, accueillir l'autre et son émotion, sa peur. Je l'ai vue accompagner, guider pour traverser des peurs immenses. Cela peut me faire du bien de lui en parler.

Je ne sais pas de quoi il s'agit mais c'est là. C'est tellement là que ça prend toute la place. Il n'est donc pas question que je passe à côté, que je fasse comme si de rien.

Je ferme les yeux.

Je lui explique.

Je ne pouvais pas m'accorder un moment hors du groupe ce week-end car je ne pouvais pas couper le lien. Qu'est-ce qui arriverait si je partais ? Je couperais le lien d'amour, je n'ai jamais su couper les liens. J'ai trop peur d'être rejetée. Si je pars, peut-être que l'autre m'en voudra, ne m'aimera plus.

Je revis les portes closes, devant moi. Toutes ces portes qui se sont fermées un jour sur mon cœur. Toutes ces portes qui m'ont renvoyé à ma solitude, à mon sentiment de ne pas mériter d'être aimée. Toutes ces portes qui ne laissent aucune fente, aucun jour, aucun trou de serrure, aucun espoir. Aujourd'hui encore, j'ai cette peur viscérale que les portes des gens que j'aime se ferment à tout jamais.

Oassa continue de me guider dans cette visualisation émotionnelle, en me posant des questions.

Un jour, un seul, j'ai pu couper le lien. Il y a deux ans. J'en ai été capable et *je me suis sentie soulagée, et j'ai récupéré de l'énergie pour moi*. Ça a été positif pour moi dans ce cas.

Et quand j'ai récupéré de l'énergie, j'ai pu être plus disponible aux autres et à moi-même. Je me sens bien. La chaleur monte dans mon corps. Je respire profondément et mon plexus s'ouvre en grand. Je sens les battements de mon cœur.

Je suis ressortie de cette puissante visualisation encore une fois grandie. Encore plus pleine d'amour. J'ai pu vider les larmes associées à ces portes qui se sont fermées sur moi un jour pour laisser de la place à autre chose.

Et le plus beau cadeau, c'est que, recontacter à nouveau mes valeurs profondes, m'a permis d'avancer sur un domaine de ma vie :

Je suis prête à devenir maman.

Je le veux depuis mon adolescence. Mais mes croyances étaient grandes. Devenir mère pour réparer les comportements qui m'avaient blessée. J'avais pris conscience ces derniers mois, grâce à l'hypnose et les mots du corps, que derrière la maternité il y avait pour moi une forme de perte de liberté. Et cette perte prenait le dessus inconsciemment sur le désir d'enfanter. Avoir un enfant, c'était fermer la porte de ma liberté. Et dans mon histoire, je savais que les portes se ferment pour ne jamais se rouvrir.

Quand j'ai contacté la valeur Amour en moi, avec toute la puissance qui m'habite, mon envie de le distribuer tout autour de moi par le biais de ce livre, les ateliers, les stages, les articles, les sourires et le chant s'est trouvé décuplé... C'est *ce que je suis vraiment* : naturellement faite pour *donner de l'Amour* et *ouvrir les cœurs* autour de moi à l'*Amour de soi* et des autres.

A cet instant, emplie de bulles pétillantes et chaudes dans tout mon corps, les larmes de joie sont montées : Je sais que devenir maman est plus important que le risque de perdre ma liberté. Car ce sera transmettre de l'Amour.

Je pourrais ainsi écrire un prochain livre sur la maternité ! A suivre !

Toutes ces croyances et constructions mentales font partie de moi mais je décide de ne pas laisser cette part de moi diriger ma vie, mes relations et je décide d'arrêter de me faire du mal. J'ai eu assez mal et je préfère aller à la rencontre des blessures et de ce qui fait encore mal, pour vider le sac émotionnel car à chaque grain de sable que j'en sors c'est un grain de bonheur qui se loge en moi.

Alors vous voyez, ce qui m'arrive encore aujourd'hui. Je n'ai pas l'air de faire ma maligne quand je suis prise dans mon jeu de l'inconscient. Je ne suis pas meilleure que les autres, je choisis d'utiliser les outils à ma disposition car je ne veux plus souffrir. Ce n'est pas du courage. J'ai bien expérimenté de ne rien faire, ne rien changer : j'avais très mal, j'étais malheureuse et jamais à ma place.

Aujourd'hui, ce n'est pas tous les jours facile mais d'avoir goûté au bonheur, aux jours véritablement heureux, à la libération de ce que je suis vraiment, me donne le courage d'y aller, d'oser.

Mon histoire de vie restera toujours mon histoire. Les blessures associées seront toujours dans un coin de moi, de ma tête ou de mon corps. C'est aussi une part de mon être et en ce sens, je l'accueille et lui donne de l'amour comme je peux. Ce n'est pas du tout cuit mais c'est ce qui me parait le meilleur chemin pour une vie heureuse, sans regret, sans peur ou blocage face aux projets de vie...

J'aurai toujours des choix à faire, des difficultés, des questions, des doutes mais je peux les subir encore et encore ou les transformer dans le bonheur, la légèreté et la joie. J'ai choisi.

Et vous, vous choisissez quoi ?

Un nouveau jour se lève

« It's a new life for me, yeah [...]
And I'm feeling good »[*]
- Nina Simone, *Feeling good.*

Ces dernières années, j'ai lu des dizaines de livres. Alors que tant de livres étaient restés sur la table de nuit prenant la poussière, le plaisir de la lecture était apparu... en lisant.

Tout est possible aussi étonnant que cela puisse être !

Depuis mon arrivée à Nantes, j'ai dévoré des dizaines d'ouvrage, facilement. En fait, je ne cherche pas quel livre je vais lire. Je me rends compte, à quel point quand quelque chose est pour nous, il trouve le moyen de parvenir jusqu'à nous.

A Noël, j'avais fait une razzia en librairie, me laissant porter par mon intuition, j'avais eu entre les mains le livre d'Isabelle Filliozat dans *Les chemins de la joie*. Je décidais de l'offrir à Oassa. Au moment d'échanger

* « C'est une nouvelle vie pour moi, ouais [...] Et je me sens bien » [Notre traduction]

les cadeaux, je vois son visage perplexe à l'ouverture du paquet. « Je crois que je l'ai déjà » me confie-t-elle.

Tant pis ! C'est comme ça. Je le garde à la maison. Peut-être que je dois le lire même si, à première vue, j'ai déjà trouvé beaucoup de joie en moi et que la question ne se pose plus ?

Je lis ce livre pendant mon rituel matinal et je tombe sur des notions dont je parle dans mon propre livre. J'en suis à écrire ce dernier chapitre et comme il n'y a pas de hasard, les passages d'Isabelle font écho à mes messages. Vous avez bien compris, que quelques années avant, j'aurais pesté d'avoir dépensé ces sous pour rien, de ne pas pouvoir me faire rembourser... Au lieu de ça, je me suis dit *Quel est le message pour moi ?*

Et ils sont nombreux ! Par exemple :

« Nous éprouvons de la joie lorsque nous nous sentons grandir et devenir celui que nous sentons être au fond de nous... quand nous avons le sentiment d'accomplir notre mission. [...] même quand la route est un peu ardue, cela nous donne le courage d'avancer et la joie est là. »*

Je viens de passer les dernières semaines de ma vie à décrire ce chemin pour vous parler justement de la joie que cela procure de se sentir soi-même. Alors je me sens pleine de gratitude à lire ces lignes que quelqu'un d'autre a pris le temps de graver sur papier pour inspirer les autres.

Elle explique à quel point le groupe est important dans l'évolution. C'est la base même, car se sentir en lien, nourrit notre besoin d'appartenance. Ne vivons nous pas les plus grands moments de joie lors de réunions entre amis ou en famille ?

Je n'avais pas de famille et pas d'amis au début de ce chemin. C'est pour cela que l'idée d'avancer avec d'autres personnes, dans un groupe m'a conquise. J'ai trouvé le soutien, la reconnaissance et l'amour auprès d'êtres humains qui comme moi étaient perdus mais qui, comme moi, avaient envie que ça change. Soit parce que la souffrance était trop grande, soit parce qu'ils se sentaient menacés de divorce ou en crise dans leur vie personnelle ou parce qu'ils avaient une maladie ou parce qu'ils avaient

* Isabelle Filliozat, Les chemins de la joie, l'émotion du sens de la vie, 2016.

perdu leur emploi...

J'aurais pu choisir un autre chemin, celui de continuer à fuir ma vie. Continuer à me plaindre et me faire plaindre. J'aurais pu. Mais j'ai fait un choix, un tout petit choix, d'accepter de l'aide de l'extérieur. J'ai compris que seule, je ne pourrais pas y arriver. Seule, je passais mon temps à broyer du noir, à ressasser les mêmes idées et croyances qui ne me faisaient pas avancer. J'ai osé croire qu'en étant accompagnée, je pourrais avancer plus loin.

Je me suis libérée des schémas parentaux, familiaux, collectifs et sociaux. Grâce à cela, j'ai pu faire de la place à ces parts de moi que j'avais enfouies.

Mon souci est que j'aurais pu continuer la vie que j'avais, encore longtemps. N'ayant pas de référence d'autre chose de plus heureux, je me sentais *normalement heureuse*. Je pouvais sourire et rire avec mes amies de temps à autre. Je pouvais ressentir l'amour, face à mon neveu, face à mes amoureux.

Je pouvais m'épanouir en apparence dans mon métier d'architecte comme dans celui dans la mode. En fait, un de mes problèmes n'est pas ce que je *ne* savais pas faire mais ce que je savais faire. Beaucoup trop.

Consciencieuse et perfectionniste, je pouvais travailler dur pour faire des choses dont tout le monde serait satisfait. Mon boulot était bien fait, quoi que je fasse. Cela m'embrouillait l'esprit car je me disais que si je faisais ça ou ça bien, c'est que c'était mon truc.

Mais en fait, non. Difficile à croire mais savoir faire trop de choses est aussi un problème. Autant que d'avoir l'impression de ne pas avoir de compétences. Récemment, on me renvoyait que j'avais aussi des compétences en graphisme, voulant donner un coup de main à une amie.

Voilà la base qui me perdit. J'allais vers ce que l'on me disait. « Ah c'est chouette ton T-shirt, c'est toi qui l'as fait ? Tu devrais créer des vêtements ! » Et voilà, comment je deviens créatrice de mode. Je caricature un peu, mais j'aurais tellement pu *tout faire* pour faire bien, être la bonne Emmeline, que je perdais de vue ce que je *voulais vraiment.*

Je ne renie pas les qualités et compétences que j'ai mais elles sont différentes des dons que nous possédons tous. Ces compétences s'acquièrent sur le terrain de la vie alors que les dons sont là dès notre naissance ou tendre enfance.

En me libérant du perfectionnisme, du poids du passé, de mon histoire et des attentes des autres, j'ai pris contact lentement mais sûrement avec *ce pour quoi je suis faite.*

Chanter, danser et peindre comme je me le prédisais à l'âge de sept ans, oui. Mais surtout : écouter, évoluer, transmettre et soutenir les autres dans l'Amour.

J'aurais pu continuer à accumuler des réussites professionnelles et personnelles. J'aurai pu continuer à m'acheter de jolis vêtements, à me faire belle, à partir en voyage, à vouloir une belle maison et avoir l'impression d'être heureuse. Mais j'ai choisi mieux que tout cela réuni, le bonheur profond et à chaque instant. Et quand nous marchons vers cela, tout le reste vient à nous grâce à la loi d'attraction. Aujourd'hui j'ai tout dans ma vie, l'abondance au quotidien.

S'il y a en vous, une petite voix, un petit espoir, une grande envie que les choses changent, alors écoutez-la et osez.

Osez faire le premier pas vers vous-même. En fait non, le second car si vous lisez ces lignes, c'est que vous êtes déjà en chemin, que l'espoir est là, quelque part en vous. Alors bravo !

Action

Comme vous le savez maintenant, je suis d'une nature indécise. Mais j'ai décidé que même si cela devait faire partie de moi pour la vie, cela ne me bloquerait plus comme par le passé.

A un moment donné, la seule chose à se dire c'est « Just do it ! ».

C'est dans l'action et l'expérimentation que j'ai pu trouver confiance et amour de moi. C'est en osant un pas puis l'autre, vers des choses qui me faisaient extrêmement peur que je suis sortie grandie et plus forte. Dan Millman* en parle avec facilité dans sa formation* en citant des exemples de choses que nous faisons parce qu'il faut les faire.

Aller chercher les enfants à l'école, faire les courses, payer ses factures. Nous ne nous posons pas la question à ce moment-là : Ai-je envie ? Suis-je motivée ?

Alors pourquoi se poser la question ou se débiner quand il faut faire quelque chose pour notre bien à nous ? Faire du sport le matin, se lever tôt, lire, faire une formation ou faire les ateliers de la METAMORPH'OSE, c'est pareil : pourquoi le reporter à plus tard ? Pourquoi, alors que nous savons que ce serait bon pour nous, nous ne nous donnons pas la priorité ? Personne d'autre ne va le faire pour nous. Nous sommes nos propres guides et parents bienveillants pour nous-mêmes.

Ce « Just do it » de Dan Millman*, je me le répète les jours où je me replie sur moi, n'osant pas appeler une personne ou reportant un rendez-vous important sans cesse à *demain*. Je n'ai pas de question à me poser à certains moments de ma vie, juste à *agir* !

Faites-le !

Trouver la motivation, ce n'est pas tous les jours facile, mais vivre une vie peu épanouissante voire pourrie, l'est encore moins ! Qu'en pensez-vous?

Alors il appartient à chacun de vous, de vous bouger coûte que coûte pour vous-même.

Laisseriez-vous vos enfants à l'école si vous aviez l*a flemme ou un coup de déprime ?* Laisseriez-vous le frigo vide pour votre famille si vous étiez malade ?

Vous savez ce qu'il vous reste à faire pour acter et changer ce que vous voulez changer dans votre vie. Un pas après l'autre sans pression. Je vous donne pour cela tous mes outils, je vous donne tous mes secrets, les noms des stages puissants que j'ai vécus, les livres qui m'ont accompagnée et fait grandir (on peut les avoir à la bibliothèque aussi !), les thérapeutes qui m'ont aidée à me libérer .

Bref *Just do it !*

....

** Dan Millman a écrit Le guerrier Pacifique en 1980 et a créé la formation dérivée Master the Path of the Peaceful Warrior. Toutes les infos sur www.peacefulwarrior.com

Récemment, j'ai intégré le groupe du *Miracle Morning** sur facebook, sur le rituel matinal qui peut transformer notre vie. Je suis convaincue depuis l'Inde, vous le savez, mais je suis ravie de voir le nombre de personnes qui se bougent, qui osent faire des nouvelles choses, qui deviennent créatifs en imaginant des solutions (comment faire avec leurs enfants, leurs voisins, leurs conjoints...). Revenue d'Inde avec des « idées loufoques » pour mon entourage, je suis aux anges de voir que nous sommes une communauté à mettre en œuvre tout ce que nous pouvons pour changer notre vie !

Dès demain, quand vous ferez une petite chose pour vous, que vous n'auriez pas faite sans lire ces lignes, vous allez dépasser d'un cran une peur, un démotivation, une croyance. Par exemple, si vous prenez trois minutes pour prendre un rendez-vous chez l'ostéopathe** plutôt que de continuer à avoir mal au dos et vous plaindre, vous vous rendrez compte que non seulement ça ne prenait que trois minutes et que ces trois minutes vous les avez trouvées même si vous passez votre temps à croire que, *vous n'avez pas le temps* et en plus, vous allez faire un pas pour aller mieux et vous débarrasser de ce mal de dos. Par la même occasion quand vous faites ce pas vers vous, vous montrez à votre entourage qu'il est important de prendre soin de soi, de sa santé physique et mentale. Vous montrez à vos enfants que, demander de l'aide et se faire du bien, c'est positif. En fait, quand vous mettez une petite chose en place, c'est tout votre univers qui est nourri !

Quand vous vous dépassez, si par exemple vous quittez une situation qui vous fait du mal, vous donnez la possibilité à d'autres de le faire. Ce n'est pas confortable sur l'instant, d'oser faire quelque chose qu'on ne ferait pas, mais c'est inspirant pour les autres et pour soi. C'est en faisant de nouvelles choses que l'on devient quelqu'un de différent.

Au plus nous nous dépassons, au plus il devient facile de se dépasser et d'oser.

* en lien avec le livre Miracle Morning, Offrez-vous un supplément de vie !, Hal Elrod, 2016.

** Retrouvez toutes les méthodes que j'ai expérimentées, expliquées sur : livre-metamorphose.com/LesMethodes.html

Moi qui ne pouvais pas dormir hors de mon lit et qui avais peur dans la nature, des petites bêtes et des animaux, j'ai dormi dans une cabane sans eau ni électricité au milieu d'un bois sur une île près de Vancouver. Quand une biche a heurté la paroi en pleine nuit, j'ai eu peur. Mais je suis toujours vivante ! Et c'est parce que j'ai fait des petites actions régulièrement depuis cinq ans que j'ai pu réaliser cette chose insensée. Je me suis prouvée que je pouvais.

Je n'ai pas l'intention de devenir une fille des bois, ni de vivre recluse mais en faisant ça, j'envoie à mon corps, à mes cellules, à mes neurones, une nouvelle info : « Si je peux faire un truc pareil alors je peux tout faire ! »

« Tout est possible à qui rêve, ose, travaille et n'abandonne jamais. »
Xavier Dolan

Parfois, ce n'est pas simple car on rencontre des obstacles. Parfois ces obstacles sont là pour nous dire : « Ce n'est pas le bon chemin ». Parfois, ils sont là pour dire « Persévère ! »

Quand j'ai raté mon admission aux clowns de l'espoir, j'aurais pu en rester à cet échec. Il a fallu encaisser car j'y avais mis beaucoup d'espoir. Je voulais accompagner des enfants à l'hôpital. Et finalement, deux mois plus tard, je devenais Blouse Rose*. J'ai pu donner aux enfants hospitalisés beaucoup d'amour. Ça a donné encore plus de sens à ma vie, de devenir bénévole. En fait peu importait l'étiquette que j'aurai. De plus, les blouses faites par *Agatha Ruiz de la Prada*, créatrice de mode que j'adore, ont paré d'encore plus de magie toute cette aventure à la rencontre de l'autre, de sa souffrance mais aussi de la spiritualité.

Lorsque je suis arrivée à Vancouver, j'avais en tête que ce voyage était un défi à lui tout seul et qu'il serait l'occasion de me lancer d'autres défis. Oser certaines choses au bout du monde est parfois plus facile. Loin du regard des autres, de la culture française je me sentais plus libre. Je m'étais lancée

* Les Blouses Roses : association qui intervient à l'hôpital pour animer le courage de guérir en chacun. " Une équipe formidable qui apporte du soutien aux malades de tout âge et leurs familles, par le biais de l'écoute, d'activités et de jeux."

dans le projet d'aller chanter devant des inconnus partout où je pourrais et aussi dans des bars où il y a des scènes ouvertes. Chanter devant un petit public bienveillant comme aux cours de chant, je sais faire et encore certains jours, c'est plus difficile. Mais chanter sur une scène où tout est inconnu, oser m'inscrire, parler à des gens, en anglais qui plus est... j'avais la peur au ventre.

Je trouvai un endroit parfait. L'affiche stipulait sur le trottoir « Open Mic », comprenez « soirée scène ouverte », tous les mercredis soir. Je me préparais à y aller. Le lendemain, j'avais un bus à 5h30 du matin, je dormais à l'auberge de jeunesse assez loin du centre ville mais j'allais le faire. J'étais là pour me défier et je me répétais *Allez Emmeline, tu es au Canada pour ça !*

Ce soir-là, j'essayais de ne pas me décourager quand je m'aperçus que j'en avais pour plus d'une heure à vélo pour rejoindre l'endroit. Pas idéal comme préparation pour aller chanter mais bon, c'est comme ça : « Just do it ! » tournait en boucle dans ma tête.

J'arrive devant le bar, il y a un homme à l'entrée qui fait des contrôles. Je lui explique que je viens pour le Open Mic. Il me demande ma carte d'identité, je lui tends. Il me regarde et me dit en anglais

« Non, il me faut l'original ». Comment ça ? A l'étranger, gardant les conseils précieux de mon voyage en Inde, je voyageais avec des copies sur moi et les originaux, je les laissais là où je dors. Cela avait toujours fonctionné comme ça. Découragée, déconfite, je le supplie lui expliquant que je suis française, que je viens de faire une heure de vélo pour venir, que je pars le lendemain matin, que c'est ma seule chance de chanter. *Non, ce n'est pas possible. Pas après tous ces efforts !* ai-je pensé.

Stoïque, il me dit qu'il doit scanner une pièce d'identité originale qui prouve que j'ai 21 ans pour me laisser rentrer. C'est la loi au Canada.

Ahhhhhhhh non... je perds ma confiance, me ratatine sur moi. Le ciel me tombe dessus.

Pleurnichant, je m'apprête à sortir. Un homme arrive, il tient la liste des inscrits pour la scène ouverte. Je lui explique, me disant que je n'ai rien à perdre. Il ne peut rien pour moi.

Soudain me vient que j'ai mon permis de conduire sur moi. En quittant Lille, j'étais revenue dans la maison pour le prendre. Une dernière pensée *On ne sait jamais*, m'avait poussée à prendre ce papier rose. Il fut le graal ce soir-là. Le scanner scanna, l'homme résigné, me laissa entrer.

J'étais là. J'avais parcouru des kilomètres. J'avais mal aux mollets. J'avais passé le contrôle de sécurité. J'avais franchi des obstacles immenses. J'étais là dans ce bar. Il était chaleureux, la scène était décorée de dizaines d'instruments de musique et faisait très pro.

Un groupe semblant se connaître était debout devant moi. Je ne savais pas vraiment quoi faire, mais j'étais là, c'était déjà incroyable !

L'homme chargé de l'organisation s'approcha, me demanda mon nom pour m'inscrire sur la liste. Il m'annonça qu'il y avait beaucoup de monde et que tout le monde ne passerait sans doute pas. J'insistais sur le fait que je venais de France, que je partais le lendemain matin tôt. Ayant réussi l'impossible, gonflée à bloc, j'osais dire ce que j'avais à dire. Persuasive, je fus notée en haut de la liste. Il me présenta au groupe comme « la Française venue chanter ce soir. »

Un jeune homme m'accueillit de suite, en québecois. Il me demanda ce que j'allais chanter. Je lançais *Dog Days are over* de Florence and the Machine.

« Waouh, bon choix » me dit-il.

« Mais je ne joue pas d'instrument ». répondis-je. J'étais prête à tout, même s'il fallait chanter a capella.

Il partit pour moi à la recherche d'un accompagnateur guitariste.

« Qui peut jouer *Dog days* ? » entonna t-il en anglais.

Il me présenta un jeune homme, guitariste. Dans un coin de la salle, il entonna le début de la chanson en grattant les cordes me demandant le ton sur lequel je chantais. Nous nous accordions, n'ayant pas échangé un mot, juste quelques regards. La musique rassemble, c'est clair.

Cinq minutes plus tard, nous étions sur scène. Quelques notes d'hésitation et puis... la magie a opéré. J'ai chanté comme je ne l'avais encore jamais fait. J'ai osé me lâcher, exister sur scène, portée par la musique et le soutien du guitariste. J'en ai la chair de poule de vous le raconter. C'était magique.*

Je me suis dépassée. J'ai franchi les barrières les unes après les autres. Et c'est parce qu'il y avait ces barrières que je me suis sentie plus forte, plus courageuse et que j'ai osé. C'est parce que je me suis dépassée que c'est un des plus beaux moments de ma vie. Ma joie de l'instant s'est gravé en moi comme la preuve que la persévérance paie. Tout paraissait impossible et ça a été possible. Mieux que cela, ça a été ma plus belle expérience de chant. Avec un inconnu qui plus est.

Oser c'est faire de la magie. C'est peut-être pour cela que l'on m'a surnommée La Magicienne d'OSE !

La joie et le bonheur, vous pourrez le voir sur mon visage car je partage la vidéo* que le québecois au grand cœur, *AutoHeart* de son nom de scène, a faite ce soir-là.

Me reconnecter avec ces moments où j'avais très peur mais où je l'ai fait quand même, est un très bon boost.

La peur

Alors oui, j'ai peur. Comme vous. C'est normal. Sans la peur, nous serions sans doute déjà morts. La peur nous alerte, nous tient en éveil, fait monter l'adrénaline et nous donne du courage. Quelle que soit la peur, de perdre, de rater, de réussir, de manquer, de ne pas y arriver, d'échouer, d'être humilié, d'être moqué, de ne pas être à la hauteur, d'être ridiculisé... elle a son lot de bonnes choses à nous apporter. Mais en aucun cas, vous ne devez la laisser vous mener par le bout du nez !

Vous pouvez essayer d'être parfait, vous pouvez attendre que l'environnement soit parfait pour entamer cette METAMORPH'OSE, vous pouvez attendre le moment parfait ou d'avoir plus de temps. Mais c'est lorsqu'on dépasse ses peurs, que l'on s'octroie du temps pour soi

* Découvrez cette vidéo sur la chaine You Tube Les Ateliers de la Créativité, playlist

pour la première fois, que l'on ressent la fierté, la force et que l'on construit l'*estime de soi*. Souvenez-vous, le parachute ne s'ouvre que si on saute ! Laissez L'Univers vous surprendre comme il le fait chaque jour pour moi !

Vous pouvez vous cherchez des excuses, je sais ce que c'est, je m'en suis trouvées plein pendant des années ! Comme le dit Elizabeth Gilbert dans *Comme par magie*, « Le perfectionnisme empêche les gens d'achever leur travail, certes mais pire encore, il les empêche souvent de le commencer.» Ce livre m'a été offert par Oassa à Noël, je l'ai dévoré. Car, en plus d'être pile dans le thème de la créativité qui me porte, il est surtout écrit par une auteure qui écrit sur sa créativité à elle : l'écriture. Une mine d'or pour moi, qui finissait mon premier livre ! Et les messages sont clairs : Osons mettre au monde qui nous sommes et nos projets !

Vous savez tout maintenant. Vous avez le choix.

Privée d'amour, blessée par l'amour, il m'a fallu des années pour m'en remettre. Aujourd'hui je remercie toutes les épreuves de ma vie car sans elle, je n'aurais jamais entamé ce chemin, je n'aurais jamais pu trouver en moi, la source d'amour infinie.

Aujourd'hui, je vous ouvre mon cœur en grand. Je me suis montrée vulnérable, entière et sincère avec vous à travers ces mots. Je sais que vous en ferez bon usage quoiqu'il arrive, que vous pratiquiez ou non les ateliers de la METAMORPH'OSE.

Comme Isabelle Filiozat l'écrit si justement, « Au delà des techniques, le plus important est l'ouverture du cœur du thérapeute. »

J'ai hâte de vous retrouver, de lire vos avis sur ce livre, et vos partages sur ce que vous vivez grâce aux ateliers. Pour cela on se retrouve dans le groupe facebook réservé aux personnes suivant les ateliers de la METAMORPH'OSE. Je choisirai au *hasard* régulièrement des personnes à qui j'offrirai un debriefing sur l'œuvre, en personne afin de vous encourager encore et encore sur cette voie.

J'ai rêvé de devenir *Sarah Bettens* sur scène et de chanter « On, and on, and on.... I believe in me » devant un public averti. Aujourd'hui, je chante de tout mon cœur I believe in You* !!!

J'ai rêvé de devenir *Julia Roberts* dans *Pretty Woman* ou *Bébé* dans *Dirty Dancing*. J'ai rêvé d'être aimée comme ces femmes, j'ai rêvé de choses qui me paraissaient inaccessibles.

Et pourtant, j'ai réalisé le plus grand de tous mes rêves, celui de devenir moi.

J'ai transformé les épreuves de la vie en cadeaux. Je témoigne ici pour vous inspirer à vous mettre en route vers vous-même. Ce chemin est de plus en plus fréquenté et c'est le plus beau cadeau que vous puissiez vous faire et me faire car je vous donne avec tout mon cœur les outils que j'ai utilisés. Je vous livre les secrets de la METAMORPH'OSE dans une série d'ateliers que vous pourrez vivre depuis chez vous, quand vous le voulez. Je partage avec vous aussi, les livres qui m'ont ouvert la voie, les personnes qui m'ont inspirée et surtout toutes les méthodes que j'ai expérimentées.

Puissent ces outils vous libérer, comme ils m'ont libérée de mon passé pour m'alléger et me permettre de m'envoler vers mes rêves.

* Je crois en vous !!!!

L'oiseau que je suis a, non seulement ouvert sa cage,

mais il vit dans un ciel bleu où le soleil rayonne,

porté par les vents,

conscient et confiant

qu'il fait ce pour quoi il est né :

voler !

Inespéré !

J'ai accueilli, j'ai pardonné mais surtout j'ai accepté que chacun avait fait de son mieux. Mon père avec son passé d'orphelin, ma mère avec son histoire et ma sœur avec ses épreuves difficiles.

J'ai arrêté de penser que je changerais les autres. *Si les autres ne me conviennent pas, alors la clef est d'agir sur moi, et seulement sur moi.*

Toutes ces années loin de ma sœur, j'ai espéré secrètement que nous nous retrouvions un jour. Puis quand je me suis rendu compte qu'espérer me faisait encore trop souffrir, j'ai senti que le mieux à faire était de me concentrer sur ma vie, mon bonheur et l'amour de moi à moi. Cette décision m'a apporté la confiance. La confiance en moi, en mon chemin et en la vie. *Ce qui doit arriver, arrivera !*

Et l'inespéré arriva. Ma sœur ayant cheminé toutes ces années de son côté, a transformé elle aussi les épreuves de sa vie en cadeaux. En août 2016, alors que je n'ai plus aucune attente relationnelle, la vie nous fait nous rencontrer. J'entends que tout a changé. Moi qui me suis sentie rabaissée toutes ces années, je me sens tout-à-coup forte et inspirante pour ma propre grande sœur. J'ai su prendre ma place, et en faisant le chemin de la métamorphose, celui vers elle-même, elle m'en a donné une.

C'est en pleine écriture du livre que la relation s'ouvre et qu'elle m'offre les mots du cœur, sans retenue dans ce mail :

"Hello Sœurette,
MERCI pour mon parfait calendrier de l'avent*...tes messages me portent et sont en adéquation avec les messages de l'univers...
MERCI pour Tout ce que tu es
MERCI pour tout ce que tu m'offres
MERCI pour les mots et les messages entendus même si hors conscience depuis toutes ces années
Pardon d'avoir douté ou d'avoir jugé...aujourd'hui je sais pourquoi
Tout est LIMPIDE dans mon cœur, mon esprit et mon Âme...
Je te souhaite le Meilleur
Avec toute ma Gratitude
Agnès"

En trouvant la paix en chacune de nous, nous avons construit la paix entre nous.

Nous nous épaulons aujourd'hui et ce livre aura été un cadeau de plus sur le chemin de la transformation de nos vies ! Ma sœur a développé ses dons et ses talents au service des autres et elle rayonne aujourd'hui, lorsqu'elle a entre les mains ses baguettes** de magicienne. D'OSE ? ;)

* Calendrier de l'avent que je réalise pour les gens que j'aime depuis l'adolescence. Mes racines allemandes ont rendu cette tradition vivante en moi. Je vous concocte le vôtre que vous trouverez sur le site internet : livre-metamorphose.com/LaBoutique.html

** Baguettes coudées : outil de soin énergétique en lien avec le chakra du cœur. Je vous explique la pratique dans le glossaire sur www.livre-metamorphose.com/LesMethodes.html

Merci ma sœur,

Je sais que je t'ai choisie.

Merci au jour où j'ai arrêté d'attendre,

Merci au pire qui laisse place aujourd'hui, au meilleur !

Je t'aime

Emmeline, ta sœurette

Offrez l'espoir !

Ma mission de vie est claire. Transmettre les outils de transformation de soi grâce à la créativité et l'imaginaire. J'ai pour objectif d'ici 5 ans, d'inspirer 1 000 000 de personnes, par le biais de vidéos, d'exercices, de partages et de ce livre. C'est grâce à vous que ce projet d'envergure verra le jour !

Si ce livre vous a plu, vous a inspiré, vous a intrigué ou a attisé votre curiosité, pensez aux personnes autour de vous, offrez-le ! Ce livre peut les éclairer, les motiver, les guider ou tout simplement les apaiser dans une situation difficile de leur vie.

Partageons ensemble, l'Amour de l'Humanité, de l'Humain et de la croissance personnelle, celle qui mène au bonheur inconditionnel d'être soi !

Avec Amour & Gratitude,
Emmeline

METAMORPH'OSE

Les outils

Chapitre 11

Les Ateliers

Osez la METAMORPH'OSE !

« Emmeline était une personne très discrète, réservée et repliée sur elle-même. Puis on ne s'est plus vu. Quand nous avons repris contact, j'ai découvert une jeune femme beaucoup plus sûre d'elle, déterminée, pleine d'ambition et de rêves. Elle souriait tout le temps, et était à l'aise avec les gens. Toujours débordante d'amour pour les autres. »

Charlotte

OSE ?

Vous vous êtes peut-être demandé pourquoi METAMORPH'OSE s'écrit ici de cette manière. Parce OSE est pour moi comme un leitmotiv, un mot phare de ma transformation. Alors que j'étais extrêmement timide, j'ai su dépasser mes limites une petite fois après une petite fois. Et c'est ainsi qu'un jour j'ai crée des vidéos : les O.S.E.

O *comme* Original
S *comme* Soi
E *comme* Etre

C'est la nature même de ma transformation, c'est d'avoir osé devenir moi. Je suis unique et originale comme vous. J'ai pris conscience que j'avais fait beaucoup de chose dans ma vie mais que je n'avais pas atteint l'essentiel : être vraiment qui j'étais.

Ce *OSE* m'a valu d'être surnommée La Magicienne d'OSE. Alors vous aussi, osez vous mettre en route c'est oser :

- Vous connaître vraiment
- Vous libérer de votre histoire passée
- Avancer en dépassant vos blessures
- Exprimer ce que vous êtes sans crainte
- Mieux communiquer avec vos proches ainsi qu'au travail
- Apprendre à vous libérer de l'égo
- Avoir confiance en vous et vous aimer
- Dépasser les difficultés de la vie
- Ne plus jamais vous sentir seul
- Réaliser vos rêves en confiance

Je sais que c'est possible car je l'ai fait, alors continuez ce livre si vous aussi vous voulez changer de vie et ressentir la joie et le bonheur d'être sur cette Terre.

« *Alors que je l'ai rencontré hyperactive, Emmeline est apaisée aujourd'hui.* »

Sandrine

En toute liberté !

Parce que je crois en vous, en votre potentiel de transformation, je vous offre la possibilité de passer à l'action grâce aux outils que j'ai développé.

Je vous propose des ateliers en ligne, que vous pourrez faire chez vous en toute liberté ! N'importe où, n'importe quand. Quand les enfants sont couchées, quand vous êtes en repos, durant la journée, en soirée, aux aurores lors de votre rituel matinal, tout est possible ! J'ai voulu cette formule accessible à tous, c'est pour cela que non seulement elle se fait quand vous voulez, mais aussi où vous voulez., mais en plus je vous offre un atelier pour essayer gratuitement !

Aujourd'hui, vous n'avez plus d'excuse car tout est là, tout ce dont vous avez toujours rêvé : la formule pour tous et à votre rythme ! Ici et dans les pages suivantes vous allez découvrir tout ce que je mets à votre disposition parce que je sais que vous pouvez le faire et que parfois il ne fait qu'un coup de pouce, une personne qui nous soutient. Ici vous trouverez tout cela et bien plus encore !

Rien que pour vous !

Ma mission de vie est de transmettre ce que j'ai appris sur mon parcours de transformation, mais aussi de vous donner des outils pour que vous puissiez être autonome face à votre parcours, choix de vie, décisions importantes... Je suis une passeuse d'informations, je vous guide mais je ne fais pas à votre place ! J'ai particulièrement mis toute mon expérience et mon amour dans ces 10 ateliers que je vous propose sur 20 semaines. Vous êtes libres de les faire sur 20 semaines ou plus. A votre rythme, c'est tout ce qui compte. Soyez doux avec vous-même !

« Emmeline était une petite chose, une grande nana mais un petit moineau. J'ai senti chez elle l'envie d'être bercée dans un nid. Aujourd'hui, je la trouve alignée. Elle a découvert la joie de vivre et elle rayonne ! »

Christine

La créativité c'est pas votre truc ?

Tant mieux ! Car ici il n'y a rien à connaître ni à savoir avant de commencer. Tous les ateliers sont accessibles sans compétence ou qualité requise. Si vous aviez des mauvaises notes en arts plastiques au collège, c'est génial car vous n'aurez pas de déformation artistique, ici il ne s'agit pas de faire du *beau*. Et si c'était votre matière préférée, vous allez prendre plaisir à recontacter certaines sensations et en découvrir d'autres.

La créativité pour moi n'a rien avoir avec l'art et les musées. C'est notre capacité à utiliser notre imaginaire pour résoudre un problème ou une situation difficile. Nous faisons preuve de créativité au quotidien sans nous en rendre compte. Nous avons tous été enfant : nous trouvions un bâton et nous le transformions en épée ou en baguette magique ! C'est simplement cela que je vous propose ! Que l'on ait tenu un feutre pour la dernière fois il y a des dizaines d'années n'a aucune importance !

En clair qu'allez vous y faire ?

Je vous guide à travers un thème, dans la réalisation d'une œuvre pendant un temps donné (environ une heure). Puis je vous accompagne pour un temps de debriefing où grâce à des questions simples, nous allons faire parler votre création. Ceci peut donner lieu à d'immenses prises de conscience et de très beaux messages pour avancer sur votre chemin. Il n'y a pas d'objectif à atteindre, pas de résultat à obtenir.

Laissez vous guider et surprendre, seule votre volonté d'avancer compte. Atelier après atelier, vous planterez des graines qui écloront au fil du chemin. Il n'y a pas de voie unique, comme dans la nature, les graines peuvent éclore toutes en même temps ou une à une, devenant une prairie ou un parterre fleuri.

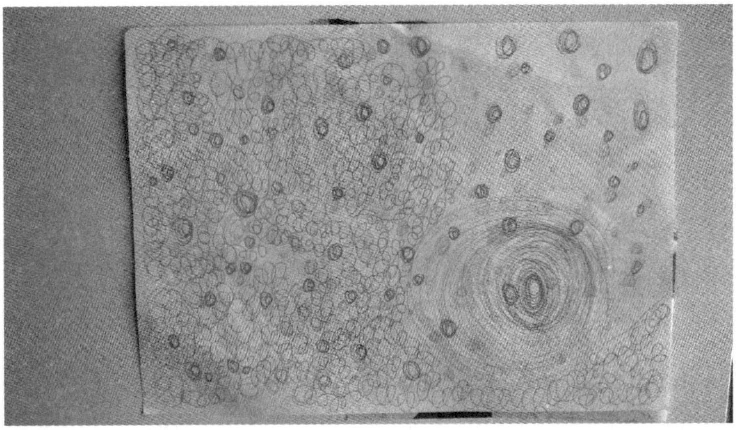

Voici une de mes *œuvres*, vous voyez on est loin des musées !

La fréquence des ateliers ?

Alors concrètement vous allez avoir accès à vos ateliers en ligne, un tous les 15 jours car c'est le temps qu'il faut à l'inconscient pour mettre en œuvre dans le réel les apprentissages vécus en atelier. La METAMORPH'OSE continue sans effort entre les ateliers !

Toutefois, comme je vous l'ai dit, si vous souhaitez en faire un par mois c'est aussi possible, c'est votre rythme. La METAMORPH'OSE aura lieu aussi, vous écoutez restant le plus important. Et vous pourrez nous écrire si vous vous sentez bloqué à un endroit, il y aura toujours des solutions pour retrouver le chemin !

C'est pour cette raison précise, consciente que seul on avance plus vite mais qu'ensemble on va plus loin, que j'ai crée le groupe METAMORPH'OSE sur facebook afin que vous puissiez vous retrouver et échanger pendant votre programme de METAMORPH'OSE. Vous pourrez échanger sur des questions techniques, de points de vue, vos freins et vous aurez la chance de pouvoir bénéficier gratuitement de debrief en direct avec moi ! Ainsi vous irez encore plus loin !

Des personnes ont testés pour vous :

« Moment très chouette que de faire cet atelier. Je me suis rendue compte de mon besoin de liberté, de créativité, de douceur. [...] Ma fille et moi avons passé un super moment avec notre ANIMAL. Ma fille a adoré cet atelier et moi il m'a emballé . Quel bonheur que ce cheminement de la METAMORPH'OSE... »

Anne, Genève

« Une heure de pur plaisir. La qualité esthétique n'entre pas ici en considération, et pour la perfectionniste que je suis, quelle libération... ! »

Carine, Lille

« Grosse prise de conscience sur mes émotions, je me suis rendu compte à quel point ça me pollue de garder toutes ces mémoires émotionnelles en moi. J'ai découvert le besoin d'aller encore plus loin pour lâcher enfin ces mémoires. Et j'ai lâché. »

Hugo, Nantes

Vous aimeriez essayer mais...

Vous n'êtes peut-être pas convaincus et vous avez raison. Je ne me suis jamais enthousiasmée pour une méthode ou un stage que je n'avais pas pratiqué !C'est pour cela que je vous offre la possibilité de tester le premier atelier pour expérimenter et faire votre choix en toute liberté.

« En suractivité tout le temps, peut-être pour fuir quelque chose, Emmeline était trop exigeante vis-à-vis d'elle-même. Aujourd'hui elle est centrée, moins dans le faire mais plus dans l'être. »

Cathy

Rendez-vous sur le site pour recevoir votre atelier ! Je vous offre l'accès à la page facebook de la METAMORPH'OSE pour que vous puissiez dès maintenant bénéficier de la motivation, du soutien du groupe en pleine METAMORPH'OSE !

Découvrez également le défi 7 jours pour votre METAMORPH'OSE !

Rencontrons-nous !
Pour finir j'ai l'immense joie de vous accueillir au stage de la METAMORPH'OSE*, présentiel dans un endroit inspirant, dont tous les détails seront mis en ligne dès début 2018 !

Osez devenir vous !
À très bientôt,
Emmeline

* rendez-vous sur http://livre-metamorphose.com/

Chapitre 12

Les Méthodes

J'ai testé pour vous !

Sur le parcours de la METAMORPH'OSE, j'ai eu la chance de rencontrer et d'oser aller vers toutes sortes de praticiens. C'est ainsi, sans chercher quoique ce soit, juste en accueillant ce qui venait à moi, que j'ai expérimenté plus de 70 méthodes ! *Incroyable* c'est quand j'ai commencé à écrire ce livre que je m'en suis rendue compte. Et la liste s'agrandissait chaque jour !

J'ai souvent et naturellement guidé mes amis et rencontres vers les bons outils pour eux, en suivant mon intuition. J'ai eu envie de vous offrir toutes ces méthodes de connaissance de soi, et de libération en vous racontant ce que j'ai pu *transformer grâce à chacune d'elle.*

Peut-être en avez-vous déjà croisé quelques unes ?

Peut-être vous êtes -vous demandé : « Qu'est-ce que c'est que ce truc ? »

Peut-être vous êtes-vous retrouvés à devoir choisir l'une d'entre elle, mais sans témoignage de personnes qui l'ont vécu comment savoir si c'est le bon endroit pour vous ?

De base, je dirai, faites-vous confiance. Si un terme vous parle particulièrement, c'est que c'est le bon moment, *il vous appelle.* Si d'autres vous interpellent, n'hésitez plus. Laissez la vie et l'Univers vous offrir le cadeau de vous guider vers les méthodes qui vous apporteront exactement ce dont vous avez besoin.

De la détente, au nettoyage énergétique en profondeur, en passant par l'alimentation et la libération dans le corps, mieux vous connaître et avoir la vie que vous désirez passe par un de ces chemins, c'est sûr !

Je vous ai listé toutes les méthodes que j'ai rencontrées sur cette page, et je la mets à jour à chaque fois que j'expérimente une nouvelle pratique pour moi ! Et vous y trouverez aussi les thérapeutes et praticiens que j'ai rencontrés à côté de chez vous : c'est un peu comme du bouche-à-oreille à grande échelle !

J'y répertorie aussi les lieux de conférences, stages et blogs inspirants !

Si vous souhaitez aller plus loin, tout est là ! Suivez votre intuition...

Retrouvez dès maintenant ce glossaire* de plus de 70 méthodes en scannant le code ci-dessous**:

* Vous n'êtes pas internet ? Un livret avec toutes ces informations inspirantes est disponible sur la boutique ici : livre-metamorphose.com/LaBoutique.html

** Ou en tapant dans la fenêtre de votre navigateur internet : livre-metamorphose.com/LesMethodes.html

Faites la plus merveilleuse des rencontres : celle avec vous-même !

Emmeline

Chapitre 13

Les Lectures

Laissez-vous inspirer !

Vous trouverez ici une liste non exhaustive des ouvrages que j'ai lus et qui m'ont apporté beaucoup sur le chemin de la METAMORPH'OSE. Alors pourquoi pas à vous ?

Je vous conseille de vous laisser choisir par le livre à lire en ce moment ! Et surtout, si **vous avez peu de temps** pour les lire ou que vous êtes du genre à ne jamais finir un livre, **rassurez-vous** ! Utilisez ces livres comme des guides. Lorsque vous traversez une période difficile et que vous aimeriez un conseil ou un peu de soutien, ouvrez le livre de votre choix, sans réfléchir à **une page *au hasard*.** Le **message parfait** pour vous est sur cette page ! Ça a fonctionné à chaque fois pour moi. Ouvrez le livre avec le cœur et non avec la tête et tout s'éclairera que vous le compreniez dans l'instant ou non.

Les lectures inspirantes sur le chemin vers le vrai soi :

Exercice : Pour exercer votre intuition, posez votre doigt sur les deux pages suivantes et fermez les yeux. Glissez votre doigt sans quitter la feuille.

Respirez profondément et posez l'intention suivante :

« Mon doigt me guide immédiatement vers le livre parfait pour moi. ».

Laissez votre doigt s'arrêter. Ouvrez les yeux : c'est le bon ! ;)

Femme désirée, femme désirante, Danièle Flaument, Ed Payot

Ne marche pas si tu peux danser, Anne Van Stappen, Ed Jouvence

Cette famille qui vit en nous, Chantal Rialland, Ed Marabout

L'homme qui voulait être heureux, Laurent Gounelle, Ed Pocket

Conte à aimer, conte à s'aimer, Jacques Salomé, Ed Le livre de Poche

Le dictionnaire des malaises et maladies, Jacques Martel, Ed Quintessence

Les 4 accords toltèques, Don Miguel Ruiz, Ed Jouvence

Mange, Prie, Aime, Elizabeth Gilbert, Ed Le livre de poche

Mais tu m'avais jamais dit ça, Carolle et Serge Vidal-Graf, Ed Jouvence

Nouvelle Terre, Eckart Tolle, Ed Ariane

Le guerrier pacifique, Dan Millman, Ed J'ai lu

Rompre avec soi-même, Joe Dizpensa, Ed Ariane

Oracle Les portes de l'intuition, Vanessa Mielczareck et Brigitte Barberane, Ed Guy Trédaniel

Dis, est-ce que ça repousse les ailes ?, Brigitte Jacques, Ed Fidélité

Réveiller le chaman qui est en vous, Arnaud Riou, Ed J'ai lu

Les hommes viennent de Mars, les femmes viennent de Vénus, John Gray, Ed J'ai lu

L'alchimiste, Paolo Coehlo , Ed J'ai Lu

Les Dieux voyagent toujours incognito, Laurent Gounelle, Ed Pocket

Va au bout de tes rêves, Antoine Filissiadis, Ed Le Souffle d'Or

Renoncer à la dépendance affective, Catherine Dupont, Ed Josette Lyon

L'amour est la clef, Patrice Mouchain, Ed Hélyogos

Les 5 blessures qui empêchent d'être soi-même, Lise Bourbeau, Ed Pocket

Le livre des chemins, Henri Gougaud, Ed Albin Michel

Les familles d'âme, Marie-Lise Labonté, Ed J'ai lu

Les aventures de Socrate, Dan Millman, Ed J'ai lu

Oser être soi, Eva Arkady, Ed Jouvence

Le pouvoir du moment présent, Eckart Tolle, Ed J'ai lu

La prophétie des Andes, James Redfield, Ed J'ai lu

Les mémoires akashiques : Accéder à la sagesse sacrée de la mémoire du monde pour se libérer et se transformer, Ernesto Ortiz, Ed Vega

Pourquoi les hommes adorent les chieuses, Sherry Argov, Ed City Edition

Plus malin que le diable, Napoléon Hill, Ed Aska Editions

Votre chemin de vie, Dan Millman, Ed Octave

Ta deuxième vie commence lorsque tu comprends que tu n'en as qu'une, Raphaëlle Giordano, Ed Eyrolles

La guérison des 5 blessures, Lise Bourbeau, Ed E.T.C. INC

Miracle Morning, Offrez-vous un supplément de vie, Hal Elrod, Ed First

Tout est en vous, Paroles d'Amma, Amma, Ed Points Vivre

L'âme du monde, Frédéric Lenoir, Ed Nil Edition

Et tu trouveras le trésor qui dort en toi, Laurent Gounelle, Ed Kero

Nos 14 novembre, Aurélie Silvestre, Ed JC Lattès

Comme par magie, Elisabeth Gibert, Ed Calmann-lévy

Le chemin de la joie, Isabelle Filiozat, Ed JC Lattès

Retrouvez ces livres chez vous en un clic !

Remerciements

Ce livre existe grâce à des centaines de cœurs battants.
Ils m'ont fait rire, sourire, pleurer. Nous avons échangé un câlin, un mot, un sourire, un déclic, une main tendue, parfois même une gifle. Pour tout cela, merci à toi !

- Sœurette, Mon Petit Prince, Papa, Maman, Edith, Christophe, Zoé, Charlotte, Julien, Cathy, Uli, Jana, Christoph, Mamie, Tante Alice, Albert *pour votre amour depuis toujours !*

- Oassa, Cathy, Jean-Paul, Christine, Hugo *pour votre soutien et vos conseils !*

- Catherine, Carine, Cathy, Virginie, Charlotte L., Hermina, Angèle, Sylvain, Marc, Lætitia, Charlotte M., Muriel *pour vos relectures magiques !*

- Sven, Philippe L., Martine, Coraline, Chloé A., Chloé J., Marine, Jérôme, Constantin, Le Jet The Winner *pour votre investissement précieux !*

♡ Philippe K., Philippe D., Pierre A., Nicolas, *sans vous je n'aurai pas fait ce chemin !*

♡ François et Mireille, Laurent, Caroline J., Sandra S, Sandra L., Rémi, Vincent, Mireille, Danièle, Karine, Dominique, Olivier *et tous les yeux, bras et âmes rencontrés dans ces stages et activités vers moi-même !*

♡ Stéphanie D., Isabelle, Marie-Chantal, Sophie W., Hélène, Janie *et toutes les personnes merveilleuses rencontrées au Québec pour l'énergie et la détermination que vous m'avez donné de faire naître ce livre en 2017 !*

♡ Dimitri, Maricke, Katia, Guillaume, Sophie D., Marie B., Christophe, Marie G., Christophe, Louis, Karine H., *pour votre accueil chaleureux lors du grand saut vers Nantes !*

♡ Stéphanie M., Marina, Elica, Anne-Catherine, Christine, Cathy... *pour cette inoubliable formation en art-thérapie !*

♡ Virginie T., Perrine, Jérôme, Cath, Sandra B. & Raynald, Sabrina, Thomas, *toutes ces voix qui ont porté mon âme !*

♡ Charlotte, Sandrine, Mali, Fatima, Laetitia, Marie D., Marie R., Marion, Rosalie, Charlotte B., Anne-Sylvie, Florence, Stéphanie L., Patricia, Anne-Sophie, Nicolas, Florence, Laure, Cathy, Laïla, *pour votre amitié, vos sourires, votre soutien et nos rendez-vous filles où s'épanchaient nos cœurs !*

♡ Steve, Audrey, Sarah, Joffrey, Pierre, Urbain, Christophe, Muriel, *pour votre présence dans ma vie d'architecte !*

♡ Nathalie, Manue, Anne-Marie, et toute l'équipe des Blouses Roses pour votre grand cœur !

♡ Karine D., Agnès, l'Association En Jeux, Pradeep et ses amis, Laurent, Tammy, les amis d'Auroville, Sister Rose, Sœur Jeanne et son équipe, l'Ordre de Malte, Sushita et ses amis, Père Michael John, *pour ce voyage en Inde, vers moi-même !*

♡ Christine, Joe D., Arnaud R., Jean-Pierre M., Mariela, Amma, Jean-Jacques C. *pour vos enseignements et guérisons !*

♡ Rachel, Soleil, Luna, Carolina, Trigo, Dillon, Paul, Ross, Erik, Sophie *pour l'accueil chaleureux sur les terres canadiennes !*

♡ Maria, Lisa, Claire et l'univers de la mode sur Lille et Paris *pour votre talent !*

♡ Marie-Noëlle, Béatrice, Germain, Danièle, *pour les challenges que vous m'avez offerts !*

♡ Cécile, Stéphane, Emeline, Guillaume V., Guillaume, Jean-Michel, Bernadette, Francis, Marie-France, Marie-Françoise, Xavier,Félix, Manu, *du passé, passé.*

♡ Anne-Marie, Francis, Charlotte D., Caroline, Virginie, Emerick, Loïc, Priscilla, Thomas et Mathieu, M. Lavalard, Mme Debat, *pour tous mes merveilleux souvenirs d'enfance !*

♡ Aux adultes de demain pour avoir enchanté ma vie en semant des rires complices : Gaby & Louise, Gabriel & Raphaël, Léonie & Leeloo, Vitalie, Ysaure, Léon, Anaïs, Lilwenn & Aël, Baptiste et Olivia, Mohamed *et tous les enfants de Jeanne de Flandres au service gastro à Lille.*

A l'invisible, aux étoiles, aux anges et à l'Univers qui m'ont ouvert les yeux.

Et merci à toutes les personnes qui ont eu des messages pour moi dans l'avion, à l'aéroport, aux toilettes, dans la rue, à la table d'à-côté au resto... La vie est un cadeau !

34 ans de rencontres qui ont marqué mes jours.

Merci d'être vous,

je vous aime.

Emmeline

Table des matières

Préface *par Oassa Windels* 1

Avant Propos 5

METAMORPH'OSE
La Transformation

Chapitre 1 : Engourdie 19
Chapitre 2 : Blessée 57
Chapitre 3 : Amoureuse 77
Chapitre 4 : Hors de moi 105
Chapitre 5 : Reliée 143
Chapitre 6 : Le duel en moi 175
Chapitre 7 : Pas à pas 207
Chapitre 8 : L'accueil 239
Chapitre 9 : L'ouverture 271
Chapitre 10 : L'envol 315

METAMORPH'OSE
Les Outils

Les Ateliers 363
Les Méthodes 373
Les Lectures 379

Remerciements 385

Retrouvez toutes les infos sur :

http://livre-metamorphose.com

Imprimé par l'*Imprimerie Calingaert*
59155 Faches-Thumesnil, France
Novembre 2017

édition O.S.E. décembre 2017

Dépot légal : novembre 2017